Quarante Ans

DE

THÉATRE

FRANCISQUE SARCEY DANS SA BIBLIOTHÈQUE

Francisque SARCEY

Quarante Ans
DE
THÉATRE
(Feuilletons dramatiques)

MOLIÈRE ET LA COMÉDIE CLASSIQUE

BIBLIOTHÈQUE DES ANNALES
Politiques et Littéraires
PARIS — 15, RUE SAINT-GEORGES
1900

IL EST TIRÉ DE CET OUVRAGE

CINQUANTE EXEMPLAIRES NUMÉROTÉS A LA PRESSE

SUR PAPIER DE HOLLANDE

MOLIÈRE

ÉTUDES GÉNÉRALES

INFLUENCE DE MOLIÈRE SUR LE MONDE CIVILISÉ

(*Écrit pendant le siège de Paris*)

C'était le 15 janvier l'anniversaire de la naissance de Molière, et la Comédie-Française a tenu à la fêter cette année comme les autres ; elle a voulu que rien, pas même le bruit des bombes qui tombaient à cette même heure sur Paris, ne vînt interrompre cette pieuse tradition. Elle a donc ouvert son théâtre pour ce grand jour, et elle a bravement mis sur son affiche le *Dépit amoureux* et *Amphitryon*, et, pour terminer le spectacle, un à-propos en vers de M. Gondinet. Disons tout de suite que cette pièce de poésie, qui était plutôt une imprécation contre les Allemands qu'un éloge du maître, a fait un effet immense. Les vers en sont tour à tour énergiques et touchants, et ils ont été lancés par Coquelin, de cette voix vibrante qui ajoute tant de force à tout ce qu'il dit.

Ce ne sera pas un des souvenirs les moins curieux du siège que cette représentation. Le canon grondait et faisait rage sur la rive gauche, et les coups, retentissant avec un grande ville éveillée. La foule n'en était pas moins énorme aux alentours du théâtre. A une heure et demie, la salle était comble, et c'est à peine si les familiers de la maison trouvaient à se caser sur un tabouret de supplément. La recette a dû être considérable ; elle aidera la Comédie-Française à payer son budget de chaque mois. Au rebours de tous les autres théâtres, sans en excepter l'Opéra, la Comédie-Française n'a congédié aucun de ses employés, et elle a traversé cette effroyable crise, servant les pensions qu'elle doit à ses vieux serviteurs, acquittant les gages de tous ceux qui sont encore à son service. Elle attend, sans pâlir, de plus dures épreuves.

Le directeur m'a montré comment il avait fait mettre, autant qu'il est possible, à l'abri des bombes, cette admirable statue de Voltaire, qui est la pièce la plus précieuse de sa collection de marbre. Il sait bien que le drapeau d'ambulance placé au sommet du théâtre, non plus que le respect de Molière, n'arrêtera les Prussiens, et qu'ils se feront, au contraire, un plaisir cruel de détruire, s'ils le peuvent, cette maison qui est l'une de nos plus vieilles et de nos plus chères gloires.

Ils se vengeront de Molière, qui les importune, sur son temple. C'est que Molière est, avec Shakespeare, le génie le plus humain, le plus cosmopolite, et ni l'un ni l'autre n'appartiennent à l'Allemagne. Nous sommes habitués à louer beaucoup Molière ; mais il est un point de son histoire que nous ignorons presque, ou du moins dont nous ne parlons jamais : c'est son rayonnement glorieux sur l'Europe lettrée.

On ne sait pas assez chez nous la prodigieuse influence que Molière a exercée sur tous les théâtres du monde civilisé, durant tout le dernier siècle. Vous trouverez quelques traits de cette histoire dans une étude fort bien faite qu'un de nos professeurs, M. Legrelle, a présentée à la Faculté des lettres sur Holberg, un poète danois, qui a été précisément un des plus heureux imitateurs du maître.

C'est en Angleterre que furent accueillies d'abord les œuvres de notre grand comique. Dès 1670, elles étaient en possession de divertir l'aristocratie britannique. Il se forma à Londres sous Charles II et Jacques II toute une école de poètes, dont l'ambition hautement déclarée était de faire, pour ainsi dire, du Molière. Le duc de Newcastle et Tryden transformèrent l'*Étourdi* sous le titre de *Sir Martin Marplot*. Wickerby, qui, ainsi que Wanbrugh, avait séjourné à Paris, reproduisit l'Agnès de l'*École des Femmes*, dans sa *Country-Wife*, puis dans son *Plain dealer*, le héros même du *Misanthrope*. Les pièces de Congrèves sont pleines des réminiscences de Molière, et cinquante ans plus tard, l'abbé Prévost, dans sa gazette littéraire, *le Pour et le Contre*, qui est l'aïeule de notre revue britannique, constatait l'immense succès qu'obtenait à Londres le théâtre de Molière.

On sait qu'à cette époque, vers 1750, il était fort négligé à Paris, où la nation était engouée de tragédie. Les Anglais nous reprochaient cet abandon, et Fielding, qui devait plus tard s'illustrer par son roman de *Tomes-Jones*, adaptait à la vie de son pays la plupart des chefs-d'œuvre de Molière. Il est impossible d'ouvrir le théâtre de Shéridan, sans y trouver, à chaque pas, une réminiscence; l'*École du scandale* pétille de traits empruntés au maître, et si l'on en retirait ce qui a été pris à l'*École des femmes*, au *Misanthrope* et au *Tartuffe*, il n'en resterait pas grand'chose.

L'Allemagne — cette Allemagne qui nous conteste aujourd'hui toutes nos gloires et voudrait les anéantir — ne se souvient plus sans doute qu'elle a longtemps vécu de Molière. Dès 1680, l'électeur de Saxe, en résidence à Torgau, se faisait représenter les sept ou huit chefs-d'œuvre du poète français. En 1680 ! et Molière était mort en 1673 ! Si l'on songe à la lenteur des communications à cette époque, on est surpris de la rapidité avec laquelle cette influence du génie de Molière s'est répandue de l'autre côté du Rhin.

Le siècle suivant lui appartient tout entier en Allemagne. Il s'était fondé à Leipzig, sous la direction du célèbre Gottsched, une école qui se proposait, par une habile imitation du théâtre français, de donner une littérature dramatique à son pays. Pour elle, Molière représentait la perfection de la haute comédie, et tous ceux qui le comprenaient s'efforçaient tantôt de le reproduire, et tantôt de lui dérober sa manière. Dans ce groupe, on distingue, à côté de Gottsched et de sa femme, le nom de Lessing, tout jeune alors, et qui n'était pas encore en possession de son originalité propre. Gottsched avait tenu à donner à ses jeunes collaborateurs une scène pour produire leurs œuvres, et des acteurs pour les jouer. Il avait décidé la Veuber, une actrice célèbre de ce temps-là, à se fixer à Leipzig. C'était la première fois qu'une ville, en Allemagne, voyait un théâtre populaire et régulier s'établir en ses murs. Là furent représentées la plupart des œuvres de Molière, ou traduites, ou refaites. Ainsi Mme Gottsched traduisait le *Misanthrope*, tandis que Krueger refaisait le *Tartuffe*. Lessing composait d'après la méthode française, et presque avec les personnages de Molière, les premières comédies que nous avons de lui ; Elias Schlegel lui empruntait l'idée et jusqu'aux bons mots de ses pièces.

Mais l'influence de Molière n'est pas alors circonscrite à cette école et enfermée à Leipzig. De Hambourg à Vienne, il ne cesse de fournir à de nombreux traducteurs, adaptateurs, imitateurs, une mine inépuisable d'œuvres, lues avec transport de toute l'Allemagne sur tous les théâtres importants, il est joué par les grands acteurs. C'est Eckhof, c'est Ackerman, c'est Schrœder, c'est Iffland qui se disputent à l'envi ses principaux rôles. C'est à ses pièces qu'ont recours tous les directeurs de théâtre dans l'embarras. On le jouait presque dans les écoles sous le masque d'une honnête latinité, et Gœthe lui-même, qui, de son propre aveu, s'était fait à dix-huit ans l'imitateur encore bien inexpérimenté de Molière, jouera un peu plus tard, devant la petite cour de Weimar, le rôle de Lucas, dans le *Médecin malgré lui*.

Molière n'était pas arrivé plus tard en Italie qu'en Allemagne, et surtout il n'y avait pas moins vite réussi. La première traduction italienne est de 1698. Celle de Gozzi, qui parut bien plus tard, vers le milieu du dix-huitième siècle, devait populariser ses œuvres dans la Péninsule. *L'Avare*, les *Précieuses ridicules*, passèrent dans les dialectes et les patois populaires de l'italien. Le *Tartuffe*, réduit en trois actes, par un obscur imitateur, sous le titre de *Il don Pilona*, faisait les délices de la société italienne.

Le premier poète comique de l'Italie, Goldoni, est un disciple de Molière. Il l'avoue hautement lui-même dans ses *Mémoires*; et lorsque, entrant en France, il franchit le Var, c'est l'ombre de Molière qu'il invoque pour lui servir de guide dans ce nouveau pays. Le théâtre de Goldoni n'a pas cessé, depuis un siècle, de donner à l'Italie le divertissement de la bonne comédie, et, à l'heure qu'il est, le rire du théâtre italien n'est qu'un écho indirect et prolongé du génie de Molière.

Il fallut du temps au maître pour passer les Pyrénées. C'est seulement vers le milieu du dix-huitième siècle que le *Tartuffe*, traduit en portugais par le capitaine Manoel de Sonza, fut joué à Lisbonne, aux applaudissements de la foule.

Mais en Espagne, il nous faut arriver à 1760 pour voir

le *Misanthrope* et l'*Avare* inspirer enfin aux poètes et aux critiques la pensée de régénérer sur ces modèles la comédie nationale. Celui qui se voua à cette œuvre avec le plus d'ardeur s'appelait Moratin, un nom à peu près ignoré en France, mais fort connu de l'autre côté des Pyrénées. Il était venu dès sa jeunesse à Paris, et s'y était lié étroitement avec Goldoni. C'est avec lui qu'il avait médité ses vastes projets de réforme littéraire, et il revint en Espagne, proclamant dans une préface, qui fut une sorte de manifeste, la nécessité, pour la comédie espagnole, de se mettre pour un temps à l'école de Molière. Il traduisit ses œuvres, non sans prendre de grandes libertés d'arrogance, et les fit jouer à Madrid, où elles obtinrent un grand succès. Moratin mourut à Paris, et fut enterré non loin de celui dont il s'était fait le disciple.

Voilà pour les grands peuples. Mais il serait aisé de suivre la piste de cette influence chez des nations dont la littérature est moins célèbre, et semble circonscrite au pays où se parle la langue qu'elle emploie. Nous voyons Molière naturalisé de bonne heure à Amsterdam par l'empressement des contrefacteurs. Mais un fait plus curieux encore, c'est que les éditions françaises ne suffisant pas à la curiosité des classes moyennes, qui ne savaient pas notre langue, on les traduisit en flamand. En Danemark, il inspira un homme que nous a fait connaître M. Legrelle, Holberg, qui est très populaire dans son pays, et qui, si j'en juge par les extraits qu'a donnés le jeune professeur, est un bon écrivain comique de premier ordre. A la cour de Stockholm, son succès était le même qu'à Copenhague, et devant Charles XII on jouait le *Bourgeois gentilhomme* avec tout le luxe désirable de mise en scène.

Les singulières affinités de caractère qui ont toujours relié par de mystérieuses attaches la Pologne à la France, ne se montrent nulle part mieux que par la vogue de Molière dans ce pays. Elle y fut extraordinaire, et la meilleure preuve qu'on en puisse donner, c'est que, dans l'espace d'un siècle, il y compta sept traducteurs. M. Legrelle en donne les noms, et il ajoute que peut-être sa liste n'est pas complète.

Enfin, dès 1757, Molière était traduit à Moscou, et Cailhava conte qu'un voyageur du temps, le baron de Tott, vit jouer, au fond de la Tartarie, à peu près vers le milieu du dix-huitième siècle, une imitation du *Tartuffe*. Ainsi l'œuvre de Molière, en moins de quatre-vingts ans, s'était en quelque sorte répandue sur toute l'Europe et en avait renouvelé le théâtre. Nous pouvons dire qu'au dix-neuvième siècle, si son influence s'y est amoindrie, son renom n'a fait que croître. L'Europe n'imita plus directement Molière, elle l'admira davantage. Ce fut pour la gloire cosmopolite de notre poète une nouvelle phase, celle de la vénération. Molière passait dieu.

L'Allemagne — il n'était pas encore de bon goût de nous y mépriser — ne fut pas la dernière à apporter son tribut au maître. Gœthe donna le branle. Nous savons aujourd'hui, grâce aux confidences d'Eckermann, ce qu'il pensait de Molière. Il aimait à l'appeler non pas le premier dans son art, mais le modèle même de cet art, et il le relisait une fois tous les ans pour se rapprocher, disait-il lui-même, de la perfection du génie comique. Il ne parlait qu'en se moquant des impertinents paradoxes de Schlegel, qu'il avait qualifiés de ridicules.

C'est l'Allemagne moderne qui a élevé à Molière le monument le plus digne de lui. Un éditeur d'Aix-la-Chapelle a fait paraître, sous la direction de M. Lax, une de ces traductions comme en savent faire les Allemands pour les poètes qu'ils aiment, à la fois exacte et élégante, où rien ne périt des beautés de l'original. Elle ne se contente pas de le lire, elle le fait jouer sur tous ses grands théâtres. A Dresde, dans ce théâtre qui est comme le temple de l'art dramatique, Molière, seul des nôtres, a sa statue. A Stuttgard, c'est M. Duruy qui conte le fait dans son *Voyage de Paris à Bucharest*, pendant une période où Racine n'apparaît qu'une fois sur l'affiche, Molière compte vingt et une représentations. Ses marionnettes elles-mêmes, on en a la preuve, ont colporté ses personnages et ses livrets d'un carrefour à l'autre.

Il semble que Molière ait exercé une sorte de fascination sur les critiques anglais. Ils ont oublié pour lui leurs habitudes d'âpre patriotisme, et quelques-uns même sont allés jusqu'à lui sacrifier, fort injustement d'ailleurs, Shakespeare. Il est assez curieux de lire un article que Walter Scott écrivit sur Molière, à propos de la biographie que M. Taschereau venait de publier. Il l'appelle, à plusieurs reprises, le prince de tous les poètes comiques, et s'efforce, dans un parallèle qui se poursuit deux pages durant, de mettre Shakespeare au-dessous de lui. Quand Mlle Mars s'en alla donner à Londres des représentations dont Molière fit presque tous les frais, les journaux et les revues reprirent le parallèle entre les deux grands génies, et notre Molière sortit plus grand encore et plus respecté de cette comparaison dangereuse.

Il est vraiment populaire à Londres. Il suffit, pour s'en convaincre, d'avoir été témoin, au Musée de Kensington, de la curiosité vive que provoquaient parmi les visiteurs les petites toiles où M. Leslie et d'autres encore ont essayé de traduire, à l'aide du pinceau, l'effet dramatique de quelques scènes de notre poète. Il y a peu d'années encore, les élèves du collège d'Éton jouaient une de ses œuvres devant le prince de Galles et sa jeune femme et à huit jours de distance, le *Speechh day*, à Harrow, était consacré à une représentation de mélanges dramatiques, où figurait le *Bourgeois gentilhomme*. Un jeune homme qui porte l'un des plus grands noms de l'aristocratie anglaise s'était chargé du modeste rôle de Covielle, et faisait rire, aux dépens du grand Turc, les défenseurs en titre de l'empire ottoman.

En Russie, Molière est joué non pas seulement sur théâtre français, mais dans la langue nationale. Mais il paraît que, depuis quelques années, la vogue a passé à Marivaux : affaire d'actrice probablement. La grande figure de Molière reparaîtra plus brillante. L'Amérique enfin, elle aussi, a traduit, commenté, critiqué Molière; et comme l'Angleterre, elle le place à côté de Shakespeare. C'est qu'en effet ces deux noms s'évoquent invinciblement l'un l'autre, et doivent rester unis dans une même admiration.

Il était bon de rappeler, surtout en un pareil jour, cette universelle influence qu'a exercée sur tous les théâtres de l'Europe un des maîtres de l'esprit français. Les Prussiens peuvent détruire nos chefs-d'œuvre ou nous les voler, il y a une chose qui demeurera toujours hors de leurs atteintes : c'est le prestige de nos grands hommes, c'est le renom de Molière, et les services qu'il leur a rendus à eux-mêmes, en leur apprenant à penser. Ils auront beau dire et se moquer de la *grande nation*. Il y a un côté par où elle est et restera toujours grande en effet : c'est par l'art, et plus spécialement par l'art dramatique.

Avec quel plaisir nous avons entendu hier ce chef-d'œuvre de grâce légère, *Amphitryon*, la seule pièce où Molière ait daigné mettre de l'esprit. Il en a jeté à pleines mains; l'esprit, celui qu'on aime tant de nos jours, l'esprit de mots pétille dans ce dialogue si vif et si amusant :

..... Cet homme assurément n'aime pas la musique.....
..... C'est quelque perroquet que le beau temps réveille.
..... Et l'on n'y peut dire rien
..... S'il n'était pas dans la bouteille.

Et tant d'autres traits que le maître a semés en se jouant, comme pour nous montrer qu'il pouvait être à son gré le premier dans tous les genres. Et quels vers! comme le rythme en est savant à la fois et familier! Je regrette que les artistes de la Comédie-Française ne s'efforcent pas de le faire sentir un peu davantage. Ils visent trop constamment au naturel. Il n'y a rien de moins naturel que de parler en vers. C'est Coquelin et Got qui étaient chargés de représenter l'un Mercure et l'autre Sosie. Ils ont été charmants tous deux de verve et de bonne humeur. Et que la salle riait d'un rire franc et sonore! Il y avait dans les places d'en haut un groupe de mobiles, qui éclataient joyeusement à chaque saillie du dialogue. Croyez-vous qu'ils s'en battront moins bien, pour avoir pris, entre deux nuits passées aux avant-postes, cette récréation toute littéraire?

Quelques mots ont obtenu un succès de circonstance. Sosie dit quelque part :

> Combien de gens vous font des récits de bataille
> Dont ils se sont tenus bien loin.

Et la salle tout entière a battu des mains en riant. Vous vous rappelez, dans le *Dépit amoureux*, le passage où Gros-René montre à Marinette le morceau de fromage qu'elle lui a donné et le jette avec mépris. Un murmure d'indignation s'est élevé : Jeter du fromage! On aurait volontiers crié : Passez-nous-le!

A cinq heures, nous sortions du théâtre, et la voix du canon, qui continuait de gronder, nous rendait aux pensées graves. Mais à qui a vu cette foule applaudir et rire, il est évident que le fameux moment psychologique n'est pas encore arrivé. Si le bombardement n'a d'effet utile que sur le moral de l'assiégé, et si l'on ne recourt à ce moyen barbare que pour épouvanter l'imagination, il me paraît que les Prussiens perdent leur poudre à ce jeu sanglant.

Les Parisiens ne s'effareront pas. Ils doivent leur tranquillité d'esprit moins peut-être à une invincible fermeté d'âme qu'à une certaine insouciance, qui est le fond de leur caractère. Le raisonnement du publiciste de la *Gazette de Cologne* eût été fort juste sans doute, appliqué à des Allemands, qui vont au fond des choses, et les prennent fortement, par leur côté sérieux et mélancolique. Il ne vaut rien pour nous, qui avons dans l'esprit plus de souplesse et d'élasticité. Nous avons une faculté de distraction, qui a bien des inconvénients, mais qui, en des cas pareils, nous rend de grands services. Au lieu de creuser notre malheur, de nous enfoncer dans la poitrine la pointe de nos chagrins, nous portons avec une facilité vraiment extraordinaire notre attention sur d'autres objets plus agréables, et nous retrempons notre courage dans l'oubli de nos maux.

Je crois que les Anglais, soumis aux mêmes épreuves, les supporteraient avec une énergie sombre en les regardant bien en face. Pour nous, nous tâchons d'occuper ailleurs nos yeux et notre esprit, ou plutôt la nature, qui nous a fait faciles aux distractions, nous détourne, en dépit même que nous en ayons, des pensées affligeantes, et nous emporte vers de moins sérieux tableaux. Nous avons un fond d'optimisme qui persiste même au milieu des calamités les plus effroyables.

Quels que soient les ravages de ce bombardement, il n'atteindra pas le but que se sont proposé les Prussiens, qui est de démoraliser la population parisienne. Et ce n'est pas seulement parce qu'elle est admirable de patriotisme, comme le lui disent les circulaires officielles, c'est qu'elle est, comme disait le poète, chose légère et qui vole à tout objet ; c'est qu'elle prend gaiement son parti de tout, et se hâte, comme Figaro, de rire des choses de peur d'en avoir à pleurer. C'est qu'elle est ainsi faite, que, de tout ce qui la touche, rien ne la pénètre profondément ; c'est que au bruit même du canon (et mes vitres sont là qui tremblent, pendant que j'écris ces lignes), elle donne audience à ses pensées, vaque à ses devoirs habituels, et cela sans trop d'efforts, suivant la pente de son caractère insoucieux.

Il est vrai qu'à tel moment, si elle est mise en présence de quelque accident terrible, il y aura chez elle un accès de sensibilité dont l'intensité sera extraordinaire. Mais les esprits ne tarderont pas à se rasseoir, et l'on reviendra à cette égalité de bonne humeur qui constitue le Français en général, et le Parisien en particulier.

Cette légèreté d'esprit, qui est si souvent un défaut, se tourne ici en qualité ; c'est grâce à elle que deux millions d'hommes traversent cette épouvantable crise avec une tranquillité qui étonne le monde et arrache même au *Times* un cri d'admiration. Gardons-la précieusement, quitte à nous en corriger quand sera passé le temps de nous en servir.

18 janvier 1871.

DEUX ENNEMIS DE MOLIÈRE

I

LA MORALE DE MOLIÈRE. — A PROPOS D'UN LIVRE DE LOUIS VEUILLOT

Le livre de M. Louis Veuillot est un parallèle de Molière et de Bourdaloue. Qui ne sent tout d'abord, avant d'avoir ouvert le volume, que ce ne sont pas là deux hommes à rapprocher l'un de l'autre, qu'ils n'ont point de commune mesure, et que de cette comparaison, si habilement qu'elle soit poursuivie, il ne peut sortir aucun enseignement utile? Molière et Bourdaloue ont vécu dans des milieux si différents, ils appartiennent à des ordres d'idées si dissemblables, que tout rapprochement entre eux ne saurait être qu'artificiel. C'est un simple jeu d'esprit fait par un écrivain qui en a manqué ce jour-là.

M. Louis Veuillot commence par examiner l'homme dans Molière, et il le trouve au point de vue de la morale très inférieur à Bourdaloue. Il est très vrai que, si Bourdaloue eût mené l'existence de Molière, il eût fait un détestable religieux ; mais, si Molière, en revanche, avait vécu comme Bourdaloue, il eût été un singulier directeur de théâtre.

Bourdaloue jeûnait, priait, répandait l'aumône, passait ses nuits en méditations et ses jours en bonnes œuvres : il faisait son office de prêtre ; il le faisait très dignement, et je trouve tout naturel qu'on l'en loue, d'autant plus qu'à ces exercices de piété, qui lui étaient communs avec tous les hommes de sa robe, il ajoutait l'éclat d'une prédication très glorieuse. On n'en saurait dire autant de Molière, cela est évident. Il se contente d'être un honnête homme selon le monde, et, si M. Louis Veuillot y tient, je ferai cette restriction : selon le monde particulier où il vécut.

Il déchira de bonne heure sa robe d'innocence ; cela est fâcheux assurément, et l'on ne saurait reprocher rien de pareil à Bourdaloue. Il se sauva de la maison paternelle, courut la province en compagnie de cabotins, rencontra beaucoup d'aventures sur son chemin, aima plusieurs fois et souffrit beaucoup ; tout cela n'est pas très édifiant, je l'avoue, et ne saurait être proposé dans une *Vie des saints*, à l'imitation des jeunes gens des deux sexes. Mais quoi ! si Molière était resté Poquelin, fils du père Poquelin, s'il eût pris la succession de son père, s'il fût devenu un bon et honnête tapissier, marié à une excellente femme, et nourrissant de son travail une nombreuse famille, il eût, il est vrai, donné l'exemple de toutes les vertus domestiques, mais il n'eût pas écrit le *Misanthrope*, ni le *Tartuffe*, et ce serait dommage, car nous y aurions perdu, outre un assez joli nombre de chefs-d'œuvre, la jolie page de M. Louis Veuillot que je viens de citer tout à l'heure.

Pour connaître le monde et le peindre, il faut l'avoir vu, et pour le voir, il ne faut s'enfermer ni dans une cellule de moine, ni dans un ménage. Pour étudier les passions des hommes, et les porter sur la scène, il est nécessaire de les avoir ressenties soi-même, ou d'en avoir surpris les effets chez les autres. Tout le monde connaît la vieille plaisanterie du paveur en chambre. Eh bien! on ne saurait être un observateur du cœur humain en chambre. Molière a mené une existence accidentée, quelque peu orageuse même; c'est qu'il était Molière.

Tout ce qu'un adversaire peut sérieusement exiger de lui, c'est qu'il se soit toujours conformé aux prescriptions du code de la morale mondaine. Molière n'y a jamais failli.

Il est vrai que M. Louis Veuillot affirme, ou plutôt insinue le contraire. Il s'en va ramasser dans les pamphlets du temps certaines calomnies infâmes, dont la critique moderne a fait justice. Il marque bien que ces accusations ne méritent pas une foi absolue, mais il est bien aise de laisser planer un doute. Ce sont là des procédés de discussion peu loyale. M. Louis Veuillot, parlant de Molière et de sa vie privée, n'a le droit d'ignorer ni les travaux de M. Despois ni les études de M. Loiseleur. Il s'en tient obstinément à la biographie de M. Bazin qu'il appelle d'abord M. Bazin, puis Bazin tout court, puis l'ami Bazin. Un peu plus, nous allions avoir le compère Bazin. Mais M. Bazin, qui a eu l'honneur d'ouvrir la voie aux faiseurs de recherches, est aujourd'hui convaincu d'erreur sur plus d'un point.

Au reste, si l'on veut une réfutation très précise des assertions et des insinuations de M. Louis Veuillot, il n'y a qu'à ouvrir le volume de M. Lapommeraye, qui a pris la peine de le suivre pied à pied et d'opposer à chacune de ses affirmations une réponse péremptoire et nette. Nous lui sommes reconnaissants de ce soin pieux. Mais il semble qu'il ait fait à cette partie du factum de M. Louis Veuillot plus d'honneur qu'elle ne mérite.

Le célèbre polémiste a dû sourire tout bas de l'innocence de son contradicteur, qui l'a pris au sérieux et s'est donné tant de mal en pure perte.

Après avoir prouvé que Molière n'avait point vécu comme Bourdaloue, ni Bourdaloue comme Molière, M. Louis Veuillot passe à la démonstration d'une autre vérité, qui n'est pas moins curieuse, c'est que l'enseignement de la chaire est un enseignement, tandis que l'enseignement du théâtre n'est pas un enseignement ; que Bourdaloue est donc supérieur à Molière, puisque, voulant enseigner, il enseignait ; tandis que Molière, prétendant enseigner, n'enseignait pas.

Et il part de là pour comparer l'effet des prédications de Bourdaloue sur les mœurs de Louis XIV et de sa cour, avec l'influence qu'ont exercée les comédies de Molière sur ce même roi et cette même cour.

Ce parallèle est si bizarre, qu'on aurait parfois des envies de regarder par-dessus le livre la figure de celui qui l'a écrit, pour voir si par hasard il ne se moque pas de notre candeur. Mais non ; il a l'air terriblement sérieux en débitant ces plaisanteries.

M. Louis Veuillot s'extasie sur le courage qu'il fallait à Bourdaloue pour tonner, en face même du grand roi, contre l'adultère et la volupté. Il fait remarquer que Molière, lui, n'a jamais écrit de sermon contre l'adultère, qu'il appelait d'un autre nom, et qu'il a au contraire mis sous les yeux de Louis XIV le spectacle d'Amphitryon trompé par le maître des dieux et berné par tous les courtisans.

Mon Dieu ! si Molière n'a jamais composé de sermons, c'est qu'il n'était pas prédicateur de son état, et qu'une homélie n'eût pas été à sa place sur la scène. Quelle est cette manie de toujours rapprocher l'un de l'autre deux objets entre lesquels il n'y a pas de points de comparaison ? Il est fort probable que Molière aurait eu le courage de Bourdaloue, s'il avait été à la place de Bourdaloue.

Faut-il donc tant de courage pour faire entendre, du haut de la chaire chrétienne, la vérité aux puissants de la terre ? La chaire a ses immunités dont il est bon de tenir compte. Il est admis que l'orateur sacré, quand il prêche, a le droit de foudroyer les vices, sans aucun égard pour les personnes. Les anathèmes et les menaces sont les conventions du genre, tout comme les larmes et les prières. Les fidèles qui se réunissent pour écouter la parole de Dieu savent par avance qu'ils sont des abîmes d'iniquités, des monstres de luxure, et que le tonnerre de l'éloquence sacrée va éclater sur leurs têtes. Ils en prennent leur parti de bonne grâce.

Louis XIV lui-même, ce Louis XIV dont M. Louis Veuillot fait si grand étalage, a très bien montré dans un mot célèbre tout ce qu'il y a de conventionnel dans ce genre. Un prédicateur, je ne sais lequel, mais ce n'était pas Bourdaloue, s'avisa, après une charge à fond contre le vice, de désigner d'une façon trop directe le vicieux qu'il prétendait viser :

— Mon père, lui dit-il, en l'interrompant, je veux bien prendre ma part des sermons que l'on me débite ; je n'aime pas qu'on me la fasse.

Le mot est spirituel. Il revient à dire : vous êtes prédicateur, c'est votre état de tonner contre les vices ; tonnez, mon ami, tonnez. Je ne m'en offusquerai point, parce qu'il est tout naturel que chacun remplisse son emploi. Mais laissez-moi tranquille.

Savez-vous bien qu'il y a tel passage des sermonnaires contre les mauvais riches, que nous n'oserions pas reproduire ici, dans ce journal, par crainte d'être traduits en police correctionnelle pour excitation à la haine des citoyens les uns contre les autres. Chez nous, le sermon deviendrait pamphlet et qui pis est pamphlet socialiste. C'est un curé de paroisse qui parle ; les auditeurs ne s'en émeuvent pas ; ce serait un journaliste qui aurait écrit précisément les mêmes choses, les lecteurs croiraient la société menacée, et le procureur de la République se mettrait en campagne.

Il n'y avait aucun mérite à Bourdaloue, étant ce qu'il était, à parler au grand roi, comme il l'a fait, ou s'il y en a eu un, c'est qu'il l'a fait avec une éloquence incontestable. Avouons pourtant que l'effet a été tout aussi médiocre qu'a pu l'être celui des comédies de Molière. Bourdaloue a foudroyé les amours du grand roi avec Mlle de la Vallière ; M. Louis Veuillot triomphe de voir que Mlle de la Vallière ait été quittée ; mais elle l'a été pour Mme de Montespan. Où est le bénéfice ?

M. Louis Veuillot reconnaît que les prédications, même d'un Bourdaloue, ne peuvent porter coup tout de suite, et il proclame, avec une satisfaction sans mélange, que les sermons des grands hommes qui prêchèrent à la cour finirent par l'emporter : je le crois, parbleu ! bien ; ils l'emportèrent quand le roi eut passé la cinquantaine. Louis XIV se résigna à Mme de Maintenon, qui l'aida à faire la seule chose qui lui fût encore permise : son salut, et M. Henri de Lapommeraye ajoute spirituellement à ce propos : « Quand il devient vieux, le roi se fait ermite. »

Les résultats obtenus par Bourdaloue, par Bossuet, et les autres ne sont déjà pas tant brillants qu'il faille s'en targuer contre Molière. Mais nous ne cesserons de le répéter, puisque M. Louis Veuillot feint de ne pas le comprendre : ce n'était pas le but ni le métier de Molière de corriger les mœurs du grand roi, ni de sa cour, ni même du reste des hommes.

Il n'avait d'autre objet que de les peindre, estimant que d'une peinture exacte de la vie il se dégage la seule moralité que l'on puisse demander à l'art.

Notre confrère Lapommeraye s'est évertué à prouver contre M. Louis Veuillot que la comédie de Molière était moralisatrice. C'est là qu'il s'est trompé, et qu'il a tendu le collet à son adversaire.

Il faut très résolument le dire : la comédie n'est point du tout un cours de morale. Molière l'avait reconnu lui-même tout le premier : il avouait qu'il vaudrait mieux passer la soirée dans la prière et les pieuses lectures qu'au théâtre. Mais comme tout le monde n'est pas capable de cette forte discipline, comme l'esprit humain a besoin de délassement et de relâche, il soutenait que, de tous les divertissements, le spectacle est un des plus honnêtes et des moins dangereux. Voilà la juste mesure.

L'auteur comique est un peintre de mœurs qui, au lieu d'étaler des couleurs sur la toile, montre la vie en action, et cherche à la montrer telle qu'elle est, avec les procédés spéciaux dont son art dispose. Tout ce qu'on peut raisonnablement lui demander, c'est en effet d'en donner une représentation fidèle, qui en fasse jaillir les côtés obscurs, même aux yeux les moins exercés, à des yeux qui peut-être, sans cette aide, ne les eussent pas remarqués dans le monde réel. Notre expérience personnelle s'accroît de ces observations faites par un homme de génie et mises dans tout leur jour ; c'est là le véritable profit qu'on tire de l'art dramatique.

A quoi sert un moraliste comme La Rochefoucauld, par exemple ? A-t-il pour dernier but de nous détourner de l'égoïsme ? Hélas ! il n'y réussirait guère. Non, il ne veut que nous montrer, nous faire toucher du doigt la part d'égoïsme qui se trouve dans toute action humaine, comme un chimiste qui croit que toute matière contient une parcelle, même infinitésimale, d'arsenic, n'a d'autre objet que de l'isoler et d'étaler aux yeux la tache verte qui dénonce le poison.

Il y aura des égoïstes après tout comme avant, de même qu'il y aura des gens qui ne laisseront pas, après ces analyses chimiques, de s'empoisonner avec de l'arsenic. Les *Maximes* de La Rochefoucauld n'ont d'autre ambition que de nous mettre en garde, et encore est-il bien exact de dire qu'elles ont cette ambition-là ?

Non, La Rochefoucauld fait de la science pure, pour le plaisir de la science, comme le chimiste, comme le physicien, comme tous les savants du monde, qui travaillent dans l'unique but de découvrir la vérité et de la révéler aux autres. Il nous a dotés d'un réactif très puissant et très sensible à l'aide duquel nous pouvons doser jusqu'à un millionième la parcelle d'égoïsme qui se cache au fond d'un acte de désintéressement. Mais, que nous nous ne servions ou non, la chose lui est fort indifférente. Ce n'est pas dans un but d'utilité pratique qu'il a fait ces recherches. Il les a menées à bien pour l'amour de la vérité.

Molière est un moraliste infiniment plus puissant, plus varié que La Rochefoucauld ; mais il n'a pas travaillé pour d'autres vues. Il ne s'est point mêlé de corriger les hommes. Personne, hélas ! ne corrige les hommes, pas plus les Molière que les La Rochefoucauld, pas plus les La Rochefoucauld que les Bourdaloue. Les sermons sur ce point sont aussi inutiles que les livres de morale ou les comédies. Tout ce qu'on peut faire, c'est d'éclairer ses semblables et de poser sur les fondrières des lanternes qui crient en leur langage : *Casse-cou!* Ils se détournent ou chopent contre l'obstacle signalé, c'est leur affaire. Mais leur sermonnaire n'est pas plus responsable de leur chute que l'auteur dramatique. Chacun d'eux a fait son métier.

La seule différence est que l'un des deux affiche l'intention de réformer les mœurs, et que si elles continuent d'être mauvaises, on pourrait, avec un peu de malice, s'en prendre à lui de l'inutilité de ses efforts. C'est le prédicateur. Mais l'écrivain dramatique n'a point ces hautes visées. Comme il n'affecte d'autres prétentions que de peindre, sous ses vraies couleurs, la vie humaine, on le doit tenir quitte de tout, s'il s'est consciencieusement acquitté de sa besogne.

Ce n'est pas du reste qu'en agissant ainsi il n'ait fait œuvre de moralisation, puisque moralisation il y a, et nous voyons qu'un homme d'autant d'esprit que M. Louis Veuillot use sans pudeur de ces grands mots, qui ne signifient rien.

C'est moraliser les gens que de les tirer pour quelques heures des préoccupations mesquines de la vie ordinaire, que de les forcer à lever les yeux vers des idées plus hautes, vers des tableaux plus nobles, que de les munir contre les bassesses, les convoitises et les intrigues dont ils seront entourés, d'instructions profitables données sous une forme amusante.

A ce point de vue, Molière est moral et très moral. Mais si l'on veut, comme M. de Lapommeraye, soutenir contre M. Louis Veuillot que la comédie est une conseillère de vertu, on fait trop beau jeu aux détracteurs du théâtre.

Le grand mérite de Molière, c'est qu'il a toujours haï le faux et qu'il l'a poursuivi sous toutes les formes. Dans ce pays de France, où la franchise est la première de toutes les qualités, où l'on a horreur des vaines apparences, où l'on aime à écarter les voiles de la phraséologie menteuse pour aller droit au fait, et l'envisager en face, Molière a été la plus haute expression de ce génie national.

Du jour où il a pris possession de lui-même, il a commencé cette croisade contre le faux, en se moquant du faux bel esprit des précieuses; il a raillé la fausse science des médecins, la fausse logique des philosophes, la fausse érudition des savants, les affectations des femmes savantes, les prétentions des bourgeois jouant à la noblesse ; prenez toutes ses pièces, vous y verrez presque toujours malmenées et criblées de traits plaisants toutes les formes de l'hypocrisie.

5 novembre 1877.

II

LE STYLE DE MOLIÈRE
RÉPONSE A M. ED. SCHERER

Molière écrit mal, dit M. Scherer.

En tout cas, il n'écrit pas mal pour la scène. Car il y a, n'en déplaise à M. Scherer, un style de théâtre. Le style de théâtre est celui qui passe par-dessus la rampe. Il est des gens, dit Labruyère, qui écrivent proprement et ennuyamment. Eh bien ! je dirais, moi, qu'il en est beaucoup qui écrivent proprement, élégamment, spirituellement, éloquemment, prenez tous les adverbes qu'il vous plaira, et qui ne passeraient point par-dessus la rampe. Ils n'ont pas le don, ils ne trouvent pas le mot à effet, le mot qui n'est peut-être pas le mot propre, mais qui portera sur un grand public, qui le fera tressaillir, qui éveillera son imagination ou fera jaillir des larmes de ses yeux.

Le style de théâtre, c'est un style tout particulier. On peut abonder en négligences comme Corneille et Molière, en phrases tortillées et amphigouriques comme Beaumarchais, en fadeurs quintessenciées comme Marivaux, il n'importe ; si l'on a le mouvement dramatique de la période, le relief de la phrase, le coloris du mot, une je ne sais quelle sonorité de langage qui aille par l'oreille jusqu'au cœur, on est, en dépit de toutes les constructions de phrases vicieuses, de tous les mots impropres, de toutes les métaphores incohérentes, de tous les tours surannés ou bizarres, on est un écrivain de théâtre, et même un grand écrivain.

Oui, mon cher monsieur Scherer, on est un grand écrivain malgré tout cela. Parce qu'en art, voyez-vous, l'idéal, ce n'est pas la correction, qui n'est souvent que l'absence des défauts : une vertu parfaitement négative. C'est l'exagération d'une ou de plusieurs qualités. Vous pouvez penser de la langue de Beaumarchais tout ce que vous voudrez, vous n'en penserez jamais autant de mal que je ne fais moi-même. Mais que voulez-vous? Ce diable d'homme, il a le mouvement, il a l'éclat, il a le coup de trompette, c'est un maître écrivain de théâtre.

Tenez, ce Molière dont vous parlez en amoureux de livres plutôt qu'en critique de théâtre, savez-vous bien ce que me disait de lui le père Provost, qui fut avec Samson, et quelques-uns me disent avant Samson, le modèle des professeurs de diction du Conservatoire :

— Molière est le seul homme au théâtre, le seul entendez-vous, qui soit toujours facile à dire, tant sa prose et son vers se plient à l'allure de la conversation.

Prenez, ajoutait-il, prenez le passage qui au premier abord semble le plus enchevêtré et le plus mal écrit, ces vers de Tartuffe, par exemple :

> Ce fut par un motif de cas de conscience.
> J'allais droit à mon traître en faire confidence ;
> Et son raisonnement me vint persuader
> De lui donner plutôt la cassette à garder,
> Afin que, pour nier, en cas de quelque enquête,
> J'eusse d'un faux-fuyant la faveur toute prête,
> Par où   conscience eût pleine sûreté
> A faire d.   rments contre la vérité.

Comme cette période est pénible dans le livre! Elle se

raccroche sur un « afin que », puis sur un « par où », qui la relève à deux reprises au moment où elle allait se casser le nez. Elle est embarrassée d'incises et d'inversions... Écoutez-la au théâtre, tout change.

> J'allais droit à mon traître en faire confidence

est un vers admirable, plein, sonore, tout d'une venue, un de ces vers drus et puissants, comme il en éclate à chaque instant dans Molière :

> Et son raisonnement me vint persuader
> De lui donner plutôt la cassette à garder...

A ce moment l'interlocuteur d'Orgon fait un geste ; un geste de surprise, de compassion, de colère, un geste quelconque, sur lequel Orgon rebondit :

> Afin que...

Il y avait une raison ; ce n'était pas sans motifs. Veuillez m'écouter jusqu'au bout :

> Afin que, pour nier...

pour nier, c'est le mot de valeur, c'est celui qui se présente le premier à la pensée, et il a pour correctif l'incise qui suit :

> ... en cas de quelque enquête.

Puis le vers plein, superbe, celui que Molière trouve toujours pour exprimer l'idée mère, celui qui est comme l'épine dorsale du discours :

> J'eusse d'un faux-fuyant la faveur toute prête.

La période se pourrait arrêter là. Car tout a été dit, et bien dit. Mais par un de ces redoublements de pensée et d'expression, que vous blâmez, mon cher collaborateur, et que vous imputez à crime à Molière, mais que nous, gens de théâtre, nous trouvons admirables...

Eh oui! elles sont admirables ces répétitions qui vous choquent, car elles enfoncent chaque fois plus avant l'idée dans l'esprit du public.

N'avez-vous donc pas remarqué, vous qui êtes un philosophe, que les hommes, dans la conversation ordinaire, — écoutez-les, je vous en prie, vous verrez si je me trompe! — oui, tous les hommes, les gens instruits comme les illettrés, ont l'habitude de répéter deux ou trois fois une chose qui leur tient au cœur.

Stendhal avait fait cette observation sur laquelle il revient souvent dans ses merveilleuses études psychologiques.

Seulement, dans le train de la vie ordinaire, les personnes qui répètent une chose déjà dite par eux la répètent à peu près dans les mêmes termes, ils n'y ajoutent rien que la force même de la répétition qui a par elle-même une puissance propre. L'écrivain dramatique qui est un peintre de mœurs, qui s'ingénie à reproduire la réalité, ne se fait pas faute, lui non plus, de ces répétitions qui sont dans la nature. Mais il les varie par l'expression et, le plus souvent, il tâche d'enchérir sur le premier trait par un trait plus énergique.

N'est-ce pas ce qu'a fait ici Molière? La phrase a l'air d'être finie; mais Orgon voit, au visage de son interlocuteur, qu'il ne l'a pas encore convaincu; il continue donc, se rattachant à ce qu'il vient de dire, à l'aide d'une préposition conjonctive : par où.

> Par où ma conscience eût pleine sûreté
> A faire des serments contre la vérité.

Quels vers! comme chaque mot porte et est bien à sa

place : conscience, sûreté, serments, vérité. Et, pour l'oreille, quelle plénitude de son ! Comme l'impression que fait l'idée s'accroît de cette puissante vibration de l'alexandrin !

J'ai pris là, pour l'analyser, un des moindres passages de Molière, un de ceux qui prêtent le plus à la critique, il faut bien le dire. Transportez ces vers dans une épître de Boileau, ils paraîtront ce qu'ils sont, en effet, empêtrés et difficiles. Oui, mais ils ont été écrits pour l'optique de la scène : c'est du style de théâtre.

Il faut les juger aux chandelles, comme disaient nos pères. M. Scherer reconnaîtra bien que si l'on exposait au Salon de peinture et, à plus forte raison, dans un de nos cercles parisiens, telle toile de fond, qui est un chef-d'œuvre, illuminée des feux de la rampe, elle ferait pauvre figure dans ce nouveau milieu. Eh bien ! il y a ici quelque chose de semblable : Molière a besoin, pour être estimé à sa juste valeur, d'être lancé, par-dessus la rampe, à un public nombreux.

Il faut, même alors qu'on le lit dans le silence du cabinet, se figurer qu'il a écrit pour la foule.

8 mai 1882.

SUR LA LANGUE DE MOLIÈRE

I

MOLIÈRE ET LE LANGAGE PRÉCIEUX

J'avais, il y a bien longtemps, promis à mes lecteurs d'intervenir dans un débat qui s'est ému en ces derniers temps et se poursuit encore aujourd'hui entre M. Charles Livet, notre collaborateur, et M. Larroumet, auteur d'un livre sur Marivaux, qui a été couronné par l'Académie française.

M. Larroumet et M. Livet ont chacun, presque en même temps, publié une édition nouvelle des *Précieuses ridicules* de Molière, l'un chez Garnier frères, l'autre chez Paul Dupont, tous deux avec notes historiques, grammaticales et philologiques.

Je voudrais proposer à mes lecteurs quelques doutes qui me sont venus en relisant les *Précieuses ridicules* et les *Femmes savantes*, car ces messieurs m'ont rendu le service de me forcer à passer avec ces deux chefs-d'œuvre une bonne part de ma semaine.

N'avez-vous pas remarqué combien le comique qui ne résulte que de certaines façons de parler, ou singulières, ou artificielles, ou aventurières et à la mode, est prompt à s'évanouir ? Prenons des exemples dans le théâtre de notre époque :

Duvert et Lauzanne ont inventé une langue très bizarre qui se composait de termes détournés de leur signification première et pris par métaphore dans un sens imprévu ; d'alliances de mots cocasses, d'adjectifs inattendus collés sur un substantif pour qui ils n'avaient jamais été faits ; cette langue a eu d'abord un succès incroyable ; aujourd'hui, elle ne nous touche presque plus, et cela pour deux raisons :

La première, c'est que, parmi ces locutions inventées par Duvert et Lauzanne, les unes ont passé grâce à eux, dans la langue ordinaire ; elles ne produisent donc plus la sensation d'étonnement qu'elles faisaient éprouver à nos pères ; elles nous paraissent toutes naturelles parce qu'elles sont en effet de la conservation courante.

La seconde, c'est que ces mots, tout en n'étant pas entrés dans la langue ordinaire plus qu'ils n'y étaient auparavant, n'ont plus cet air de nouveauté qui avait plu chez eux à leur apparition première. Ils sentent le vieux, le moisi, et on n'est plus disposé à en rire ; le comique en a disparu. Vous pouvez faire la même remarque sur une foule de pièces plus modernes encore ; prenez les quelques scènes de la *Famille Benoiton* où ces demoiselles parlent le langage des cocodettes de ce moment-là ; parmi les locutions qu'elles emploient, les unes ont été admises dans la langue des honnêtes gens et ne font plus scandale ; les autres sont défraîchies ou, si elles ne le sont pas encore, elles ne tarderont pas à l'être ; on les écoutera sans sourciller si jamais la pièce reprend.

Eh bien, il doit en être de même pour Molière, qui a dû pour se moquer des précieuses, leur emprunter beaucoup de façons de parler. Il a accrédité les unes, qui ont dû précisément à la moquerie qu'il en faisait de s'insinuer dans la conversation ordinaire; les autres ont passé à l'état d'antiquailles.

Prenons des exemples, car il n'y a jamais rien de tel pour éclaircir les choses. Vous trouverez dans les *Femmes savantes* un passage qui est le désespoir des comédiens : Chrysale, que l'on vient de forcer à renvoyer la pauvre Martine, finit par débonder son cœur. Vous vous rappelez tous cette merveilleuse tirade :

> Voulez-vous que je dise? Il faut qu'enfin j'éclate,
> Que je lève le masque et décharge ma rate,
> De folles on vous traite...

La tirade continue avec une vivacité de style incomparable, mais le diable est qu'elle se termine par six vers qui, loin d'enchérir sur le reste, loin de donner ce qu'on appelle le coup de la fin, laissent en quelque sorte tomber le morceau à plat :

> Je n'aime point céans tous vos gens à latin,
> Et principalement ce monsieur Trissotin;
> C'est lui qui dans des vers vous a tympanisées;
> Tous les propos qu'il tient sont des billevesées.
> On cherche ce qu'il dit après qu'il a parlé,
> Et je lui crois, pour moi, le timbre un peu fêlé.

Voilà une belle chute ! Comment donner à cette fin de l'éclat, de la sonorité? Il n'y a pas moyen. Provost y a perdu son latin et Barré de même. J'ai vu ce pauvre Barré, avec qui j'ai plus d'une fois causé de ce morceau, faire son possible pour lancer ces cinq ou six derniers vers à grand renfort de gestes, sans y parvenir.

Il fallait se résoudre à croire que Molière, contrairement à toutes ses habitudes, contrairement aussi aux lois de l'optique du théâtre, avait terminé par des vers sans force et sans couleur une tirade pleine d'emportement au début et de verve éclatante au milieu.

Il y avait là quelque chose qui ne m'entrait pas dans l'esprit : c'est Henri Lavoix, un des plus fins érudits de ce temps-ci, qui m'a résolu la difficulté et découvert le pot aux roses.

Vous ne remarquez pas, me dit-il, ce mot *tympanisées* et cette locution : *le timbre un peu fêlé*. C'était alors ce que nous appelons des mots d'argot boulevardier ; ils devaient produire dans la bouche du bonhomme Chrysale, les employant pour se moquer du jargon de ces pédantes, un effet de comique irrésistible.

Quand il s'écrie :

> Et je lui crois, pour moi, le timbre un peu fêlé !

C'est comme si de notre temps un bon bourgeois du Marais s'en allait dire en parlant de son neveu qui s'émancipe à faire de la peinture :

« Il faut décidément que ce garçon-là ait une araignée dans le plafond. »

Il est bien entendu que je ne donne pas comme vraie et prouvée l'observation de mon ami Lavoix. Ce sont là des choses qui échappent à toute démonstration. Elle est bien vraisemblable tout au moins, car Molière s'est, plus d'une fois, dans le but de faire rire, servi du jargon de l'époque.

Rappelez-vous Alceste s'écriant qu'il ne veut

> Ni donner de l'encens à Madame une telle
> Ni de vos francs marquis essuyer la cervelle.

Essuyer la cervelle ! quelle expression forcée et bizarre : elle ne s'explique que si l'on sait que dans le dictionnaire des précieuses, qui devait être celui des francs marquis, le mot essuyer était fort à la mode et qu'on l'accommodait à toute sauce, comme aujourd'hui le mot *piquer* dans l'argot des écoliers et des étudiants. Il nous reste de cette mode quelques expressions qui ont passé dans la langue; ainsi on dit très bien : *essuyer un refus, essuyer un revers;* mais quand ces locutions métaphoriques se sont produites la première fois, elles ont dû paraître singulières, car elles reviennent à dire : De même que l'on essuie sur sa joue un crachat, de même on essuie l'ennui où le chagrin qu'a laissé un refus ou un revers.

Essuyer la cervelle est encore plus cherché. C'est essuyer l'ennui qui résulte des idées qui passent par la cervelle d'un franc marquis.

J'imagine qu'au temps de Molière tout le public riait à cette boutade du *Misanthrope* :

> Et de nos francs marquis essuyer la cervelle.

Essuyer la cervelle n'est pas passé dans la langue courante, mais il ne nous choque plus, c'est tout bonnement pour nous une antiquaille. Les commentateurs jettent en note en bas de la page : *Essuyer la cervelle,* locution forcée et vicieuse.

Attrape, Molière! Cela t'apprendra à chercher du comique dans les mots.

Une des grandes affectations des pédants et des précieuses qu'a joués Molière, c'était de poursuivre une métaphore jusqu'en ses derniers recoins; de la prolonger à l'aide de mots métaphoriques qui rentraient eux-mêmes dans la métaphore première.

Allons-y toujours de notre exemple :

On demande, dans les *Femmes savantes*, à Trissotin de lire des vers de sa façon :

> Servez-nous promptement votre aimable repas,

lui a dit Philinte.

Repas ! c'est une métaphore, Trissotin s'en empare et, la reprenant à son compte pour la prolonger, il réplique :

> Pour cette grande faim qu'à mes yeux on expose,
> Un plat seul de huit vers me semble peu de chose ;
> Et je pense qu'ici je ne ferais pas mal
> De joindre à l'épigramme ou bien au madrigal
> Le ragoût d'un sonnet qui, chez une princesse,
> A passé pour avoir quelque délicatesse.
> Il est de sel attique assaisonné partout,
> Et vous le trouverez, je crois, d'assez bon goût.

Voyez-vous avec quel art tous les mots sont choisis et circulent autour de cette première idée métaphorique de repas ? Aujourd'hui, quand Trissotin prononce ces vers, on n'y prend pas trop garde, c'est une métaphore un peu trop exacte et un peu trop prolongée, voilà tout. Le comique de la chose a absolument disparu. Mais, au temps de Molière, cette longue métaphore de Trissotin était la critique d'un genre à la mode, et il est probable que quand l'artiste avait fini de parler, tous les spectateurs l'approuvaient d'un sourire ironique et fin.

En feuilletant l'édition que M. Larroumet a donnée des *Précieuses ridicules*, je trouve à propos de cette réplique de Mascarille : « Ah ! je m'inscris en faux contre vos paroles. La renommée accuse juste, en contant ce que vous valez, et vous allez faire pic, repic, et capot tout ce qu'il y a de plus galant dans Paris », la note suivante jetée au bas de la page : « La métaphore serait aujourd'hui assez commune ; elle était distinguée au temps de Molière ».

Rien de plus juste. Toutes les locutions et toutes les métaphores tirées du jeu ont été nobles au siècle de Louis XIV, comme celles qui venaient de la chasse, de la guerre et de l'écurie. C'est qu'il n'y avait guère que les gentilshommes qui jouassent ; les vilains ou même les bourgeois, s'ils s'avisaient de jouer, ne jouaient qu'à l'oie ou au trou-madame, ce ne sont pas là des jeux. C'est ainsi qu'un certain nombre de mots sont restés dans notre langue, introduits par le trictrac, qui lui-même est tombé en désuétude.

Mais que conclure de cette remarque fort juste de M. Larroumet? C'est qu'au temps de Molière, la phrase de Mascarille se tournait en raillerie et mettait au plein vent les ridicules du parler métaphorique des francs marquis. A présent ces deux lignes ne nous rappellent rien, et, si elles ont pour nous une signification, c'est une signification qui n'a aucun rapport avec l'idée même de Molière et avec l'effet qu'il voulait en tirer sur les hommes de son temps.

Nous pourrions, autant qu'il nous plairait, multiplier ces exemples; je me borne à vous ouvrir ce sujet de réflexion et d'études. Vous y trouverez, je l'espère, quelque agrément, car c'est une matière qui n'a pas été encore explorée et qui est presque toute neuve.

Je ne vous cacherai point qu'une autre question se présentera à la suite :

Comment se fait-il que, tous les effets comiques que Molière a voulu tirer de l'emploi des locutions précieuses et des mots bizarres s'étant évanouis, les *Précieuses ridicules* n'en soient pas moins restées une des comédies qui ont gardé à la scène un très vif succès de franc rire? A la scène! Et ce n'est pas seulement de la scène de la Comédie-Française que je parle : l'année dernière, des amateurs ont joué, chez un de mes anciens camarades d'école, aujourd'hui inspecteur général de l'Université, M. Chassang, les *Précieuses ridicules* de Molière; le poète a triomphé là comme sur un vrai théâtre.

M. Larroumet m'a donné le texte des *Précieuses ridicules*

traduites en grec, mais je ne suis plus malheureusement assez bon helléniste pour le lire couramment, avec chance de m'y plaire. Les *Précieuses ridicules*, sous cette nouvelle forme, ont fait pâmer de rire les descendants d'Aristophane et d'Alcibiade.

Il faut donc qu'il y ait une vertu, ou, si vous aimez mieux, un sel qui conserve la gaieté de ces pièces, même après que les principales sources du rire ont été taries. Quelle est cette vertu ? De quoi se compose ce sel ? Voilà le problème.

21 juillet 1881.

II

LE MOT PROPRE ET LE MOT CRU

La reprise de *Sganarelle* a été un petit événement. Il y avait bien longtemps qu'on avait joué cette comédie. J'y ai vu souvent Got, qui disait d'une façon incomparable le fameux monologue du second acte. M. Perrin avait laissé tomber cette pièce dans l'oubli, comme tant d'autres. Mais, pour celle-là, il avait une raison particulière, que vous vous expliquerez suffisamment si vous prenez garde que *Sganarelle* porte en sous-titre, dans le texte imprimé : ou le *Cocu imaginaire*. Le mot revient fort souvent dans *Sganarelle*, comme dans l'*École des Femmes*. M. Perrin l'a effacé tant qu'il a pu de l'*École des Femmes* et, pour plaire à son public des mardis, il a saccagé une scène, qui est regardée par tous les amateurs comme un chef-d'œuvre de comique gras et superbe. Il n'y avait pas tant de peine à se donner autour de *Sganarelle*. Il avait tout simplement supprimé la pièce.

Quelle chose bizarre pourtant que la puissance du mot ! Car il n'y a pas à dire, c'est le mot qui effarouche et non la chose.

« Vous étiez là hier soir, m'écrivait le lendemain de cette représentation un de mes correspondants habituels ; avez-vous remarqué ces deux familles qui étaient aux stalles de second rang ? Elles étaient venues sans doute sur la foi du nom de Molière et avaient amené leurs filles. Avez-vous suivi leur mouvement de visage, lorsqu'au début la suivante a entonné son couplet célèbre :

> Le bon Dieu fasse paix à mon pauvre Martin ;
> Mais j'avais, lui vivant, le teint d'un chérubin.
> Etc.

» A mesure que se déroulait cet opulent couplet, tout nourri de haute graisse gauloise, les figures de ces dames passèrent de l'étonnement à l'inquiétude, puis à la consternation. Les jeunes filles ne bronchaient pas. Elles gardaient cette tranquillité virginale dont elles s'arment lorsqu'un étourdi laisse échapper une gaudriole devant elles. Le morceau s'acheva par les vers que vous savez, qui sont d'une drôlerie si plantureuse :

> Enfin, il n'est rien tel, madame, croyez-moi,
> Que d'avoir un mari la nuit auprès de soi,
> Ne fût-ce que pour l'heur d'avoir qui vous salue
> D'un : Que Dieu vous bénisse ! alors qu'on éternue.

» Les mères tinrent bon encore quelques instants, mais, quand le terrible mot éclata à leurs oreilles, elles sursautèrent de frayeur ou d'indignation, se levèrent, sortirent au milieu de la pièce, et les jeunes demoiselles les suivirent. C'est le mot qui les avait mises en déroute.

» Et je songeais à part moi, en les voyant filer à l'anglaise, qu'à telle pièce de Meilhac et d'Halévy, toutes pleines de sous-entendus très vifs, sous une forme absolument convenable, et sans un seul de ces mots que l'on qualifie de gros : qu'à telle chanson détaillée par Mme Judic avec un mélange d'ingénuité et de rouerie, ces honnêtes dames ne se fussent point senties blessées dans leur pudeur; on ne les eût pas, pour un empire, dévissées de leurs fauteuils. »

Tel est l'effet du mot. Pourquoi ?

Je lisais, ces jours derniers, un volume que M. Camille Saint-Saëns vient de faire paraître sous ce titre *Harmonie et Mélodie*. Il est rempli d'idées neuves ou qui m'ont paru telles. C'est un livre très amusant pour ceux qui sont, comme moi, de simples amateurs en musique, des profanes.

Il conte dans un des chapitres qu'étant enfant, comme il avait l'oreille très délicate, on s'amusait souvent à lui faire désigner la note produite par tel ou tel objet sonore, flambeau, verre ou bobèche. Il l'indiquait sans hésitation. Or, quand on lui demandait quelle note produisait une cloche, il répondait toujours : « Elle ne fait pas une note, elle en fait plusieurs, » ce qui paraissait étonner beaucoup de gens.

M. Camille Saint-Saëns cherche la raison de cette particularité et de la raisonnance multiple des cloches :

« Chaque son, dit-il, est accompagné, comme on sait, d'une foule d'harmoniques. Dans la plupart des cas, dans le son des voix et des instruments, ces harmoniques sont plus ou moins absorbées par le son fondamental; mais, n'est-il pas admissible que, dans certains cas, une ou plusieurs harmoniques deviennent prédominantes ? »

M. Camille Saint-Saëns donne de cette vérité nouvelle des preuves qui sont trop spéciales pour que je les rapporte, et il termine en faisant remarquer que les instruments de cuivre très courts et très aigus ne peuvent pas faire sortir leur note fondamentale ; ils ne donnent jamais que des harmoniques.

Eh bien ! cette théorie s'applique merveilleusement aux mots comme aux sons. Les mots ont des harmoniques, c'est-à-dire qu'outre leur signification propre, qui est ce que M. Camille Saint-Saëns appelle le son fondamental, ils ont d'autres sons qui vibrent pour ainsi dire en même temps et à côté, et qui parfois même étouffent le son fondamental, si bien qu'il ne reste plus que l'harmonique.

Il faut bien que la langue ait des mots pour désigner les rapports et l'union des sexes. Si ces mots n'avaient qu'un son fondamental, c'est-à-dire s'ils n'apportaient à l'esprit que la signification de la chose, sans aucun mélange d'images accessoires, sans harmoniques ; s'ils n'étaient que des signes idéographiques et conventionnels, on pourrait toujours en user sans scrupule. Et c'est à peu près ainsi qu'ils sonnaient à l'oreille de nos aïeux, trop grossiers pour saisir dans le son fondamental les harmoniques concomitantes.

Mais la pudeur ou la puderie, comme on voudra, à mesure qu'elle se développait, emplissait certains mots, pris un peu au hasard par elle, d'images ou libertines ou grossières, ou répugnantes, qui finissaient par faire corps avec la signification première du mot, si bien qu'elles s'éveillaient toutes à la fois quand il était prononcé.

Choisissons pour exemples quelques-uns de ces mots qui peuvent encore s'écrire. Vous en trouverez aisément d'autres.

Jeanne d'Arc nous a conservé le mot charmant de pucelle. On dit encore la Pucelle d'Orléans. Le substantif a disparu de notre langue. Pourquoi ? C'est qu'ici l'harmonique a étouffé le son fondamental. Ce mot proscrit n'exprimait pas autre chose que le fait qui est traduit dans la langue courante par celui de virginité. Mais il s'est empli peu à peu d'images égrillardes ou même brutales qui ont pris le dessus.

Le mot *fille*, si nous n'y prenons garde, ne tardera pas à prendre une vilaine couleur. Il en sera de lui comme d'un autre, dont le masculin est resté dans la langue de la bonne compagnie : *Un beau gars, un fier gars!* Le féminin ne se dit plus et c'est dommage ; car ce mot, à qui sont invinciblement liées des images répugnantes, fait tomber des mains des femmes nombre de vieilles pièces de vers qui sont délicieuses. Je tremble que, si le mot fille vient à être supprimé du dictionnaire de la bonne compagnie, les pages les plus belles de nos poètes soient frappées d'ostracisme du même coup.

Songez qu'à présent, quand on dit *une fille* sans la corriger par l'épithète de jeune, ce mot éveille tout aussitôt des images déplaisantes. Supposez que l'harmonique du mot s'accentue, il n'est pas malaisé de prévoir un temps où, quand Junie, dans *Britannicus*, soupirera ces vers délicieux :

> Il n'a point détourné ses regards d'une fille,
> Seul reste des débris d'une illustre famille,

tout le public des mardis du vingtième siècle se lèvera effarouché, demandant compte au Perrin de l'époque de l'insulte faite à sa pudeur.

Vous pouvez chercher dans la langue contemporaine les mots qui sont ainsi menacés — il y en a plusieurs — ou ceux que les bienséances ont déjà proscrit de notre Dictionnaire, vous verrez que chez tous ce qui fait le scandale, c'est que la vibration concomitante est devenue plus forte que la signification première.

Et, si vous vouliez étendre cette théorie, vous verriez aisément qu'elle n'est qu'un accident d'une théorie plus vaste, celle qu'a exposée un de nos confrères M. Bourde, quand il faisait remarquer que les mots, pour parler le langage de la nouvelle école poétique, sont *suggestifs*. Suggestifs ! Cela s'entend ; on veut dire par là qu'en outre de leur sens idéographique, ils éveillent dans l'âme soit des idées, soit des images, soit des sensations concomitantes.

Mais je ne tiens pas à élargir ainsi la question. Je m'enferme dans celle qu'a soulevée au théâtre l'incident de ces dames, quittant la place au mot dont Molière, après Rabelais, stigmatise le mari trompé.

Ce mot a un tort grave, irrémédiable. Il éveille dans l'esprit des images qui sont en désaccord complet avec l'idée que l'on se fait de la chose qu'il exprime. L'adultère dans notre société moderne est devenu une affaire très sérieuse, ou du moins le monde comme il faut prétend n'en voir jamais que le côté sérieux. Les harmoniques du mot sont au contraire extrêmement folichonnes et ces harmoniques ont si bien éteint le sens fondamental que l'esprit ne perçoit plus qu'elles, et naturellement il en est scandalisé.

A-t-il tort ? A-t-il raison ? La question est oiseuse à débattre, puisque nous n'y pouvons rien. C'est un fait ; il faut le prendre tel qu'il est. Le contester, ce serait vouloir enfoncer un gros mur à coups de tête.

Et cependant je serais d'avis que l'on continuât d'imposer au public les pièces de Molière où se rencontrent ces mots proscrits. Pourquoi ? C'est que grâce au nom de Molière, grâce à l'éducation classique que nous avons reçue, ces mots, quand ils se présentent dans Molière, nous y apparaissent dépouillés des harmoniques que la civilisation y a fait vibrer depuis sa mort. Le préjugé de l'éducation combat celui de la pudeur et l'annihile.

Écrivez *pucelaige*, le mot ne produit plus du tout l'effet de secousse que l'on éprouve si vous écrivez à la moderne. Pourquoi ! Ce n'est qu'un *i* de moins. Oui, mais cet *i* vous transporte dans le seizième siècle, pour peu que vous ayez lu nos vieux auteurs, et vous prenez pour un instant les façons de voir et de sentir des gens du seizième siècle.

Eh bien ! il faut profiter de ce que Molière a passé dieu pour donner intégralement ses pièces. Les mots dont il s'est servi sont consacrés. Il est certain que, si l'on en déshabitue les oreilles du public, il en arrivera bientôt à ne plus entendre que les harmoniques du mot. Mais, si l'on persiste à les dire tranquillement sur la scène, la franchise dont ils jouissent au théâtre ne se perdra pas. C'est pour cela que j'en ai tant voulu à M. Perrin d'avoir cédé à des récriminations niaises, en mutilant une des plus spirituelles scènes de l'*École des Femmes*.

Sganarelle n'est pas un chef-d'œuvre de cet ordre. Et cependant, l'autre soir, sauf ces quatre ou cinq personnes que je ne blâme pas d'ailleurs, tout le public a pris sa part de ce rire honnête et sain que provoquent les joyeusetés de Molière.

Ce qui les sauve, ces joyeusetés énormes, c'est la franchise de l'accent : la franchise d'un Rabelais, écrivant pour le théâtre, avec un flot de verve moins épaisse, moins exubérante ; un choix de mots plus sévère, et cette concentration d'effets qui est indispensable à la scène.

Et comme tout cela est taillé en pleine étoffe ! Je ne parle pas du fond, qui est peu de chose : pas beaucoup plus d'invention que dans un de nos vieux fabliaux, combiné avec des bouts de farce italienne. Mais la langue ! Comme elle est large, savoureuse et poétique ! Quel art à conduire, varier et conclure la période. Comme le vers se dresse franc, et tout d'une venue ! C'est un enchantement pour l'oreille !

Molière a écrit des morceaux plus achevés que le monologue de Sganarelle ; il n'y en a pas d'un fil plus vigoureux, d'une facture plus puissante, d'une sonorité plus superbe.

17 août 1885.

LES PIÈCES DE MOLIÈRE

L'ÉTOURDI

La Comédie-Française a repris l'*Étourdi* de Molière, qui n'avait pas été joué depuis une trentaine d'années.

C'est une des plus belles représentations où j'aie assisté de ma vie, et tous ceux qui l'ont vue en garderont sans doute un long souvenir. Tous les amateurs de théâtre, tous les fidèles de Molière s'étaient donné rendez-vous pour cette soirée; l'orchestre était plein jusqu'aux bords; car il n'y a plus aujourd'hui de places réservées pour les musiciens; le balcon et les loges étaient très suffisamment garnis; les femmes même, que ces sortes de reprises n'intéressent guère en général, étaient assez nombreuses.

On peut dire que c'était un public d'élite. Il ne venait pas là pour satisfaire cette curiosité languissante qu'excite toute pièce nouvelle; non, c'était une œuvre du maître, jouée par deux excellents comédiens, qu'il venait goûter et admirer. On savait que depuis longtemps Delaunay et Coquelin étudiaient cette pièce, qui repose tout entière sur deux personnages, et qu'ils avaient mis tous leurs soins à nous la rendre dans sa triomphante intégrité.

C'est que, pour la parfaite exécution de l'*Étourdi*, il faut cette rencontre assez rare d'un jeune premier qui soit jeune, élégant et vif ; qui sache dire et qui aime Molière ; avec un comique ardent, plein de verve et de malice, qui ait de la santé, de la voix, de l'autorité, et qui soit en même temps passionné pour l'ancien répertoire. Je ne sais si, depuis Molière même, cette conjoncture de deux astres a été observée. Quand on avait un Mascarille, c'est Leslie qui faisait défaut ; et, d'autres fois, il est arrivé que Leslie manquait de Mascarille.

La dernière représentation de l'*Étourdi* nous offre les noms de Menjaud et de Monrose. Monrose, quoique un peu grimacier, a dû être un excellent Mascarille ; il en avait l'organe et le jeu. Mais je doute que Menjaud, qui jouait, dit-on, les marquis dans la perfection, eût la jeunesse et la gaminerie élégante qui conviennent au rôle de Leslie.

C'était une bonne fortune, comme il y en a bien rarement dans l'histoire du théâtre, de trouver pour une œuvre aussi considérable et aussi rarement jouée, de l'ancien répertoire, deux hommes sur le patron de qui les deux seuls rôles importants de la pièce semblaient avoir été taillés. Delaunay, qui porte dans les personnages qu'il essaye toute la maturité d'un talent plein d'expérience et consommé, a conservé la vivacité et la grâce d'un jeune poulain échappé. Jamais le joli mot d'Alfred de Musset ne s'est mieux appliqué qu'à lui : « Il est étourdi comme le premier coup de matines. »

Coquelin a toute la verve endiablée qu'il faut à ces valets insolents et gouailleurs que Molière a empruntés à la comédie italienne et qu'elle a pris elle-même au théâtre antique. Sa joyeuse figure, sa voix chaude et vibrante, la pétulance de son geste et le brio de son jeu s'harmonisent admirablement à l'idée que nous nous faisons de ces amusants mauvais drôles. Ajoutez qu'il a l'ampleur et la superbe désinvolture qu'ils réclament. Ce sont les maîtres de la scène; il ne s'agit pas de leur donner le ton simple et bon enfant de coquins ordinaires. Ils ont quelque chose dans la tournure, l'air et la voix qui tient du matamore ou du capitan. Ils sentent ce qu'ils valent, et un peu d'exagération ne messied pas à ces personnages de convention. Coquelin semble avoir été formé à plaisir par la nature pour les rendre à merveille.

Les amateurs qui ont vu jadis Monrose, le préfèrent à son devancier, en dépit de l'axiome qui veut que les vieillards louent toujours le temps passé. Monrose arrivait, dit-on, à l'effet comique par l'exubérance du geste, par un mouvement prodigieusement varié, mais peu naturel de la physionomie. Coquelin n'a qu'à se présenter et à ouvrir la bouche pour être plaisant.

Ce merveilleux organe met en saillie chaque mot de la phrase poétique, sans qu'il y paraisse songer. Il peut à sa fantaisie précipiter son débit; on ne perd pas une syllabe. Tous les mots se détachent dans cette diction rapide et presque tumultueuse; ils sonnent comme les notes d'une fanfare lancée à toute volée.

Ces deux comédiens songeaient depuis longtemps à nous rendre l'*Étourdi*. Ce n'est pas qu'ils comptassent sur un grand succès d'argent. Jamais l'*Étourdi* n'a fait recette. On a, depuis Molière, tenu à jour le livre des comptes de la Comédie-Française. Toute reprise de l'*Étourdi* est constamment marquée par un abaissement sensible dans le chiffre des recettes. La raison en est fort simple; c'est que la pièce, avec toute sa gaieté et son esprit, est longue et fatigante : elle ramène toujours la même scène, qui se représente sans cesse sous une nouvelle forme, et il faut, pour la goûter pleinement, se reporter, par un effort archéologique d'imagination, à l'époque où elle a été écrite.

Peu de spectateurs sont capables de cette contention d'esprit ; on ne rit guère par réflexion au spectacle.

Delaunay et Coquelin étaient donc à peu près sûrs, en rapportant l'*Étourdi* au théâtre, de travailler gratis ; la Comédie-Française ne se dissimulait pas que cette tentative lui coûterait sans doute quelque argent. Et cependant, personne n'a hésité. C'était une des joies caressées par M. Thierry, de donner cette soirée au public ; les événements politiques l'ont privé de ce plaisir, qui eût été pour lui un honneur. M. Perrin n'a pas témoigné moins d'empressement à monter cette œuvre, qu'il savait devoir, lui aussi, être peu fructueuse, et il l'a fait dans le meilleur mois de l'année, à l'heure où tout Paris de retour emplit les salles de théâtre.

Et ne serait-ce pas là — si la cause n'était déjà gagnée dans l'esprit du public — un merveilleux argument en faveur des subventions théâtrales, que ce désintéressement de la Comédie-Française. Si elle dépendait d'un directeur, qui n'eût en vue que son intérêt, et qui exploitât son théâtre comme une maison de commerce, est-ce qu'il perdrait tant de forces et de temps, est-ce qu'il emploierait ses meilleurs acteurs à monter de vieilles pièces, dont il saurait ne pouvoir tirer qu'une dizaine de représentations peu fructueuses.

Si l'on nous a joué l'*Étourdi* cette semaine, et si l'on nous l'a joué comme il ne l'a certainement pas été depuis cent cinquante ans, c'est précisément que la Comédie-Française est une institution et non une boutique ; c'est qu'il lui est possible de préférer de temps à autre l'honneur à l'argent ; c'est qu'il est permis aux comédiens qui la composent d'être de vrais artistes, plus amoureux de la gloire du théâtre que du gain, et qui se plaisent à satisfaire un public choisi.

Ce public a été enchanté. Il n'y a guère que Paris où l'on puisse réunir, un soir, un si grand nombre de personnes instruites, et qui aient un goût si vif de nos vieilles œuvres. C'était plaisir de voir avec quelle finesse et quelle vivacité d'impressions étaient accueillis tous les traits de ce dialogue si pétillant de jeunesse, de verve et de bonne humeur. On se fût cru à une première représentation d'Alexandre Dumas fils.

Et encore, non; la comparaison n'est pas juste. Il y a toujours dans cette soudaineté d'applaudissements que soulèvent les mots de l'auteur du *Demi-Monde*, quelque soupçon d'engouement, et comme une arrière-pensée que l'on est peut-être dupe d'une surprise. C'était ici la sécurité joyeuse de gens de goût qui baignent leur esprit dans une œuvre éprouvée; ils en savent d'avance et le fort et le faible; ils en négligent de parti pris les côtés fâcheux, et s'abandonnent avec un ravissement tranquille à la joie d'une œuvre charmante, qui est signée d'un nom rassurant.

Ils ont même ce plaisir, qui est si piquant, de faire des découvertes dans une pièce qui date de deux cents ans, et qui est connue de tous les lettrés. C'est que Molière, on ne le sait bien que si on l'a vu *aux chandelles*. Vous le lisez au coin de votre feu; ce n'est plus cela. Il est fait pour la scène. Tel récit qui vous semblait long s'anime et prend au feu de la rampe du relief et de la couleur. Telle plaisanterie, qui vous faisait l'effet d'être manquée ou douteuse, tire un nouveau prix du jeu de scène qui l'accompagne.

Et que d'esprit! de cette sorte d'esprit qui va jusqu'à la gaminerie parisienne. Ceux-là seuls ne s'en amusent pas qui s'en vont chercher, dans l'*Étourdi*, une comédie de caractère.

L'*Étourdi !* c'est là un mauvais titre et qui trompe. La pièce eût été bien mieux appelée de son sous-titre : les *Contre-Temps*. C'est un simple vaudeville que Molière a écrit en cinq actes et en vers, parce que le vaudeville ne formait pas de son temps un genre spécial et n'avait pas pour se produire de théâtre particulier.

Leslie n'est point un étourdi au sens où nous prenons le mot aujourd'hui. La pièce italienne, d'où celle de Molière est tirée, disait beaucoup mieux : le *Malavisé*. Malavisé, cela s'entend, c'est un sot qui, soit bêtise naturelle, soit inattention, soit étourderie, soit même hasard, arrive toujours à la male heure et rompt les entreprises les mieux concertées. Le mot d'étourderie, dans la langue actuelle, porte à notre esprit l'idée d'une extrême vivacité d'esprit, compliquée de beaucoup d'inattention. Il n'y a rien de pareil dans le personnage de Leslie.

J'ignore si au temps de Molière le mot d'étourdi avait précisément la même signification. Peut-être exprimait-il plutôt un état d'esprit se rapprochant de celui que les Italiens entendent quand ils disent d'un homme qu'il est *stordito*. Nous-mêmes avons conservé à peu près le sens dans les phrases de cette sorte : il est resté tout étourdi de cette nouvelle ! il n'est pas ivre, il n'est qu'étourdi. *Étourdi* ne marque ici qu'un affaissement momentané des facultés intellectuelles.

Au fond, il n'importe guère. Ce dont il faut bien se rendre compte quand on va voir la pièce de Molière, c'est que son *étourdi* n'est pas la mise en œuvre d'un caractère dont le fond serait l'*étourderie*. Si vous arrivez au spectacle avec cette opinion préconçue, vous vous gâterez vous-même tout votre plaisir, et vous ne jouirez pas, comme il faut, du jeu si fin, si varié, de Delaunay.

Il a parfois l'air d'un sot ; c'est que Molière a voulu qu'il le fût en effet. Il se trompe quelquefois, il est vrai, par trop de précipitation; mais, le plus souvent, c'est par simple bêtise, par absence ou par impuissance de réflexion. On se rend coupable de contre-temps, ou, pour parler l'argot du jour, on *fait des impairs* par toutes sortes de causes; Molière les passe toutes en revue.

Quelques-uns de ces contre-temps ne sont dus qu'à un concours fâcheux de circonstances impossibles à prévoir; d'autres viennent de la stupidité de celui qui les commet; d'autres de son étourderie, au sens actuel du mot. Leslie les réunit tous en lui; tantôt il n'a pas de chance, tantôt il se conduit comme un écervelé, et le plus souvent comme un niais. Cet étourdi n'est parfois qu'un balourd, et vous ne devez pas vous en étonner, puisque le dessein de Molière n'était pas de vous peindre un certain genre d'étourderie, mais toutes les façons dont se produisent les contre-temps; puisque ce n'est pas le caractère qui conduit l'action et donne naissance aux incidents, mais bien l'idée d'*impair* commis ou à commettre qui est le pivot de la pièce et autour duquel tournent toutes les situations; puisque, pour tout dire d'un mot, ce n'est pas une comédie, mais bien un vaudeville.

Delaunay a très bien saisi et rendu cette nuance. Ce n'est pas l'irréflexion d'un jeune évaporé que trahit son jeu, c'est la niaiserie d'un sot, d'un malavisé, qui vient à tout coup se jeter bêtement au travers d'une intrigue et qui en rompt innocemment toutes les mailles. Rien de plus plaisant que la façon dont il joue son rôle de faux Arménien. Il lui donne l'air d'un homme frappé, ahuri.

Si Leslie n'écoute pas mieux les explications de Mascarille, ce n'est point qu'il soit emporté par la violence d'un amour qui le rende inattentif; c'est qu'il est au fond incapable de réflexion sérieuse, c'est qu'il n'a pas plus d'esprit que de mémoire. Il a été, comme les enfants, ravi de revêtir un costume de carnaval, et il ne voit pas plus loin que le bonnet dont il s'est coiffé. Le reste ira de soi ; il ne s'en occupe pas.

Aussi Delaunay se garde-t-il bien, quand Leslie commet méprise sur méprise, et reste court à chaque demande, de lui donner l'air d'un homme qui cherche à se rattraper, qui s'en veut de ses fautes de mémoire, et qui consulte son valet de l'œil pour se remettre dans le droit chemin ; non, il dit toutes ses sottises bonnement, et répète d'un air bêtement convaincu les phrases que lui souffle Mascarille.

La scène est ainsi bien plus fine, d'une plaisanterie bien plus délicate ; et je crois que c'est de cette façon que Molière l'a écrite et comprise.

Je parle plus volontiers de Delaunay que de Coquelin. C'est que son rôle est plus difficile et plus ingrat, et que, pour apprécier dignement le mérite de celui qui le rend, il faut plus d'habitude du théâtre. Ce qu'il y a de charmant dans son jeu, c'est la mesure exquise. Le comédien qui représente un semblable personnage, côtoie sans cesse la caricature ; Delaunay ne tombe jamais dans la charge. Le Leslie qu'il nous donne est un sot ; mais il reste distingué jusqu'en ses plus fortes balourdises : c'est un fils de famille et qui porte l'épée.

Coquelin n'a pas besoin qu'on le loue. Le public lui témoigne assez, par les applaudissements qui éclatent à chacune de ses tirades, tout le plaisir qu'il fait. C'est la perfection même ; non cette perfection froide et compassée qu'on admire souvent à la Comédie-Française sans être touché. C'est un jeu plein de variété et de feu. Ce rôle est un des plus longs et plus fatigants qu'il y ait au répertoire ; il le porte avec une aisance incomparable. Sa voix merveilleuse ne faiblit pas un instant; il lance les récits sur les tirades, avec une vigueur et une gaieté vraiment prodigieuses.

Le poète, au dernier acte, lui a donné à dire une de ces longues narrations qui sont trop fréquentes dans Molière : difficile à comprendre, enchevêtrée d'incises qui encombrent et prolongent les phrases; mais toujours en scène et gaies. Il l'a jetée tout d'une haleine avec une rapidité et un nerf de débit, qu'on ne saurait trop admirer. La salle était suspendue à ses lèvres, avec cette sorte d'admiration et de battement de cœur qu'on ressent à voir un danseur de corde faire ses tours à trente pieds de hauteur. Tout le monde se disait : Comment va-t-il en sortir? Il n'ira jamais jusqu'au bout! Et quand il eut fini, au milieu des rires de tout l'auditoire, il y eut deux salves d'applaudissements.

Les autres personnages sont peu importants; nous n'avons à citer que Mlle Croizette, qui dit gentiment son bout de rôle, et dont le costume est charmant.

Le bruit de ce grand succès s'est déjà répandu dans Paris. Contre toute attente, la recette a monté à la seconde représentation, et il est fort possible que la pièce fasse de l'argent pour la première fois depuis qu'elle existe.

30 octobre 1871.

LES PRÉCIEUSES RIDICULES

LE COMIQUE DANS LES MOTS ET DANS LA PENSÉE

Je causais avec M. Gustave Larroumet, celui-là même qui vient de donner une édition des *Précieuses ridicules*, édition d'où est partie tout ce débat. Je m'étais étonné de voir le jargon des Précieuses obtenir encore aujourd'hui un si vif succès de rire sur le public de 1884.

— Le public ne rit pas tant que cela, me dit-il, et, s'il rit, ce n'est pas précisément de la préciosité de Cathos et de Madelon; l'effet s'en est bien affaibli. Observez ce qui arrive à la représentation. Le début de la pièce est toujours un peu froid; la querelle de Gorgibus et de ses filles, les deux longues tirades sur la façon dont doit se mener une intrigue amoureuse et sur la carte du Tendre, font à peine sourire. Il est probable qu'elles amusaient beaucoup les contemporains de Molière. Il n'y a guère à cette heure que la grosse gaillardise sur l'*homme vraiment nu* qui fasse éclater de rire, et encore est-ce un rire de scandale.

Le rire part au contraire lorsque Mascarille entre en scène. Pourquoi cela? C'est que Molière a puisé ici son comique à cette source éternelle du rire qui est le contraste en ce qu'est réellement un personnage et ce qu'il veut paraître. Deux valets se sont travestis en gens du bel air; le contraste de leur vulgarité naturelle avec leurs prétentions est et restera tout le temps le grand élément comique de la pièce.

Mascarille entre déguisé en marquis; les porteurs de chaise lui réclament le prix de la course; il le prend de très haut avec eux; ces manants le menacent du bâton, il compose et file doux; voilà du comique.

Écoutons ensemble si vous voulez :

Voyez-vous comme la tirade sur les ruelles, comme la conversation sur les portraits, les impromptus, l'histoire romaine mise en madrigaux, etc., paraissent froids; le public ne rit que du bout des dents.

Ah! voilà la chanson de Mascarille! Le commentaire est une merveilleuse parodie de la rhétorique admirative. Cette rhétorique est de tous les temps; le commentaire qui est fait par un valet affectant le bel esprit sera donc toujours comique. L'air y ajoute encore; cet air qui a été imaginé par Régnier et repris par Coquelin ébriderait un mort.

— Comment, lui dis-je, l'air que chante Coquelin n'est pas de tradition? Ce n'est pas l'air de Molière!

— Non, me répondit-il; il est probable que Molière, qui était pauvre alors, n'a pu commander une mélodie à quelque musicien célèbre du temps, Charpentier ou Lulli; il aura pris quelque pont-neuf en vogue de ce temps-là. La musique s'en est perdue. Je tiens de M. Régnier lui-même qu'un jour, devant jouer les *Précieuses ridicules*, à Metz, il s'en alla, par hasard, la veille à l'Opéra-Comique où l'on représentait une pièce de Monsigny. Un des airs de la partition lui sembla devoir s'accommoder aisément au texte de Molière, il arrangea la chose dans la nuit et l'essaya le lendemain devant un public de province; le succès fut tel, qu'il rapporta la chanson ainsi notée à Paris; l'air a depuis ce temps fait tradition.

Très plaisante encore l'analyse par le menu de la toilette de Mascarille, mais ce n'est pas là du comique tiré de l'argot. Enfin, l'assaut de hâblerie militaire auquel se livrent Mascarille et Jodelet, la *furieuse plaie*, les coups de bâton de la fin, sont autant d'effets comiques qui ne doivent rien au jargon précieux.

Poussez plus avant cette analyse, vous arriverez à cette conclusion que la parodie du langage affété n'a plus pour le public qu'un intérêt secondaire dans les *Précieuses ridicules*, tandis que la situation est une des plus plaisantes qu'il y ait au théâtre et une de celles qui manquent le moins leur effet.

Nous nous amusâmes, Larroumet et moi, à chercher les pièces où avait été exploitée cette situation d'un valet se déguisant en maître ou même d'un maître empruntant les habits d'un valet. Nous allâmes d'un côté jusqu'au *Truc d'Arthur*, qui s'est joué l'année dernière avec tant de succès au Palais-Royal, et nous remontâmes de l'autre jusqu'aux *Atellanes* latines, dont c'était le sujet favori. Et encore ne nous arrêtâmes-nous là que parce que notre érudition ne poussait pas plus loin. Il est probable que, si nous avions connu le théâtre de l'Inde, nous aurions trouvé quelque grand seigneur, ou quelque dieu, se dérobant sous les vêtements d'un pauvre homme, ou quelque paria vêtu de la robe d'un brahme.

— Ce qui prouverait encore, me disait Larroumet, que votre théorie est juste; que le comique emprunté aux modes du langage est très passager et n'a toute son action que sur les contemporains de celui qui l'emploie, c'est que, pour les *Précieuses ridicules* elles-mêmes, où pourtant ne manque pas un comique d'une autre sorte, on a essayé plusieurs fois de les rajeunir, en les mettant au goût du jour, en remplaçant les expressions précieuses du temps de Molière par des affectations de langage plus modernes.

— Et qui cela, *on*? demandai-je.

— Mais les comédiens eux-mêmes, les comédiens du Théâtre-Français.

— Vous êtes sûr de ce que vous avancez?

— Je l'ai vérifié moi-même. Dugazon et Dazincourt ont pris ces libertés avec la prose de Molière, car vous savez qu'on n'avait pas pour elle, à cette époque, le respect légèrement superstitieux que nous professons aujourd'hui. Il y a mieux, ils essaynient tous deux de rajeunir les allusions aux costumes et aux usages; ainsi, au lieu de la *petite oie* et des *canons* dont parle Mascarille, Dugazon faisait admirer les *boucles* de ses souliers, en ajoutant qu'il en était à son cinquante-septième modèle; il ne parlait plus d'aller au Louvre, au petit coucher, mais d'aller prendre des glaces au Palais-Royal.

De même, Dazincourt. M. Georges Monval, le plus fervent et le mieux outillé des moliéristes, possède un exemplaire des *Précieuses* que cet acteur avait arrangé lui-même. Les phrases sur les *rabats* et les *hauts-de-chausses* ont disparu, la *petite oie* est remplacée par une *veste*, les *plumes* par des *manchettes*, etc.

Naturellement, Cathos et Madelon se mettaient à l'unisson; au lieu de *broderies*, Cathos parlait de *rubans*, et Madelon de *mouches* au lieu de *chausselles*.

Je n'ai pas besoin de vous dire qu'en sortant de la représentation, nous continuâmes tous deux de philosopher sur ce thème. Larroumet a pour moi ce grand mérite de juger du théâtre en homme de théâtre plus qu'en professeur. Tandis que beaucoup de ses collègues ne commentent le théâtre classique sans le connaître que par la lecture, il suit assidûment les représentations de la Comédie-Française et de l'Odéon. Or, je maintiens, car je l'ai souvent éprouvé par moi-même, que l'on apprend plus sur une pièce de Molière en la voyant jouer, fût-ce sur un théâtre de banlieue, par des artistes de raccroc, qu'en pâlissant sur le texte à l'étudier dans son cabinet, à travers des montagnes de commentaires. Il y a des pièces de Corneille que je n'ai jamais vu jouer, par la bonne raison qu'on ne les joue plus. Je ne crois pas les connaître, je suis même assuré de ne pas les connaître, et je me garderais d'en parler de peur de dire des sottises. Je tiens pour la vieille maxime, qu'une pièce doit être vue aux chandelles.

Non seulement les plaisanteries sur les affections de langage vieillissent bien vite, mais il en est qui finissent ou par se dénaturer complètement ou par devenir inintelligibles.

Vous vous rappelez ce délicieux couplet sur les illusions de l'amour que Molière a emprunté de Lucrèce pour le transporter dans le *Misanthrope*. Il est dans Lucrèce moitié en grec, moitié en latin. Le vieux poète, en effet, y tournait en ridicule les habitudes qu'avaient les élégants de son temps d'entremêler tous leurs propos de mots tirés du grec. Pourrait-on se douter aujourd'hui, à travers la traduction de Molière, qu'il y avait là une parodie?

Dans Rabelais, lorsque Pantagruel rencontre l' « *escolier limosin qui déambule par les compites et quadrivies de l'urbe, despume la verbocination latiale, cauponise ses tabernes* » les lettrés seuls sentent encore le plaisant de ce passage, car ils sont tout pleins de souvenirs de Ronsard et Du Belloy. Imaginez-le débité au théâtre, le public n'y comprendra goutte et ne sourcillera pas.

En 1865, un rédacteur de la *Vie Parisienne*, M. Émile Villars, frappé de voir les conversations mondaines envahies par un langage où se combinaient, dans le plus étrange amalgame, l'argot des voleurs et des filles, celui des faubourgs, et celui des ateliers s'avisa d'habiller les *Précieuses ridicules* à la dernière mode. Il écrivit donc, sous le titre des *Précieuses du jour*, une véritable traduction du petit acte de Molière.

J'ai, dans le temps, parlé à nos lecteurs de cette bluette dont j'ai gardé l'exemplaire. Je viens de la relire. Molière, avec cet instinct de mesure qui ne l'abandonnait jamais, même dans la farce et la charge, n'avait mis dans sa pièce que juste ce qu'il fallait de jargon précieux; il s'était arrêté à la limite où le raffinement prétentieux et la délicatesse alambiquée de ce jargon eussent été fatigants et obscurs. M. Émile Villars n'a pas eu cette retenue; il en a trop mis. Il a recouvert la prose de Molière d'une couche d'argot si épaisse, qu'elle en est devenue méconnaissable; je ne sais pas trop l'effet que cette adaptation aurait pu produire à la scène en 1865 — la censure en fit arrêter les répétitions au théâtre des Fantaisies-Parisiennes — mais aujourd'hui ce langage vulgaire et bas de parti pris, ce débraillé canaille fort exactement reproduit, du reste, donnerait vite la nausée.

Jugez plutôt:

Lagrange et du Croisy sont devenus messieurs d'Orilly et du Barci, gentilshommes campagnards, prétendants à la main de Marthe et de Nina, dans l'intimité Ninoche et Totoche, fille et nièce du général Raide.

Pour se venger de l'accueil dédaigneux que leur ont fait les deux donzelles, ils leur envoient un garçon coiffeur et un garçon d'hôtel, affublés des titres de marquis de Saint-Hippolyte et de vicomte de Châteauroux.

Et voici un échantillon de la conversation qui s'engage:

SAINT-HIPPOLYTE.

Ça va bien, mesdames? Je suis bien aise... mais là, tout à fait... (*Il se renverse dans son fauteuil.*) En voilà un qui n'est pas rembourré avec des noyaux de pêche!

NINA (*à Marthe*).

A la bonne heure! il sait causer, celui-là.

MARTHE.

Et pas poseur... naturel... pas gêné du tout... J'aime ça, moi.

SAINT-HIPPOLYTE.

Eh! mais, je ne me fourre pas le doigt dans l'œil... Vous étiez sur le turf dimanche... que c'était comme un bouquet de fleurs... On ringuait à tout casser! J'ai empoché quelques monacos, et sans cet animal de Fritz, qui a failli casser sa pipe...

NINA (*à Marthe*).

Casser sa pipe!... Le marquis a des mots.

MARTHE.

Oh! c'est déjà vieux!... Ça a de la barbe... On a dit depuis : Casser son crayon, et on dit maintenant : Lâcher sa rampe, ou remercier son boulanger, ou dévisser son billard.

SAINT-HIPPOLYTE.

Il ne s'est dévissé qu'une quille! Et voilà ce que c'est!

MARTHE.

C'est bien fait.

NINA.

Fallait pas qu'y aille.

SAINT-HIPPOLYTE (*faisant craquer ses doigts*).

Parfait! parfait!... aux petits oignons! je crois bien vous avoir vues aussi... Eh! oui, je vous ai vues à l'ouverture des Bouff. Par... des pelures renversantes. Quoi! vous serriez la corde à Poil-de-Biche et vous dégommiez Fleur-de-Botte...

Décidément il y en a trop; et trop est trop.

De toutes ces locutions, combien ont déjà disparu, combien d'autres ont vieilli!

Ce qui fait la supériorité de Molière, c'est que la préciosité dont il se moque, la préciosité du dix-septième siècle, ne s'exerçait pas seulement sur le langage, mais encore sur les pensées. On les voulait aussi délicates, aussi raffinées, aussi subtiles que les mots et les tournures. Or, le comique de pensées est aussi solide et durable que le comique des mots est caduc et passager.

Tant qu'il y aura des femmes qui par affectation de bel air essayeront de se guinder vers un idéal de galanterie platonique et de littérature distinguée, les *Précieuses ridicules* et les *Femmes savantes* feront rire les honnêtes gens. C'est aussi là le secret du succès prodigieux qu'a obtenu dans toute l'Europe la jolie comédie de M. Pailleron, *le Monde où l'on s'ennuie*. Elle tournait en raillerie des travers qui sont légers, mais éternels.

4 août 1884.

LES FACHEUX

Les fâcheux ont un autre nom dans la langue contemporaine. Ils s'appellent les raseurs. Remarquez pourtant qu'il y a une nuance. On est raseur par nature, on peut très bien n'être fâcheux que par circonstance. On a beau avoir de l'esprit et du tact ; si l'on tombe, sans le savoir, dans une querelle de famille, ou si l'on dérange un tête-à-tête amoureux, ou si l'on arrive juste à l'heure où la personne à qui l'on rend visite projetait de sortir, on est fâcheux, cela va sans dire, mais on ne l'est que par accident.

Il faut ajouter que si l'on a le nez fin, on s'aperçoit vite de sa méprise et du trouble qu'on apporte, et qu'on trouve aisément quelque moyen ingénieux de se retirer, sans même avoir laissé croire aux gens qu'on s'est aperçu de la gêne où ils se trouvaient. L'homme que sa mauvaise étoile a condamné à être fâcheux par hasard, ne reste fâcheux que s'il est très préoccupé lui-même ou si la nature l'a fait raseur.

Le raseur est un fâcheux de naissance. Il l'est, non pas seulement parce qu'il prend grand plaisir à parler de lui, de ses petites affaires, de sa santé, de sa femme et de ses domestiques, et qu'il assomme tout le monde de ces détails insignifiants. Il l'est encore parce qu'il a ses idées à lui sur la politique, sur la religion, sur la philosophie, sur le prix des blés, sur le tracé du Métropolitain et le fonctionnement des omnibus; et ces idées sont celles de tout le monde; et il les développe avec une conviction imperturbable et une importance solennelle; et il les ressasse; et il ne vous lâche point que vous ne lui ayez laissé dans les doigts le bouton de votre habit, par lequel il vous retient.

Il y a les raseurs gais comme il y a les raseurs graves; en moins grand nombre pourtant. Le raseur gai répète les bons mots qu'il a lus dans le journal, refait sans grâce les histoires d'Armand Silvestre, qui ne valent que par le tour d'esprit du conteur; il rit le premier des bêtises qu'il dévide, et vous invite à en rire avec lui.

Grave ou gai, le raseur est l'homme qui vous accable de sa personnalité, sans avoir de personnalité.

La plupart des fâcheux que Molière a mis en cause sont des fâcheux par circonstance, des fâcheux d'accident. Ils ne sont fâcheux que parce que le hasard les jette à la traverse d'un rendez-vous d'amour. Si Éraste n'attendait pas Orphise, il écouterait avec l'intérêt le plus vif le récit de chasse que vient faire Dorante, car il doit être lui-même un grand chasseur, étant gentilhomme, et ce récit, d'une verve admirable, n'est point d'un raseur. Et, de même, il s'amuserait de ce coup bizarre de piquet que lui explique Alcippe. Car toutes les questions de jeu passionnaient les hommes de la cour.

Molière, à vrai dire, n'a donc point dans cette comédie fait une étude du fâcheux, ni même des fâcheux. Il n'a eu d'autre but que de faire passer devant nos yeux un certain nombre d'originaux qui, venant l'un après l'autre, se trouvent déranger le même rendez-vous d'amour. C'est une pièce à tiroirs.

Une pièce à tiroirs ne se composant que de scènes détachées, qui n'ont point de rapport l'une avec l'autre, ne peut, au théâtre, exciter d'intérêt très vif et soutenir longtemps l'attention. Aussi toutes les comédies de ce genre sont-elles fort courtes; elles dépassent rarement la durée d'un acte.

Celle de Molière est peut-être la plus longue que l'on connaisse; aussi ne laisse-t-elle pas, malgré la variété des types mis en scène, malgré l'éclat des narrations, malgré la franchise du style et la sonorité du vers, de fatiguer quelque peu le public. C'est un régal de lettrés; la foule n'y entrera que plus malaisément.

C'est Boucher qui faisait Éraste. Le rôle est fort long, puisque Éraste est toujours en scène; très difficile, puisqu'il se trouve toujours dans la même situation incessamment répétée; assez ingrat, puisqu'il doit, pour laisser briller les autres, s'effacer lui-même ou leur prêter la main. J'y ai vu Delaunay, qui était là, comme dans tout l'ancien répertoire, incomparable.

M. Boucher a joué avec beaucoup de convenance; j'aurais souhaité qu'il y mît un peu plus de variété. Éraste est toujours ennuyé; mais il ne l'est pas de la même façon. Prenons un exemple. Il est abordé par deux jolies femmes, qui discutent ensemble un point de casuistique amoureuse et qui lui demandent de trancher la question. Ces femmes sont des fâcheuses, puisqu'elles l'arrêtent et troublent son rendez-vous. Mais, est-ce que sa mauvaise humeur doit s'exprimer avec la même vivacité grognonne que quand il est en proie, par exemple, au pédant Carétidès ou au faiseur de projets Ormin.

Il me semble qu'on ne devrait plus sentir son ennui qu'à travers la courtoisie qu'un gentilhomme doit à des femmes titrées, spirituelles et qui croient lui faire une politesse. Je voudrais qu'il se fondît en amabilités où perçât à peine une secrète inquiétude. Ce sont là des nuances;

mais ce rôle devient fatigant si le ton du dépit ne se modifie pas suivant les personnes qui le provoquent.

Il s'ouvre par un grand récit qui est presque aussi célèbre que celui de la chasse à courre. Boucher le dit bien, mais sans éclat ; il ne fait point sonner le vers. Mettez par la pensée dans la bouche de Coquelin ces alexandrins magnifiques :

> Lorsqu'un carrosse fait de superbe manière
> Et comblé de laquais et devant et derrière,
> S'est, avec un grand bruit devant nous arrêté,
> D'où sautant un jeune homme amplement ajusté,
> Mon importun et lui courant à l'embrassade
> Ont surpris les passants de leur brusque incartade ;
> Et tandis que tous deux étaient précipités
> Dans les convulsions de leurs civilités,
> Je me suis esquivé doucement sans rien dire...

quel relief et quelle couleur tout cela prendrait tout de suite ! Il faut absolument, lorsqu'on dit des vers, et surtout de beaux vers, en mettre en plein vent toute la sonorité. Ce n'est pas du ton simple de la narration ordinaire qu'il faut débiter une période que Molière a faite et a voulu si retentissante. Le panache, voyez-vous, le panache ! il n'y a que cela au théâtre.

Puisque j'ai cité cette tirade, me permettra-t-on une petite observation de détail ? Il y a des liaisons qui choquent, parce que, n'étant pas commandées par le sens, elles donnent à la diction un ton d'affectation et de pédanterie.

Ainsi prenez ce vers :

> Et comblé de laquais et devant et derrière.

Il est clair qu'en le prononçant il faut prendre un instant haleine sur cet hémistiche superbe « et comblé de laquais ». Vous ne pouvez donc pas prononcer, en faisant la liaison : « zet devant et derrière » ; car c'est comme si vous disiez au public : Vous savez, ami public, et je ne l'ignore pas non plus, que laquais prend une s à la fin du mot ; je ne peux pas vous faire tort de cette s ; il faut qu'elle se retrouve. Il ne manquerait plus que de dire : zet devant te derrière. Ce serait affreux ; mais vous verrez que nous y arriverons.

Ces légères critiques n'empêchent point que M. Boucher n'ait été applaudi et justement dans ce rôle. M. Boucher, que M. Perrin avait, je ne sais pourquoi, pris en grippe et écarté de la scène, y reprendra la place qui est due à ses longues études, à sa connaissance approfondie du répertoire et à son talent mûri par l'expérience.

C'est Coquelin qui était chargé (comme il l'avait été en 68), de nous dire le récit de chasse. Voyez pourtant ce que c'est que le prestige d'un comédien. Ce défilé de fâcheux arrivant coup sur coup débiter leur petite affaire avait fini par lasser le public, qui commençait à n'y plus prêter la même attention ; Coquelin entre, il semble aussitôt que la scène s'illumine. Un murmure de joie court dans tout l'auditoire ; on voit se redresser toutes les têtes. C'est qu'aussi cette entrée avait été admirable. A le voir arriver sur la scène, à grandes enjambées, habit rouge, bottes énormes et sonnantes, et sur la tête un chapeau où se balançait deux plumes de couleur différentes, on sentait qu'il descendait à peine de cheval, qu'il était encore tout chaud de l'événement ; quand il a dit :

> Tu me vois enragé d'une assez belle chasse
> Qu'un fat... C'est un récit qu'il faut que je te fasse,

un rire a circulé de l'orchestre aux loges. Ce récit, c'est une merveille. Je parlais tout à l'heure de vers pleins, retentissants, qui devaient sonner dans la bouche de l'acteur ? En est-il qui soient d'une sonorité plus franche et plus comique que ce début de narration :

> Nous déjeunions en hâte avec quelques œufs frais,
> Lorsqu'un franc campagnard, avec longue rapière,
> Montant superbement sa jument poulinière
> Qu'il honorait du nom de sa bonne jument,
> S'en est venu nous faire un mauvais compliment,
> Nous présentant aussi, pour surcroît de colère,
> Un grand benêt de fils aussi sot que son père.

Comme ces vers ont sonné joyeusement dans la diction de Coquelin ! Il nous a fait tout ce récit avec une verve, avec un éclat extraordinaires. Nous avons vu passer dans son geste et dans son débit tous les incidents de la chasse. A ce merveilleux passage :

> Mon cerf débûche et passe une assez longue plaine,
> Et mes chiens après lui, mais si bien en haleine,
> Qu'on les aurait couverts tous d'un seul justaucorps.

il a d'un mouvement de bras étendu ce justaucorps sur la meute ; tout cela simplement, sans prétendre à un effet, dans l'emportement du récit, qu'il a jeté d'une haleine, ne s'interrompant qu'aux endroits marqués par le poëte :

> ..... Je prends en diligence
> Mon cheval alezan ; tu l'as vu !

Ce « tu l'as vu » permet de prendre haleine un instant ; c'est une note familière qui ramène aux proportions de la réalité cette narration épique. Coquelin passe de l'un à l'autre ton avec une aisance incomparable. On ne sait plus, quand un morceau de maître est ainsi récité, ce qu'on doit le plus admirer, ou de la beauté des vers, ou de la diction qui les fait valoir.

5 juillet 1886.

L'ÉCOLE DES FEMMES

I

ANALYSE DE LA PIÈCE

Voilà donc qui est entendu : je ne sais rien de l'*École des Femmes*; si ce n'est que c'est une vieille pièce et d'un nommé Molière. J'ai pris ma stalle à l'orchestre; le rideau se lève.

Un bon bourgeois de Paris, le seigneur Arnolphe, qui revient de la campagne où il a passé une huitaine de jours, a rencontré sur le seuil de sa maison un compère à lui, le bonhomme Chrysale, et lui fait part de son mariage prochain avec une jeune fillette nommée Agnès. L'autre s'étonne. Arnolphe a quarante-deux ans, la petite fille n'en a que seize.

Voilà une grande différence d'âge. Elle est grande, même pour nous; elle l'était bien plus au temps où je vois que la pièce se passe. Nous avons de beaucoup reculé l'âge où il est permis à un homme d'aimer. Aux siècles passés, un homme qui avait de trente-cinq à quarante ans, s'écriait de bonne foi, comme La Fontaine : « Ai-je pas passé le temps d'aimer ? » Vous vous rappelez le mot si caractéristique et pour nous si surprenant de Montesquieu : « A vingt-sept ans, j'aimais encore ! » A vingt-sept ans ! On se retirait de l'amour juste à l'époque où nous venons d'y entrer. Les quarante-deux ans d'Arnolphe sonnent donc comme le feraient cinquante-cinq aujourd'hui. Il est encore dans la force de l'âge; mais ces bagatelles charmantes de l'amour jeune ne conviennent plus à sa tête qui grisonne; et Chrysale a raison quand il s'étonne de voir son ami prendre femme si tard; et quelle femme! un tendron de seize ou dix-sept ans.

Pourquoi Arnolphe ne s'est-il pas marié plus tôt? Car, en ce temps-là, les célibataires étaient rares, à la ville comme à la cour; à trente ans, c'était l'usage, on était père de famille. Arnolphe n'a eu qu'une raison, une seule, de ne pas se marier à l'âge ordinaire, et cette raison, c'est celle même que j'entendais hier le Valentin d'*Il ne faut jurer de rien* donner à son oncle Van Buck, qui le presse de faire une fin.

Il lui conte une certaine histoire de gants verdâtres qu'un pauvre mari essayait de mettre, y enfonçant sa main avec peine, tandis qu'à côté de lui l'amant attendait son départ pour rester seul avec la femme; et il a juré, dit-il, qu'il ne serait jamais ganté de ces gants-là.

Si Valentin a peu de confiance dans la vertu des femmes, c'est qu'il a éprouvé plus d'une fois leur fragilité, et, comme le lui dit vertement son oncle, il craint de payer le mal qu'il a fait aux autres et d'être puni par où il a péché.

C'est l'histoire d'Arnolphe. A-t-il beaucoup de fredaines sur la conscience? Je ne sais. Molière n'en dit rien. Mais ce que je vois bien, c'est qu'il est de son naturel grand raillard, et que sa raillerie a porté exclusivement sur les maris trompés. Il a lu tous les fabliaux de nos vieux conteurs; il se plaît à conter les bons tours des femmes, et quand on lui en apprend un nouveau, il se frotte les mains et ne manque pas de l'inscrire sur ses tablettes.

Il s'est chaussé la cervelle de cette préoccupation, qui peu à peu a tourné à l'idée fixe. Le comble du malheur et du ridicule serait pour lui d'être trompé ; et il s'est tant et si souvent moqué des autres, qu'il a conçu une peur horrible des brocards qui fonderaient sur sa tête dru comme grêle si pareille mésaventure lui devait arriver jamais.

Cette peur a été avivée chez lui par un détail qui lui est personnel. Il se nomme Arnolphe, et Arnolphe était, chez nos pères, le patron des maris malheureux. On a fait cent plaisanteries sur ce nom qui lui est devenu si désagréable, lui rappelant une fâcheuse image, qu'il en a changé ; on le désoblige en l'appelant, à cette heure : seigneur Arnolphe.

Le mari trompé était, dans notre vieille langue, désigné d'un mot bien plus énergique, qui éveillait naturellement dans l'esprit des idées de gaieté railleuse. Ce mot obsède la pensée du pauvre Arnolphe. Il s'en sert avec une âpre joie quand il s'agit des autres, et il tressaille quand on le lui corne aux oreilles, en ayant l'air de croire qu'on le lui pourra appliquer jamais.

Ce mot revient sans cesse dans la pièce. Jamais Molière n'en fait usage dans ses grandes comédies. Vous ne le trouverez ni dans *Tartuffe*, ni dans les *Femmes savantes*, ni dans le *Misanthrope*, ni dans le *Malade imaginaire*, ni même dans quelques farces de lui qui ont quelque tenue, les *Fourberies de Scapin*, le *Médecin malgré lui*. Il a donc une raison de le ramener à tout bout de champ dans l'*École des Femmes*. C'est que ce mot est comme le pivot autour duquel tourne la vie d'Arnolphe. Il l'a constamment dans a pensée et à la bouche, et pourtant il en a une peur horrible. Ses voisins, ses amis le savent, et ils ne manquent jamais, quand ils veulent s'amuser à ses dépens, de lui jeter ce mot au travers de la conversation, de le faire éclater sous ses pieds comme un pétard. Il sursaute, et son air effaré les réjouit.

Ce mot, qui caractérise la situation d'esprit d'Arnolphe, est le fond même de la pièce. Et, pour le dire en passant, vous pouvez juger par là combien était peu intelligente la suppression qu'en avait faite M. Perrin pour complaire aux susceptibilités ridicules de ses abonnés du mardi. Retrancher ce mot de la comédie sous prétexte qu'il offense les oreilles ! Mais mieux vaudrait supprimer la comédie elle-même ; car sans ce mot, qui en est la raison d'être, elle coule.

C'est pour ne pas s'exposer à subir ce mot qu'Arnolphe ne s'est pas encore marié; Valentin ne voulait pas être ganté, Arnolphe n'a pas voulu être cocu. Et cependant il a envie d'avoir un intérieur, un ménage, des enfants. Ce n'est pas un célibataire de conviction. Il ne l'est que par force ou plutôt par peur. S'il y avait un moyen de se garer, tout en devenant époux et père, de l'accident qu'il craint, il se marierait volontiers. Ce moyen, il l'a trouvé, car il ne songe guère à autre chose. Il est possédé de l'idée fixe. Son compère Chrysale s'écrie en le quittant :

> Ma foi, je le crois fou de toutes les manières.

De toutes les manières, c'est trop dire. Il n'a qu'une sorte de folie : c'est de croire qu'on ne peut se marier sans être trompé et de prétendre que, se mariant lui-même, il ne le sera pas.

Le moyen qu'a trouvé ce visionnaire est des plus singuliers. Il a acheté à une femme pauvre une enfant de quatre ans, qui lui a semblé gentille et douce; il l'a fait élever à l'écart, dans une ignorance profonde, recommandant à la personne chargée de cette éducation :

> De la rendre idiote autant qu'il se pourrait.

Il s'est dit qu'en la séquestrant ainsi du reste de l'univers, en ne lui ouvrant dans l'esprit aucun jour sur les choses de ce monde, il l'aurait plus tard toute à lui. Elle ne songerait point à lui jouer de méchants tours; elle tiendrait son ménage et débarbouillerait ses enfants; elle vivrait uniquement pour Dieu et pour son mari, qui n'aurait point à redouter pour son front de funeste aventure.

Est-ce qu'ici Molière a eu l'idée de poser le grave problème de l'éducation des filles? Pas le moins du monde. Il n'y songeait point. Il nous a montré un maniaque, un visionnaire, un homme en proie à l'idée fixe, un fou, mais un fou comme il y en a beaucoup de tels dans le monde, un fou lucide et raisonnant, qui accommode à ses visées particulières l'éducation qu'il donne à une petite fille, voulant en faire sa femme.

Et il a vu la chose, non en philosophe, mais en homme de théâtre.

Voici, d'un côté, un homme qui a passé l'âge des amours, et, de l'autre, une enfant de seize ans qui ne sait rien de rien. L'homme prétend être aimé de la jeune fille, et aimé uniquement.

Ce sont deux forces en présence, qui vont entrer en lutte l'une contre l'autre; cette lutte peut fournir des situations dramatiques, et c'est tout ce que demande Molière, qui est en effet un auteur dramatique.

Arnolphe a mis de son côté toutes les chances de succès; il a pour lui le respect qu'inspire naturellement le maître, la reconnaissance que l'on doit au bienfaiteur, la religion, dont il se servira comme d'une arme, faisant luire aux yeux de cette imagination d'enfant les feux de l'enfer, et enfin ce sentiment de sa supériorité intellectuelle et morale qu'il a lentement imprimé dans cette jeune cervelle.

Elle, Agnès, elle n'a rien pour résister à tout cela, rien, absolument rien, sinon qu'elle a seize ans, qu'il en a quarante-cinq et qu'il y a une loi de nature qui veut que les filles de seize ans aiment les jeunes gens de vingt-cinq, et non les estimables quadragénaires.

Cette loi de nature, Arnolphe n'en a tenu aucun compte. La question d'amour n'est pas entrée dans ses calculs.

Chose bizarre! Si Arnolphe avait pris garde à ce détail et qu'il eût été philosophe, savez-vous ce qu'il aurait fait? Il eût pris juste le contre-pied du parti auquel il s'est arrêté. Il aurait donné à Agnès une éducation très complète et très raffinée. C'eût été pour lui, homme d'âge, le seul moyen de se faire aimer.

Il arrive quelquefois, il arrive même fort souvent, surtout dans les civilisations très avancées, qu'une jeune fille de seize ans se prenne de passion pour un homme de cinquante. Je ne parle pas, bien entendu, de ce premier éveil des sens, qui se porte au couvent, chez des fillettes, sur le professeur de piano ou sur le confesseur. Non, j'entends une passion sérieuse, un amour vrai et profond.

Mais c'est un renversement de la loi naturelle; c'est une conquête de la civilisation sur la nature, qui a voulu que les jeunes gens du même âge s'aiment et se recherchent. Elle ne peut donc s'obtenir qu'à l'aide des engins dont la civilisation dispose ; je veux dire que ces sortes d'amour, qui contrarient l'instinct primordial de la créature humaine, ne peuvent naître que dans des âmes préparées et affinées par une éducation très avant poussée.

Cette situation a été merveilleusement étudiée et décrite par le grand romancier Tolstoï, dans un de ses plus curieux récits qui a pour titre *Katia*.

Katia est une jeune fille qui devient amoureuse, mais passionnément amoureuse de son tuteur. Tolstoï a rassemblé avec un art admirable toutes les raisons qui engagent une jeune fille de l'âge de Katia à aimer, contre le vœu de la nature, un homme qui pourrait être son père.

Ces raisons, croyez-vous qu'il les ait prises dans l'instinct du sexe, dans l'ingénuité et l'ignorance de la jeune personne? Au contraire, Katia sait beaucoup; elle a tout lu; Katia est bonne musicienne; elle est douée d'une intelligence rare et d'une curiosité toujours en éveil. Et c'est pour cela qu'elle aime son tuteur, dont elle comprend, dont elle apprécie, plus encore qu'elle ne la sent, la réelle supériorité.

C'est un homme rare que ce tuteur. Il voit grandir et se développer au cœur de l'enfant cette passion dont les suites l'inquiètent. Il fait sans cesse retour sur lui-même et se voit, dans ses réflexions moroses, plus vieux encore qu'il n'est réellement. Lui, épouser cette fleur de jeunesse et de beauté! Il a peur, il recule; il faut que ce soit elle, en quelque sorte, qui le force dans ses derniers retranchements; qui lui demande sa main; il n'y tient plus, il se laisse aller, avec cette arrière-pensée douloureuse qu'il fait une sottise. Car il viole une loi de nature. La nature ne manquera pas de se retourner un jour contre lui, et de se venger du tort qu'on lui a fait. C'est ce qui arrive effectivement, mais je n'ai pas dessein de vous conter *Katia*. Tout ce que je voulais vous faire observer, c'est qu'un amour, quand la disproportion d'âge est trop considérable, ne peut naître que s'il y a, chez la jeune fille, des raisons assez fortes pour vaincre l'instinct naturel.

Qu'a fait cet imbécile d'Arnolphe?

Il a dépouillé Agnès de tout ce qui n'était pas l'instinct. Agnès est, pour ainsi dire, une âme toute nue. En la sevrant de toute éducation, on l'a livrée en proie à la nature, qui va la prendre tout entière et l'emporter sans résistance aucune. Arnolphe n'a pas fait entrer l'amour en ligne de compte, ou plutôt il a cru sottement que l'amour lui amènerait à lui, quadragénaire, cette fillette de seize ans. Tout l'édifice de ses combinaisons machiavéliques va être renversé sous ses yeux, à son grand étonnement, à sa grande indignation.

Agnès aime, et, tout naturellement, elle aime un jeune homme. Elle l'aime, ingénument, inconsciemment, instinctivement; et du moment qu'elle aime, elle est toute à lui, puisqu'elle a été par avance désarmée de tout engin de résistance. Arnolphe s'est arrangé pour être battu à la première rencontre. Eh bien ! voilà la pièce. Elle est là, et non autre part. Elle pourrait s'appeler tout aussi bien : *Arnolphe ou la Précaution inutile*. Un vieux prétendant se faire aimer d'un tendron, lui donnant l'éducation qu'il suppose la plus propre à lui asservir son âme, et cette éducation se retournant contre lui à tout coup.

Il avait éliminé l'amour de ses calculs, et l'amour se venge; et il se venge doublement. Car, outre qu'il inspire à Agnès une tendresse profonde pour un jeune muguet, il attise chez Arnolphe le feu d'une passion violente pour ce jeune tendron.

Remarquez-le, s'il vous plaît.

Arnolphe, au début, n'aime point Agnès. Elle lui plaît, cela va sans dire. Mais il voit en elle surtout la femme qui, en lui tenant son ménage, en lui donnant des enfants, gardera son honneur intact et le préservera du mot qu'il redoute. Il y a eu, dans son fait, beaucoup de calcul; on n'y découvre pas ombre de passion :

> Un air doux et posé parmi d'autres enfants
> M'inspire de l'amour pour elle dès quatre ans.

Ce n'était pas là, j'imagine, un amour bien vif ni bien brûlant. Ce même amour, Arnolphe l'a gardé pour Agnès devenue jeune fille. Il s'y est attaché davantage à mesure qu'il l'a mieux connue, mais comme on s'attache à une personne que l'on a formée soi-même, que l'on élève en vue d'un certain dessein. Arnolphe aime bien plus, en Agnès, son idée fixe réalisée que la femme elle-même.

Mais l'amour a soufflé sur cette maison, et voilà que la passion gronde et se déchaîne au cœur du pauvre Arnolphe. Elle croît d'acte en acte, et fait explosion au dernier.

Vous vous rappelez ce merveilleux morceau :

> Sans cesse, jour et nuit, je te caresserai.
> Je te bouchonnerai, baiserai, mangerai.

Je ne sais si vous avez lu une manière d'autobiographie qui eut quelques succès aux dernières années de l'Empire, et qui avait pour titre : les *Enchantements de Prudence*. C'était la confession d'une femme d'infiniment d'esprit, qui contait les amants qu'elle avait eus et les sensations qu'elle avait éprouvées près d'eux. Entre autres liaisons dont elle se targuait, elle avait été beaucoup aimée par Chateaubriand, qui avait près de soixante ans quand il lui fit la cour, à elle jeune femme de vingt-deux ou vingt-trois ans. Elle eut une toquade pour lui, car le génie couvrait les défaillances de l'âge, et Mme de Sabran n'était pas une Agnès.

Chateaubriand ne jouissait pourtant point sans inquiétude de sa conquête. Un jour, elle lui échappa, et il en fut navré. Mme de Sabran nous a gardé une lettre de lui, dont je ne puis malheureusement vous mettre le texte sous les yeux, mais dont le sens m'est présent à l'esprit. Ce pauvre grand homme y paraphrasait en beau style les lamentations et les promesses d'Arnolphe, tant il est vrai que les mêmes situations provoquent toujours et partout les mêmes effusions de sentiments. Il allait même jusqu'à reprendre à son compte les derniers vers :

> Ainsi que tu voudras tu pourras te conduire ;
> Je ne m'explique pas, et cela c'est tout dire.

Oui, Chateaubriand, le grand égoïste et le vaniteux farouche, acceptait l'humiliation d'un partage. Et vous voyez qu'Arnolphe en vient à cet excès de désespoir.

Ainsi, voilà un homme qui a passé sa vie à lutter contre une éventualité qui, pour lui, est la plus cruelle de toutes, et, pour s'en parer, il a pris la nature corps à corps ; il a chassé l'amour de son jeu et lui a dit : « Tu n'existes pas ; rien de plus aisé que de triompher de toi, ou même de s'en passer. » Et l'amour a repris l'offensive, et il l'a forcé, le couteau sur la gorge, à faire amende honorable et à dire : « Eh bien, je renonce à tout ce qui a été ma préoccupation depuis que j'ai l'âge d'homme ; je n'ai redouté qu'un malheur au monde, c'est d'être... trompé. J'ai dit que j'en crèverais. Tu me tromperas si tu veux, mais aime-moi. »

Et vous vous écriez : « Quelle profondeur d'observation philosophique ! Quel analyste des passions humaines que ce Molière ! » Et moi, je vous interromps : « Non, ce n'est pas cela. Mais quel homme de théâtre que ce Molière ! Avec quelle franchise, après avoir amené une situation, il la pousse jusqu'au bout et en tire tout ce qu'elle enferme de douleurs ou de rire ! »

Son sujet, son unique sujet, c'est un quasi-vieillard qui, par peur du cocuage, élève une jeune fille de la façon qu'il croit la plus propre à le préserver de cet accident et veut l'épouser ensuite, sans s'assurer qu'il en est aimé.

Et comme il n'en peut être aimé, puisque la loi de nature est que l'amour des jeunes aille aux jeunes, c'est l'éducation même qu'il a donnée à la jeune fille qui la livre sans défense à l'amour et la lui arrache des mains.

C'est la situation de toutes les comédies passées, présentes et futures, les précautions que prend un des personnages se retournant contre lui, déconcertant son entreprise et le livrant à la risée du public.

Molière n'a pas voulu mettre autre chose dans sa pièce. Est-ce à dire, pour cela, qu'il n'y faille pas chercher autre chose ? Les grands hommes ne sont pas toujours dans le secret de leurs œuvres, et fort souvent ils touchent des questions qu'ils ne prétendaient pas résoudre, dont ils ne soupçonnaient pas même l'existence. De ce cas très particulier, que Molière a mis en scène dans l'*École des Femmes*, est sorti, par l'effort lent de la critique, la question bien autrement générale de l'éducation des filles, qui s'y trouvait implicitement enfermée.

On s'est demandé s'il valait mieux, dans l'éducation prise en soi, donner aux jeunes filles des lumières sur toutes sortes de sujets ou les tenir plutôt dans une chaste ignorance ou dans une sage réserve.

Le problème ainsi posé excède de beaucoup les visées de Molière ; mais il est facile de trouver, dans les vers du poète, des éléments de solution. Et on les en a fait sortir en les pressant, en les tordant à l'aide de l'exégèse. Il est devenu presque impossible aujourd'hui, en voyant jouer l'*École des Femmes*, de ne pas songer à cette question philosophique et même à quelques autres. Mais je suis, au fond, de l'avis de Becque : Molière n'a vu dans l'*École des Femmes* que la révolte instinctive de la jeunesse et de l'amour, contre une vieille bête qui a cru pouvoir, grâce à des malices cousues de fil blanc, triompher de ces deux forces.

23 août 1886.

II

ARNOLPHE ET AGNÈS

Il n'est point ridicule qu'un homme de quarante ans aime une jeune fille. Cela l'est encore moins, si, comme dans l'*École des Femmes*, cet homme est distingué de toutes façons et mérite qu'on réponde à sa passion. L'insensibilité de la femme n'est alors que douloureuse, et elle ne peut que nous faire faire un retour mélancolique sur nous-même.

Mais Molière n'est pas homme à traiter tristement un sujet, si triste qu'en soit la donnée. Qu'y a-t-il au fond de plus sombre que le *Tartuffe*, l'*Avare*, le *Misanthrope?* Il y a répandu le comique à pleines mains, et il ne l'a point mis seulement dans les rôles accessoires; il l'a fait sortir du fond même de la situation. Voyons comment il s'y est pris dans la pièce dont il s'agit.

Toute disproportion est ridicule. Un homme qui veut franchir un fossé et qui tombe dedans, un poltron qui parle de sa bravoure, un malotru qui fait le fat dans un salon de bonne compagnie, que sais-je encore? un avare forcé de donner à souper, un dévot qui cherche à séduire une femme mariée, voilà des objets éminemment comiques, parce qu'il y a disproportion entre les idées des personnages et ce qu'on leur voit faire, entre leur caractère connu et la situation où ils se trouvent.

Arnolphe est amoureux, mais il est en même temps philosophe. Il a beaucoup observé les femmes, et au lieu de les aimer, il les méprise. Il prend donc, pour s'en faire aimer, les moyens les plus propres à s'en faire haïr; et c'est là qu'est le comique : ses quarante-deux ans, son grand cœur et son honnêteté ne font rien à l'affaire. Il veut être aimé, et au lieu d'aimer lui-même et de prouver son amour, ce qui est la seule voie, il ennuie sa maîtresse de sermons ; il va se battre avec un couteau de bois contre des ennemis qui ont des canons. Il est prodigieusement ridicule, et Molière l'a voulu ainsi.

De bonne foi, quelle est la femme qui aimerait Arnolphe ? Il traite Agnès avec le mépris qu'il a pour tout le sexe en général. Il tient que la femme est un illogique et malfaisant animal : il le lui dit en face. Eût-il cent fois raison, où il se trompe, c'est qu'en la traitant de la sorte il prétende en être aimé.

L'événement lui donne tort ; Agnès se prend tout naturellement d'amour pour Horace ; non pas seulement parce qu'il a vingt ans, mais parce qu'il a suivi le meilleur chemin pour inspirer l'amour. Arnolphe s'en aperçoit, et l'idiot qu'il est ! au lieu de s'en prendre à lui-même, au lieu de se dire : « C'est ma faute ! Quand on veut être aimé d'une femme, il faut commencer par ne pas lui dire des injures, fussent-elles vraies ! » Point du tout, il s'irrite contre Agnès, contre Horace, et contre ses serviteurs qui n'en peuvent mais.

Et au dernier acte, quand la passion l'emporte, et qu'il s'humilie, croyez-vous qu'il le fasse comme un amoureux ordinaire ? Mais non ; il est toujours philosophe, au milieu de ses plus violents transports, et ce contraste est la chose la plus plaisante du monde. C'est au moment même où il va se livrer pieds et poings liés à son Agnès, qu'il s'écarte pour se prouver à lui-même qu'il est un sot,

> Chose étrange d'aimer, et que pour ces traîtresses,
> Les hommes soient sujets à de telles faiblesses !
> Tout le monde connaît leur imperfection,
> Ce n'est qu'extravagance et qu'indiscrétion,

> Leur esprit est méchant et leur âme fragile,
> Il n'est rien de plus faible et de plus imbécile,
> Rien de plus infidèle : et, malgré tout cela,
> Dans le monde, on fait tout pour ces animaux-là.

Voilà les femmes bien arrangées ! Mais alors pourquoi les aimez-vous à la fureur, les connaissant si bien ! Et si vous les aimez, souffrez qu'on rie de vous. Car vous êtes ridicule. Vous l'étiez aux premiers actes en exigeant du respect et de la crainte ; vous l'êtes plus encore à présent. Vous proposez à Agnès de vous arracher un côté de cheveux. Que voulez-vous qu'elle fasse de vos cheveux ? Elle songe que ceux d'Horace sont beaux et bien peignés. Horace ne se les arrache pas, il les soigne, ce qui vaut infiniment mieux.

— Veux-tu que je me batte, dites-vous à la belle ? Eh ! mon Dieu ! Horace ne se battait point ; mais il lui baisait les mains et les bras. Il était dans son rôle ; et vous n'êtes pas dans le vôtre, et voilà pourquoi vous êtes si ridicule.

Et je dirai à l'acteur : Non, vous ne devez pas sauver ces contrastes. Non, il ne vous est pas permis d'être noble et digne aux premiers actes, d'être pathétique au dernier. Non, vous ne devez pas appeler sur votre rôle la sympathie et la pitié. Vous ne devez pas, quand vous vous écriez : « Écoute seulement ce soupir amoureux » soupirer de façon à tirer les larmes des yeux. Vous devez être ridicule ; ainsi l'a voulu Molière, ainsi le veut l'éternel bon sens ; car tout ce qui est disproportionné est comique, et vous êtes bossu, mon bon. Ne dissimulez point votre bosse ; montrez-la hardiment, comme faisait le maître, et laissez rire le parterre.

29 juillet 1861.

DON JUAN

PHILOSOPHIE DE LA PIÈCE

Le *Don Juan* de Molière est, dans son ensemble, une méchante comédie, toute pleine d'endroits admirables.

Je vous en prie : écartez si cela vous est possible, par la pensée, ce grand nom de Molière qui vous impose et qui vous gêne ; chassez de votre souvenir tant de dithyrambes que vous avez lus à propos de *Don Juan* ; rompez avec une vieille habitude d'admiration générale qui a, en quelque sorte, passé dans notre sang ; figurez-vous que *Don Juan* est une pièce nouvelle d'Augier ou de Dumas fils, et qu'on la joue pour la première fois sur un théâtre, et regardez-la avec des yeux frais.

Est-ce que tous ses défauts ne vous sauteront pas aux yeux ? Y eut-il jamais comédie plus mal faite que celle de *Don Juan ?* Les scènes tombent les unes par-dessus les autres, sans qu'aucun lien les rattache l'une à l'autre. Les personnages passent comme des héros de lanterne magique ; ils disent leur mot, et disparaissent : on ne les revoit plus. Ils étaient inutiles à l'action.

D'action, il n'y en a pas ombre. Toute cette histoire de dona Elvire est d'un insupportable ennui, et dona Elvire elle-même est bien la plus désagréable bavarde qu'on puisse voir. Quoi ! ce Molière, qui marque de traits si précis ses moindres personnages, n'a pas su revêtir d'une physionomie particulière ce type de la femme légitime, trompée et délaissée. Il ne met dans sa bouche que des plaintes vagues et de vaines jérémiades.

Et ce don Juan lui-même, qu'on nous donne comme un si irrésistible séducteur, toutes ses intrigues se réduisent à faire la cour à deux petites paysannes, et encore ne triomphe-t-il d'elles qu'en leur promettant le mariage ! Voilà un pauvre homme à bonnes fortunes, et il n'y a pas tant là de quoi se vanter.

On parle sans cesse dans le drame de ses abominables scélératesses. Mais où sont-elles donc, s'il vous plait ? Tout se passe en conversations, et ce don Juan n'est hardi qu'en paroles, devant son domestique. Faut-il un si effroyable appareil de tonnerre et d'éclairs pour punir des crimes qui n'existent point ? Ce dénoûment même ne peut s'excuser que par la tradition qui l'imposait. Mais Molière ne s'est pas donné la peine de le justifier par la conduite tout entière de sa comédie. Son don Juan est un sceptique, un *libertin* de son temps, qui est puni comme le serait un hérésiarque du treizième siècle. Cette statue qui marche, ces abîmes enflammés qui s'ouvrent sous les pieds du mécréant, toute cette fantasmagorie de châtiments célestes n'a rien à faire avec le grand seigneur athée que nous a peint Molière.

Il y a là contradiction évidente et qui choque. Quand l'athée discute avec Sganarelle, et lui expose son élégant scepticisme, il donne de vraies, bonnes et solides raisons. Le réfuter par un miracle, auquel personne ne croit plus, c'est en vérité se donner trop facilement beau jeu. Associer les croyances d'un temps aux objections d'un autre, n'est-ce pas confondre deux ordres d'idées absolument inconciliables? Est-ce que Tartuffe n'est pas châtié par des voies humaines, bien qu'extraordinaires? Que diriez-vous, si, au cinquième acte, au moment où il va triompher d'une famille en larmes, une trappe s'ouvrait sous ses pieds et l'enveloppait de feux de Bengale? Ne souririez-vous pas de cet enfantillage, qui vous gâterait une fort belle pièce?

On a feint d'admirer beaucoup cette invention de Molière, qui met aux prises un simple homme du peuple, pétri de préjugés, avec un grand seigneur sceptique. J'avoue que Molière, avec son génie habituel, a tiré de cette opposition des effets surprenants. Mais considérez que la comédie tout entière n'est qu'une longue conversation entre un imbécile et un athée; qu'ils perdent tous les deux le temps à disserter, quand ils ont sur les bras les affaires les plus pressantes; que ces discussions ne sont pas toujours bien nouvelles, ni bien amusantes; que Sganarelle se livre à des séries de raisonnements saugrenus et de lazzis bêtes, qui ne faisaient rire autrefois que par tradition, parce qu'ils étaient dans les attributions des turlupins de théâtre, mais qui semblent navrants aujourd'hui.

Voyons! vous avez vu jouer *Don Juan* : soyez de bonne foi avec vous-même. Est-ce que, vers le quatrième acte, vous n'avez pas senti quelque fatigue d'esprit et comme un lointain acheminement vers le sommeil? Non? Eh bien! vous êtes plus heureux que moi. Je crois aimer le théâtre autant que personne au monde; j'ai vu soixante et quatre-vingts fois certaines pièces de Molière, et j'y ai toujours pris le même plaisir. *Don Juan* m'énerve. La représentation en est insoutenable. Hier, de l'orchestre, j'examinais la physionomie des loges; je retrouvais sur tous les visages cette expression d'ennui respectueux et décent qui m'avait frappé, huit jours auparavant, à l'Odéon, quand on jouait le *Roi Lear*.

C'est que ni l'un ni l'autre ne sont un drame, au vrai sens du mot : car on n'y agit point. La même situation s'y présente sans cesse sous de nouvelles formes. Molière, au lieu de marquer le scepticisme de son héros par des événements qui se fussent ensuite tournés contre lui, l'a exposé dans une suite de conversations, semées de traits admirables, mais qui manquent à la première condition de l'art dramatique.

Est-ce à dire que je fasse peu de cas de *Don Juan?* A Dieu ne plaise ! et si on l'attaquait, c'est moi, qui le premier en mettrais au plein jour les beautés divines. Je ne m'irrite que contre cet absurde fétichisme qui confond dans la même admiration défauts et beautés, et qui célèbre comme admirable ce qu'il blâmerait chez tout autre. *Don Juan* est une pièce bâclée; bâclée par un homme de génie, je le veux bien; mais horriblement bâclée. Une légende courait le monde des théâtres et attirait la foule; Molière, qui était directeur de troupe en même temps qu'auteur, s'en est emparé, par l'unique raison qu'elle était à la mode, et il y a collé tant bien que mal une étude de grand seigneur athée, qui eût à coup sûr mérité un plus beau cadre.

Cette étude en elle-même est superbe, et si voulez en sentir l'extrême supériorité, lisez après l'œuvre de Molière, la *Contagion*, d'Émile Augier. Le baron d'Estrigaud est un arrière-petit-fils de don Juan. Tous deux se moquent également de l'homme et de Dieu; mais l'ironie hautaine du grand seigneur se change chez l'homme de bourse en blague cynique; don Juan garde à travers ses dérèglements l'allure d'un gentilhomme; le loup-cervier perce sous la tenue apprêtée de d'Estrigaud. L'un et l'autre méprisent les femmes, mais le premier n'en use que pour son propre plaisir, il les adore; le second s'en sert pour gagner une fortune, il les avilit. Don Juan révolte; mais d'Estrigaud écœure; tous deux font froid.

Faut-il ajouter qu'après avoir quitté don Juan, on le connaît à fond ? Molière, avec cette variété merveilleuse qui est un des caractères de son génie, nous a montré ce personnage sous toutes ses faces ; philosophe railleur et cynique avec son valet, ironique avec son père, brave dans le danger et vraiment gentilhomme ; gouailleur avec ses créanciers, qu'il ne paie point ; méprisant avec les femmes, qu'il désire, séduit et renvoie sans pitié ; incapable d'une faiblesse, même devant un spectre authentique ; hypocrite par accès, et se raillant lui-même de son hypocrisie ; car il se moque de tout, et c'est lui qui est la première et la plus grande personnification de la blague parisienne. Nous le connaissons tout entier, après que la toile est tombée sur son châtiment : nous avons fait le tour de ses vices.

Savons-nous ainsi notre d'Estrigaud sur le bout du doigt ? L'auteur ne nous le montre qu'à la Bourse et dans le boudoir de sa maîtresse ; mais là se borne l'étude qu'il en fait. Aussi ne sommes-nous point familiers avec tous les traits de ce visage. Aussi n'emportons-nous pas de la représentation, dans notre mémoire, une physionomie très distincte et très vivante. Don Juan est une figure qui ne périra jamais : peut-être beaucoup de mes lecteurs ne savent-ils plus ce que je veux dire quand je parle de d'Estrigaud.

Il y a, dans cette comédie de Molière, si mal composée d'ailleurs, un acte tout entier qui reste une merveille. J'ai parlé, dans un de mes feuilletons, de ces scènes qui pourraient s'appeler des scènes-types ; j'en signalais une dans le *Roi Lear*, et je disais que Molière en était plein. La scène qui forme le second acte de *Don Juan* est une des plus célèbres et des plus parfaites.

Don Juan rencontre, dans une campagne écartée, deux jolies paysannes, Mathurine et Charlotte, et, selon son habitude, les prenant à part, l'une après l'autre, il leur promet le mariage. Charlotte a un amoureux qui l'adore à la bonne franquette, et à qui elle est depuis longtemps fiancée. Mais ce nouvel amant, si bien fait, si richement habillé, qui sait dire de si jolies choses, lui tourne la tête, et quand ce pauvre Pierrot se plaint à elle de son manque de foi, elle, avec ce naïf égoïsme des femmes, qui oublient d'un homme qu'elles n'aiment plus, même les faveurs qu'il a reçues d'elles :

« Tu dois être bien content, lui dit-elle, puisque tu m'aimes, que je devienne une grande madame. Va, je te ferai gagner quelque chose; tu porteras du lait et des œufs à la maison. »

Jamais on n'a marqué de traits plus ingénus et plus cruels, l'abominable infatuation de la femme coquette. Don Juan chasse, sous ses yeux, à coups de pied, le pauvre Pierrot qui se lamente, et elle regarde en souriant cette déconvenue, dont elle est seule cause. C'est là-dessus qu'arrive Mathurine, à qui don Juan a débité les mêmes douceurs et a fait les mêmes promesses qu'à Charlotte. Elle le somme de s'expliquer; Charlotte le presse de son côté et le voilà entre ces deux jeunes filles, leur parlant à l'oreille, l'une après l'autre, les trompant toutes les deux ensemble, chacune sous les yeux de sa rivale, et se retirant maître de la situation.

Vous vous rappelez la scène, elle est dans toutes les mémoires. Et si elle n'est pas présente à votre souvenir, les *Molière* ne sont pas si rares, vous n'avez qu'à rouvrir le volume. N'est-il pas vrai qu'à ne considérer que la vraisemblance exacte du détail, cette scène est absurde? Il est certain que, dans la vie réelle, elle ne se serait jamais passée ainsi.

Deux femmes se disputant un homme, sur qui chacune d'elles croit avoir des droits, ne lui laissent pas le loisir de les prendre à part, de leur parler à l'oreille ; elles s'aperçoivent fort bien, quand on leur offre le bras droit, que le bras gauche est donné à la rivale, et le jeu est si grossier qu'il est impossible, à ne consulter que la réalité de la vie ordinaire, qu'elles s'y laissent prendre.

Mais c'est que la scène est vraie d'une vérité plus haute, plus idéale. Il s'agit de mettre à la rampe cette idée, que les femmes, une fois infatuées d'une croyance ou emportées d'un désir, ont un bandeau sur les yeux, et que l'homme qui a su leur inspirer cette foi ou cette passion, les mène ensuite, comme il veut, par le bout du nez. Cette idée ressort de la scène avec une évidence qui brûle les yeux.

Toutes les fois qu'un homme, dans la vie réelle, sera placé entre deux femmes, qu'il abusera tour à tour, et qu'on se demandera comment elles ne s'aperçoivent pas de la supercherie, elles si fines, et dont la jalousie aiguise encore l'esprit soupçonneux, on se rappellera aussitôt la scène de don Juan entre Mathurine et Charlotte. On la détachera des faits qui semblent la constituer, et qui, en réalité, n'ont aucune importance, et on l'appliquera comme une immortelle catégorie, à tous les événements de même nature et de même ordre. C'est une scène-type.

Une dame de beaucoup d'esprit, qui m'avait fait l'honneur de lire, dans mon dernier feuilleton, cette théorie des scènes-types, me disait : Mais à quoi les reconnaissez-vous ? Vous convenez vous-même qu'elles ne sont pas vraisemblables : est-ce que toute scène, où manquera la vraisemblance, sera, par cela même, une scène-type ?

Pas précisément. Le premier point est que l'idée, exprimée par la scène, soit générale, et trouve, dans la vie réelle, de nombreuses applications. Ainsi, dans le *Roi Lear,* la vanité donnant tout à la flatterie grossière, et ne sachant point distinguer la véritable affection qui se cache. Ainsi, dans

Molière, un homme placé entre deux femmes qui l'aiment et les trompant sous les yeux l'une de l'autre par de belles paroles. Rien de plus commun que ces situations. En voulez-vous d'autres exemples ; maître Jacques, dans l'*Avare*, faisant le brave, et forçant à reculer Valère, qui prend le bâton à son tour, rabat le caquet du bravache et le roue de coups : scène-type qui s'appliquera à tous les poltrons faisant blanc de leur épée. Mais je veux vous laisser le plaisir de les chercher vous-mêmes, et nous aurons d'ailleurs bien souvent occasion d'en signaler quelques-unes et de les analyser.

Il faut donc que l'idée soit générale ; mais il faut aussi que les traits par où elle se marque ne soient pas trop particuliers. Sans quoi, la scène ne peut plus se détacher des circonstances qui l'accompagnent et se trouve, en quelque sorte, rivée à la situation où le poète l'a placée. Ainsi, dans ce même *Don Juan*, la fameuse scène de M. Dimanche ne trouve plus aujourd'hui son application.

Il y aura toujours, certes, des créanciers qui réclameront leur argent, et des débiteurs qui, à force de belles paroles, esquiveront la demande ; mais la façon dont la scène est tournée, rappelle par une foule de détails un certain état de la civilisation propre au dix-septième et au dix-huitième siècles. Avisez-vous donc aujourd'hui de traiter votre tailleur avec le sans-gêne cavalier de don Juan, vous verrez comme vous serez reçu. La scène est admirable ; l'idée en est générale ; mais les traits dont elle se compose sont si particuliers, qu'elle ne peut servir de catégorie, ou, si ce mot vous effraye, de type à toutes les situations du même ordre. Il est impossible, au contraire, d'imaginer qu'un séducteur placé entre deux femmes, puisse jamais, en aucun siècle et en aucun pays, parler autrement que ne fait don Juan, entre Charlotte et Mathurine.

Ce n'est pas tout. Ces sortes de scènes se reconnaissent à

une autre marque qui n'est pas moins importante : le choix exquis des détails caractéristiques et la suppression absolue, radicale, de tous ceux qui ne le sont pas. Supposez la situation de don Juan dans la vie réelle. Les deux femmes habiteront chacune chez elle, il n'ira les voir que l'une après l'autre, les tromperies dont il les abusera s'entremêleront de beaucoup de circonstances qui prépareront les deux victimes à cet excès d'aveuglement ou les aideront à dissiper leur erreur.

Rien de tout cela n'existe plus à la scène. Le poète choisit et ramasse, au mépris de la vraisemblance vulgaire, un petit nombre de traits extrêmement accusés, et il les enfonce dans les yeux du public. Il met en présence, sur la scène, Charlotte et Mathurine, parce qu'elles sont en effet dans son imagination, et il rend visible un antagonisme que la réalité s'étudie toujours à cacher.

Don Juan va de l'une à l'autre, et Molière suppose qu'elles ne s'aperçoivent ni l'une ni l'autre de ce manège, qui se fait à leur nez, parce qu'il supprime toutes les circonstances intermédiaires qui le couvriraient dans la vie réelle. L'idée seule brille, de tout son éclat, indépendante des faits, comme une statue dont aucun voile ne dérobe aux regards la beauté idéale.

— Mais, me disait encore cette dame, qui vous dit que cette scène que vous admirez comme une scène-type, d'autres ne la regardent pas comme une simple niaiserie, ou une invraisemblable extravagance ? Comment les convaincre ?

— Eh bien ! madame, je ne les convaincrai pas. Il y a toujours, dans toute œuvre d'art, deux éléments irréductibles à toute analyse. C'est le génie d'où elle émane, c'est le goût qui la comprend et qui la sent. Je ne puis que plaindre ceux qui n'ont pas d'yeux pour voir, ni d'oreilles pour entendre. Mais mon métier n'est pas de rendre l'ouïe aux sourds, ni la vue aux aveugles-nés.

A ceux chez qui une scène de théâtre, une phrase musicale, ou un tableau éveille de certaines sensations, je tâche de les leur expliquer, de leur en donner la raison, de doubler leur jouissance en leur en ouvrant les causes, en leur montrant comme elle est conforme aux éternelles règles du bon sens. Mais ici je m'arrête, pénétrer plus loin n'est pas l'affaire du critique. Quand le premier eunuque noir de Sa Hautesse parle mal des femmes qu'il tient sous sa garde, et se moque de ceux qui les désirent, il n'y a d'autre réponse à faire que celle qui fut adressée au renard de la Fable après son petit accident :

Mais tournez-vous, de grâce, et l'on vous répondra.

Le 20 avril 1868.

LE MISANTHROPE

I

LE CARACTÈRE D'ALCESTE

J'ai été bien surpris à lire, lundi dernier, l'analyse que mon confrère Paul de Saint-Victor a faite d'Alceste, où il ne voit qu'un bourru impoli et brusque, qui s'irrite pour des misères, et fatigue par l'excès de son inutile et sotte maussaderie. Ce ne sont point les termes exprès du feuilleton que je n'ai plus sous les yeux ; c'en est au moins le sens. Alceste n'est pour lui qu'un désagréable original, qui ne valait guère la peine d'être peint, n'étant qu'une assez peu plaisante exception.

Ce qui me frappe, au contraire, c'est qu'Alceste est un type, non de misanthropie, car le titre ne me semble pas fort bien choisi ; à moins qu'au dix-septième siècle, ce mot de misanthrope ne rappelât pas les mêmes idées qu'il éveille chez nous. Non, Alceste est le représentant d'une classe d'hommes qui a vécu de tous les temps, qui durera tant que le monde sera monde, et qui restera éternellement l'honneur de la nature humaine.

Avez-vous remarqué combien il est difficile et rare, dans

la vie pratique, de mettre ses paroles en harmonie avec ses pensées, et ses actes avec les unes et les autres ? Beaucoup d'hommes raisonnent très juste et très ferme ; mais leur logique ne va point de la pensée à la parole, et encore moins à l'action. Tant qu'on reste dans son for intérieur, dans le monde pur de la spéculation, rien de plus simple que d'enchaîner les conséquences aux prémisses par des liens rigoureux ; mais quand il s'agit de la vie active, oh ! alors, les habitudes, les mœurs, les préjugés, l'atmosphère ambiante jette en quelque sorte un voile entre la théorie et la pratique. On trouve qu'une femme est laide et sotte, et on la flatte sur son esprit et sur sa beauté ; on reconnaît que la justice ne doit jamais être influencée, et l'on va trouver son juge ; on pense que des vers sont exécrables, et l'on en fait compliment à l'auteur ; et pour sortir des exemples qu'a choisis Molière, et transporter la discussion sur un terrain plus vaste, on proclame hautement que la liberté de penser et d'écrire est de droit naturel, et dans la pratique on traite par le mépris, ou par la prison, ceux qui en usent ; on déclare que l'adultère est le pire de tous les crimes, et l'on prend la femme de son voisin ; et l'on a pour soi l'assentiment tacite du monde, qui vous accablera d'ailleurs, si le voisin se met à sonner l'alarme.

Examinez-vous bien ; tout en vous n'est que contradictions, dont l'habitude vous dérobe la meilleure partie. Vous allez par la pensée d'un côté ; la parole et l'action vous mènent d'un autre ! Vous pensez d'après vous-même, mais, pour le reste, vous vous conformez à l'usage ; il faut (c'est la maxime que vous répétez sans cesse), il faut bien faire comme tout le monde ! Vous ne voulez pas être ridicule.

Ridicule, voilà le grand mot lâché ! Si le ridicule était une affaire de raison, c'est votre conduite qui serait digne d'être raillée. Car, qu'y a-t-il de plus inconséquent que de penser d'une façon et de parler ou d'agir d'une autre? Il y a là, entre la théorie et la pratique, une disproportion qui devrait faire éclater de rire.

Mais ce n'est point de cette façon que la société l'entend. Pensez comme vous voudrez, ce détail intime ne me regarde pas; mais parlez comme tout le monde parle, agissez comme tout le monde agit, faute de quoi, moi, qui suis toute-puissante, je vous mets au ban des hommes civilisés, je vous déclare à tout jamais et irrémédiablement ridicule.

Un poète vous lit ses vers; vous les trouvez mauvais, libre à vous, je ne puis rien à cela. Mais j'ai déclaré qu'il était du bel usage qu'en pareille circonstance on louât toujours et quand même un écrivain, que tout le monde devait faire ainsi; je vous marque de ridicule si vous agissez autrement. Il y a certes plus de vrai ridicule à dire des vers qu'on juge exécrables qu'ils sont excellents; car la disproportion entre la pensée et la parole est évidente.

Mais de ce ridicule, qui serait fondé en raison, je ne m'occupe point. Il n'en existe pour moi que dans la disproportion entre vos paroles et celles qui sont de convention, d'usage, de nécessité sociale dans la circonstance où vous vous trouvez. Parler comme on pense, et agir comme on parle, c'est là seulement qu'est le ridicule, puisque l'inconséquence a été par moi érigée en principe, et que le premier mot de mon évangile est : « Faire comme tout le monde. »

Alceste est un homme logique. Il raisonne toujours, et très droit, et très net, et va d'un bond aux dernières conséquences. De la pensée il passe à la parole, et de la parole à l'acte, sans que rien l'arrête jamais, ni conventions sociales, ni mœurs, ni préjugés, ni habitudes.

La mauvaise humeur, chez lui, n'est qu'un accessoire aussi plaisant que naturel. Le fond de sa nature, c'est la logique, une logique implacable et impétueuse, qui le pousse d'une main irrésistible à travers tous les jugements humains. Ils lui sont indifférents, ou, s'ils le touchent, ce n'est que par cette sorte de compassion douloureuse ou de colère méprisante que l'on éprouve invinciblement à voir des inconséquences manifestes. Quand, par tempérament ou par habitude d'esprit, on s'est livré à cette maîtresse impérieuse de la vie, qui s'appelle la logique, on est si sûr d'avoir pour soi la justice et le droit, qu'il s'élève au fond de l'âme une sourde et violente irritation contre les cœurs pusillanimes qui n'osent point aller au bout de leurs idées, qui n'osent pas être eux-mêmes.

Alceste est l'immortel patron de ces natures droites et fortes qui, n'accordant rien aux préjugés du monde, vont hardiment leur chemin, sans se soucier du qu'en-dira-t-on. Molière ne l'a mis aux prises qu'avec les détails un peu mesquins de la vie des cours. Mais où vouliez-vous qu'il le plaçât? Il fallait bien le mettre dans un cadre du temps.

C'est à vous, critiques, c'est à vous de l'en détacher et de le transporter par l'imagination dans d'autres ordres d'idées. En théologie, Alceste sera un grand hérésiarque ; en politique, un républicain, ou tout au moins un révolutionnaire.

Savez-vous bien que l'esprit de révolution n'est pas autre chose que la logique d'Alceste appliquée aux affaires de l'État. On parle beaucoup de Figaro ; mais tous les instincts démolisseurs du Figaro de Beaumarchais peuvent se résumer dans un seul mot : « Ote-toi de là que je m'y mette! » Quand Figaro se sera taillé une redingote dans la doublure de l'habit de cour de son maître, qu'il aura flanqué à la porte, il ne demandera plus rien au ciel, et trouvera que tout est pour le mieux dans le meilleur des mondes.

Alceste est le premier et le plus radical des républicains. Relisez son rôle, je vous prie, avant de me rire au nez, et de trouver que je cherche l'esprit. Je me soucie bien vraiment du rare et de l'extraordinaire, rien ne m'est plus antipathique que le paradoxe ! Je n'aime que les vérités de bon sens, celles qui se peuvent prouver par raisonnement certain, et qui sont aussi claires que la lumière du soleil. Je vous dis qu'Alceste est, dans cette cour de Louis XIV, le type du révolutionnaire et du républicain. Son esprit de logique et son mépris des préjugés les plus respectables, le mèneront là, s'il les applique jamais à la politique. Molière l'a livré à la risée des courtisans, parce que, en effet, il n'y a pas, pour une monarchie despotique, de plus dangereux trouble-fêtes que les Alcestes. Les hommes qui raisonnent ferme et serré, et qui d'un bond hardi sautent de la logique de l'idée à la logique de l'action, ce sont ceux-là qui mettent en branle les grandes révolutions. Proudhon, qui eût répudié Figaro, est un petit-fils d'Alceste.

Ne vous attachez pas aux petits faits par où se marque dans la comédie le caractère d'Alceste. Qu'importe la mesquinerie ou la grandeur des événements ! Étudiez le caractère en lui-même. Il n'y en a pas, dans aucun théâtre, non pas même chez Shakespeare, il n'y en a pas de plus vivant, de plus profond, de plus original. Alceste est la création la plus étonnante de Molière, car il n'existait pas à la cour du grand roi. C'est en lui-même, par une sorte d'intuition divine, que le grand contemplateur en a trouvé la matière, et qu'il l'a ensuite fondu d'un seul jet.

Les Américains et les Anglais, tels que nous les peignent des plumes libérales, retrouveraient dans cet Alceste un de leurs ancêtres. Chez eux aussi, dit-on, chacun pense, parle et agit, comme soi, sans crainte du ridicule. Ou plutôt le ridicule n'existe pas chez eux ; j'entends le ridicule français, celui qui consiste à ne pas se conformer à l'usage établi. Ils vivent libres de toute convention, de tout préjugé, de toute

formule absurde, et vont hardiment tout droit devant eux,
jusqu'au bout de leurs idées. Ce sont des Alcestes.

Et savez-vous pourquoi on ne dit pas en France : un Alceste, comme on dit : un Tartuffe? Ce n'est pas du tout que
le caractère de l'un soit moins bien tracé que celui de l'autre ; non, c'est que, dans notre France, si féconde en Tartuf-
fes, il ne se trouve presque jamais personne à qui appliquer
ce nom glorieux d'Alceste. Nous raisonnons juste, et la logique n'est pas rare chez nous : mais c'est une logique qui
s'arrête à la théorie ; la volonté ardente et ferme nous manque ; et tel qui ne bouderait contre une batterie de canons, tremble à braver le préjugé qui lui sourit par les lèvres
d'une jolie femme. C'est que nous sommes un peuple pourri
de monarchisme jusque dans la moelle des os. C'est qu'après
toutes nos révolutions et les principes de 89, dont on fait
si grand étalage, nous sommes encore aussi embéguinés de
conventions sociales que pouvait l'être un courtisan du roi-
soleil ; c'est que nos gouvernants ont changé, et non pas nos
mœurs.

Ah ! qui ne se sentirait, à lire cet admirable rôle d'Alceste,
échauffé d'une vaillante et sainte résolution d'arracher tout
ce qu'il pourra de sa vie aux préjugés bêtes et aux absurdes
formules ! Molière t'a voué au ridicule, pauvre et noble Alceste ; mais nous, qui t'aimons comme un modèle, comme
un père, nous qui savons ce qu'il y a de généreux et de che-
valeresque dans tes boutades, et qui les adorons même dans
ce qu'elles ont de puéril, comme notre admiration te venge
des sots dédains de cette cour ridicule ; viens chez nous, tu
es un des nôtres ! Inspire-nous le mépris des opinions reçues, et le courage de porter la main sur les vaines idoles !
Heureux qui, le soir, rentrant chez soi, après avoir recueilli
le sourire moqueur des gens du monde ou la compassion
hautaine des hommes en place, peut ouvrir son Molière et se

dire : « Alceste l'honnête homme, Alceste le fier républicain, Alceste aurait agi comme moi ! » Cela console de bien des tracasseries ; cela vous dresse l'âme à regarder de haut bien des ennuis et des misères ; et c'est ainsi qu'une grande œuvre élève et fortifie le cœur de ceux qui la veulent comprendre. On y vient, dans les heures de tristesse, chercher du réconfort, et l'on repart mieux trempé pour la lutte.

17 février 1868.

II

ALCESTE ET CÉLIMÈNE

Ce qui fait l'originalité des scènes d'Alceste avec Célimène, c'est que ce pauvre Alceste s'obstine à raisonner avec elle, et qu'il raisonne très juste, le malheureux ! On pourrait réduire toutes ses déclarations en syllogisme.

> Je sais que sur les vœux on n'a point de puissance,
> Que l'amour veut partout naître sans dépendance,
> Que jamais par la force on entra dans un cœur,
> Et que toute âme est libre à nommer son vainqueur ;
> Aussi ne trouverais-je aucun sujet de plainte
> Si pour moi votre bouche avait parlé sans feinte,
> Et rejeté mes vœux dès le premier abord ;
> Mon cœur n'aurait eu droit de s'en prendre qu'au sort,
> Mais d'un aveu trompeur voir ma flamme applaudie...

Y a-t-il un raisonnement plus exact, plus sincère, plus serré ? Que répondre à cette argumentation si pressante ? Aussi Célimène n'y répond-elle point. Alceste est trop philosophe pour ne pas le voir, quoiqu'il soit trop amoureux pour ne pas se laisser prendre, et rien n'est plus plaisant et

plus triste à la fois que de l'entendre commenter lui-même
sa sottise. On ne sait pas bien, il ne sait pas bien lui-même,
ce qui souffre le plus dans cet entretien, ou de son amour
raillé ou de sa logique en déroute :

> Ciel ! rien de plus cruel peut-il être inventé !
> Et jamais cœur fût-il de la sorte traité !
> Quoi ! d'un juste courroux, je suis ému contre elle,
> C'est moi qui me viens plaindre, et c'est moi qu'on querelle.
> On poussa ma douleur et mes soupçons à bout,
> On me laisse tout croire, on fait gloire de tout...

Et ce qu'il y a de plus étonnant, c'est que ce pauvre
Alceste, avec sa manie de ne croire qu'à la logique, demande à Célimène qu'elle essaie de le persuader de son
innocence en usant des armes que la logique fournit.

> Rendez-moi, s'il se peut, ce billet innocent ;
> A vous prêter les mains ma tendresse consent ;
> Efforcez-vous ici de paraitre fidèle
> Et je m'efforcerai, moi, de vous croire telle.

Célimène répond comme toutes les femmes feraient en
pareille circonstance : « Mais vous êtes fou ! je vous aime !
Fi ! le vilain jaloux ! Ah ! comme je devrais en aimer un
autre ! »

Alceste ne sent que trop l'impertinence de ces raisons. Il
est trop logique pour être aveuglé ; il ferme complaisamment les yeux ; mais, en les fermant, il accorde à la logique
ce dernier témoignage que, s'il les ferme, c'est volontairement, sachant bien qu'il est un imbécile.

> Ah ! traîtresse, mon faible est étrange pour vous !
> Vous me trompez sans doute, avec des mots si doux !
> Mais il n'importe ! il faut suivre ma destinée.
> A votre foi mon âme est toute abandonnée !

Quels beaux vers ! Quel admirable acte de foi ! Tandis qu'au cinquième a te c'est, chez Acaste et Clitandre, la vanité du petit maître, et chez Oronte l'amour-propre de l'auteur blessé qui s'exhalent dans les railleries adressées à Célimène, c'est, chez Alceste, la tendresse profonde en même temps que la logique sincère qui ont été brisées du coup. C'est que tous les autres sont des caillettes du sexe mâle.

25 août 1879.

III

PHILINTE ET ÉLIANTE

La tradition a, je ne sais pourquoi, relégué Philinte dans l'emploi des *raisonneurs*. Philinte n'est point un raisonneur ; c'est l'honnête homme du dix-septième siècle, qui a du monde et sait sa cour. Ce que ces sortes de personnes fuyaient par-dessus tout, c'était l'air pédant, et il n'y a rien qui le soit plus que d'opposer à la passion enflammée d'un ami des raisonnements bien faits. Philinte cause, et il cause tout naturellement des sujets où son impétueux ami jette la conversation, et, tandis qu'Alceste ne procède que par boutades, il s'exprime, lui, avec la bonne grâce et l'aménité d'un courtisan.

Maubant, qui représente le personnage à la Comédie-Française, n'est pas, en dépit de son talent, l'homme du rôle. Il lui prête un visage sévère et une voix morose. Philinte est aimable et onctueux. Maubant dit les vers avec l'âpre énergie de la raison sûre d'elle-même ; il semble triompher de l'irréfutable effet de ses syllogismes. Philinte enveloppe ou d'une ironie spirituelle ou d'une bienveillante modération les conseils qu'il insinue plutôt qu'il ne les donne. On est un peu étonné quand Maubant fait à Éliante cette singulière déclaration d'indifférence, qui se termine par un mariage. On ne comprend guère que cet homme aux puissantes épaules, à la voix sèche et rude, qui porte dans le raisonné tout l'emportement d'un cœur chaud, épouse ainsi, au refus d'un autre, une femme qu'il n'aime point.

Mais Philinte, le vrai Philinte de Molière, celui que Bressant rendait si bien, qu'y a-t-il d'étonnant qu'il dise : « Madame, j'ai pour vous la plus vive estime, et je crois que vos qualités, qui sont de premier ordre, rendraient un mari fort heureux. Je vais vous dire que je vous aime, car c'est le langage ordinaire que l'on tient aux femmes quand on demande leur main, et je sais trop bien les usages pour ne pas me servir des termes de galanterie qui sont de mise en pareille circonstance, mais vous êtes trop sensée pour être un instant dupe de ce jargon plus que je ne le suis moi-même. Non, je ne sens pas pour vous ces grands mouvements de passion qui emportent notre ami vers Célimène, et qui, soit dit entre nous, sont un peu ridicules, car ils passent la mesure. Moi je me pique d'aimer comme tout le monde, et la tendresse que j'ai pour vous, et qui est très réelle, très profonde, croyez-le bien, vient surtout de la raison. Je ne demande à être aimé de vous que comme je vous aime moi-même. Si par hasard vous sentez pour notre ami cette sorte d'amour que je ne connais point, je suis assez indulgent, assez homme du monde, pour entrer dans une passion qui vous causera un si sensible préjudice, et pour souhaiter que vous soyez parfaitement heureuse avec un autre. »

Et la douce Éliante lui répond :

— Tout ce que vous dites est fort juste. J'avoue que je n'ai pas l'esprit aussi détaché que vous. Je suis femme; et les femmes, si raisonnables qu'elles soient, ont toujours un petit faible pour les âmes ardentes et ces caractères d'une excentricité vigoureuse qui promettent un bonheur moins uni, mais des joies plus exquises. Je crois donc que si Alceste me les offrait, je me laisserais tenter. Mais si le hasard se met du côté de mes réflexions, je n'en serai qu'à demi fâchée, je vous jure. Vous êtes un homme considéré, bien en cour, d'une remarquable égalité d'humeur, tout fait pour rendre une femme heureuse. Je serai donc enchantée de vous donner cette main que vous sollicitez, et d'éviter avec vous les périls des passions violentes.

Philinte et Éliante font, l'un et l'autre, dans ces deux couplets qui étonnent toujours un peu le public, la théorie du mariage français, tel qu'il subsiste encore aujourd'hui. Au fond, ce que dit Philinte, il n'y a guère d'hommes qui ne le pensent et même qui ne le disent ; et cela s'appelle un mariage de raison, c'est-à-dire le meilleur et le plus enviable des mariages, dans nos préjugés actuels. Ce que répond Éliante, c'est ce que pensent toutes les mères de famille ; il est vrai que la plupart du temps elles ne l'avouent point à leur fille ; cette discrétion prouve qu'il leur reste encore un peu de pudeur. Elles lui disent au contraire que le mari qu'elles lui ont choisi l'adore ; mais ce sont pour elles des phrases et des bouquets, rien de plus. Elles tiennent qu'en ménage le bonheur solide est dans une estime réciproque, que cimente l'habitude.

Vous savez qu'on a fait une suite au *Misanthrope* ; c'est celle dont Jean-Jacques avait tracé le scénario, et que Fabre d'Églantine a porté sur la scène. Il y montre que cet obligeant Philinte est au fond le plus égoïste des hommes, et qu'Alceste, au contraire, avec ses airs bourrus, est toujours prêt à se dévouer pour les autres. J'ai rêvé bien souvent à un autre lendemain pour le chef-d'œuvre de Molière.

Voilà Philinte et Éliante mariés ; ils sont parfaitement heureux, car ils le sont suivant toutes les lois de la raison. Dix ans après, Éliante s'est convaincue que cet honnête homme, ce charmant homme, cet homme de cour, si bien vu dans le monde et qui en est si bien considéré, n'est qu'un cœur sec et une tête vide ; que ce mari, qui est pour une femme, dans un salon, la plus agréable des parures, est de moins de service dans l'intimité du tête-à-tête. Elle commence à s'ennuyer effroyablement. Il lui est impossible de ne pas regretter un peu et tout bas ces orages qu'elle n'a pas osé affronter de compagnie avec Alceste. Un vrai homme, celui-là, et non une poupée de salon ! Alceste a fait son chemin pendant ce temps-là ; les hommes de cette trempe ne restent pas longtemps, dans un désert, à se ronger le cœur. Leur nature ardente les emporte vers les grandes tentations, et la décision de leur caractère les y fait réussir. Ce sont des lions superbes et généreux, comme dit le poëte ; et la raisonnable Éliante ne peut s'empêcher de penser en elle-même qu'il y aurait eu quelque douceur à passer sa main dans la crinière de ce lion-là.

Elle le compare au joli bichon, un peu vieilli, qui jappe à côté d'elle.

Qu'arrive-t-il ?

Tous les dénouements sont possibles. Et si je vous ai proposé ce sujet, c'est moins pour vous parler d'une pièce qui ne se fera jamais, et qu'il serait fort inutile de faire, que pour vous ouvrir de nouveaux jours sur l'œuvre de Molière et provoquer vos réflexions. Il ne me paraissait pas que l'on eût jusqu'ici accordé assez d'attention à ces deux rôles, qui ont leur importance réelle dans le drame.

4 septembre 1871.

IV

ORONTE

J'ai vu jouer Oronte de deux façons tout à fait différentes, et supérieures l'une et l'autre. Mirecourt était un grand seigneur, de haute et sérieuse mine, qui, en usant des formules de politesse alors en usage, avait tout à fait raison contre la mauvaise humeur d'Alceste. Il restait de parfaitement bonne compagnie, même alors qu'il se donnait le léger ridicule de lire un sonnet médiocre. Il écoutait d'un visage assombri et d'un air pincé les boutades d'Alceste; mais c'était toujours avec politesse, bien que d'une voix altérée, qu'il disait :

Et ne puis-je savoir ce que dans mon sonnet ?..

La querelle s'aigrissait peu à peu : on sentait très bien que le monsieur à qui Alceste avait affaire n'était pas un plaisantin, mais un homme d'honneur, friand de la lame, et qui, emporté par le dépit, finirait par dire, la main sur son épée :

Mais, mon petit Monsieur, prenez-le un peu moins haut.

La scène n'en était pas moins plaisante pour être jouée par un acteur long, maigre, de taille imposante, de visage hautain.

Coquelin arrive souriant et bavard. Il cherche à faire saillir aux yeux du public, par la manière dont il débite ses compliments, le ridicule que Molière a mis dans l'excès de ses formules.

Il lit le sonnet avec conviction, il n'y a pas moyen de faire autrement. Mais il porte une telle exagération et une exagération si drôle dans l'admiration qu'il a de lui, son visage revêt des physionomies si plaisantes que le personnage avec lui tourne au comique.

C'est une autre manière, qui n'est pas moins bonne, parce que toute interprétation, qui est exécutée d'une façon parfaite, qui atteint son maximum d'intensité, mérite l'éloge des connaisseurs.

21 août 1882.

LE SICILIEN

Il n'y a pas un homme au courant de Molière qui ne sache que le *Sicilien*, qui est écrit en prose, fourmille d'alexandrins tout faits. On cite toujours :

Le ciel s'est habillé ce soir en Scaramouche,

mais rien que dans la première scène, il y en a une demi-douzaine d'autres :

Sotte condition que celle d'un esclave !...
Il crie, et nuit et jour, je n'ai aucun repos ;
Mais voici des flambeaux, et sans doute c'est lui.

Ce nombre inaccoutumé de vers, traînant dans la prose du maître, avait accrédité cette opinion, qui, une fois émise, avait été acceptée sans contrôle, que Molière avait d'abord songé à écrire le *Sicilien* en vers, que, pressé par le temps, il s'était réduit à la prose pour aller plus vite, et c'est ce qui expliquait comment il subsistait dans sa seconde version quelques vestiges épars du premier travail.

M. Anatole de Montaiglon vient de mettre à néant cette légende. Pour lui, le *Sicilien* a été écrit tout entier, d'un bout à l'autre, de propos délibéré, en vers libres non rimés, et ces vers, que Molière avait dissimulés, comme ont fait parfois pour s'amuser quelques écrivains de notre temps, notamment Alphonse Karr, en les imprimant sans les à-la-ligne dont la typographie les marque, le nouvel éditeur les restitue, dans la grande édition de M. Testard, après les avoir retrouvés sous la couche uniforme de prose dont ils avaient été badigeonnés jusqu'ici.

Ainsi, pour n'en donner qu'un exemple, voici comme il écrit le premier couplet :

> Il fait noir comme dans un four ;
> Le ciel s'est habillé ce soir en Scaramouche,
> Et je ne vois pas une étoile
> Qui montre le bout de son nez.
> Sotte condition que celle d'un esclave :
> De ne vivre jamais pour soi
> Et d'être toujours, tout entier,
> Aux passions d'un maître. Etc., etc.

Mais comment Molière a-t-il été amené à choisir cette forme du vers libre ; et pourquoi, la choisissant, ne l'a-t-il pas tout de suite pratiquée ouvertement, avertissant l'auditeur de son dessein par le retour des rimes, ainsi qu'il a fait plus tard lui-même dans *Amphitryon?*

M. Anatole de Montaiglon a réponse à ces deux questions :

Pour la première, il rappelle l'amitié de Molière et de La Fontaine, et le cas que notre grand comique faisait du bonhomme. Ses premiers contes ont été imprimés en 1661 ; les six premiers volumes des fables ne l'ont été qu'en 1668, un an après le *Sicilien*. « Mais, dit M. de Montaiglon, malgré leur exquise apparence de facilité, on sait combien leur auteur les a travaillées, combien il les a remises sur le métier ; combien, dans le détail, il les a modifiées, reprises, corrigées, récrites, et l'on ne saura jamais depuis combien de temps il les avait commencées. Molière, leur intimité en est un sûr garant, n'a pas pu ne pas connaître à mesure l'œuvre de son ami. Il a vu le parti que La Fontaine tirait le premier de cette forme, dans laquelle il est maître comme personne et dans laquelle nul, sauf Molière, ne l'a été après comme avant lui. Il est donc naturel que Molière se soit demandé si, lui aussi, ne pourrait pas y réussir et la transporter au théâtre. »

Cette tentative, il l'a risquée dans l'*Amphitryon* et il en est sorti à son avantage ; car l'*Amphitryon* est l'inimitable modèle du vers libre. Mais, remarquez-le : l'*Amphitryon* est la pièce qui a suivi immédiatement le *Sicilien*. L'une est de 1667, l'autre de 1668.

« Ne s'ensuit-il pas forcément, dit M. Anatole de Montaiglon que, sans se préoccuper de la rime, il a écrit pour lui-même le *Sicilien* en vers libres pour se rompre à la mesure irrégulière, en étudier l'harmonie, se rendre maître de ses difficultés et de ses ressources. C'est en écrivant le *Sicilien* comme un musicien assouplit ses doigts avec des exercices de gammes, c'est en se montrant à lui-même ce que cette forme pouvait lui donner, qu'il s'est fait la main pour écrire l'*Amphitryon*, en profitant de cette étude et de cette préparation. C'est à cela qu'il doit d'avoir connu du premier coup, atteint du premier coup la perfection du genre, et l'explication s'impose. Il y a, dans cet apprentissage de l'outil, une raison de date à la fois et une trace de préoccupation et d'inquiétude auxquelles il semble difficile de ne pas se rendre. Ce ne sont ni les essais au théâtre, aussi rares qu'insignifiants, ni les livrets imprimés des ballets où les vers irréguliers abondent, qui ont été son modèle et son point de départ ; c'est à l'exemple de La Fontaine, c'est pour le suivre et l'égaler qu'il doit d'avoir voulu, lui aussi, écrire en vers libres et qu'il a commencé par se condamner à cette gymnastique dont un esprit aussi solide, dont un artiste aussi sérieux pouvait seul être capable. »

La thèse est très ingénieuse et elle a un grand caractère de vraisemblance. Il est certain qu'à lire la prose du *Sicilien*, ramenée par les artifices de la typographie à la forme du vers, on s'explique mieux quelques inversions qui sont, dans notre langue, réservées à la seule poésie :

> Mais je m'en vais prendre mon voile,
> Je n'ai garde sans lui de paraître à ses yeux....
> Je vous ferai toucher dans la main l'un de l'autre...
> Je veux jusques au jour les faire ici chanter...

Il est évident que ces façons de parler, insolites en prose, trahissent chez Molière, quand il écrivait le *Sicilien*, la préoccupation du vers. Il n'y a pas jusqu'à la lettre *s* ajoutée au mot *jusque :*

> Je veux jusques au jour les faire ici chanter

qui ne marque l'intention de faire œuvre de poésie. Car *jusques* ne prend point l'*s* en prose.

Ajoutez que le langage est cadencé. M. Anatole de Montaiglon remarque, avec beaucoup de sens, que le *Sicilien* ou l'*Amour peintre* serait un livret d'opéra-comique tout fait. Je ne sais si vous avez lu l'ouvrage de Castil-Blaze qui a pour titre : *Molière musicien*. C'était un fou ou, si vous aimez mieux, un original de beaucoup d'esprit que Castil-Blaze. Il était féru de cette turlutaine à laquelle il revient sans cesse : c'est que la rime est la plus grande ennemie de la poésie, qui est faite pour être mise en musique, et que, pour un compositeur, les vers blancs sont bien supérieurs aux vers rimés. Entre nous, je ne trouve pas que Castil-Blaze ait si tort. Le *Sicilien*, qui est écrit en vers libres, non rimés, en prose cadencée, si vous le préférez, eût été son affaire.

J'ai relu avec infiniment de plaisir le *Sicilien* sous cette nouvelle forme. Il me semble bien que M. Anatole de Montaiglon a raison et que son seul tort, s'il en a un, c'est d'avoir voulu poursuivre jusqu'au bout et dans son dernier détail l'application de son idée. Il y a des scènes qui prêtent à la poésie et que Molière, préoccupé du vers libre, a dû écrire avec le souci de la mesure et de la cadence. Il y en a d'autres qu'il a dû, j'imagine, écrire en simple prose, au courant de la plume, parce qu'elles n'ont pas besoin d'un autre langage que celui de la prose. Ainsi je prends la dernière scène. Don Pèdre, furieux de sa pupille enlevée, demande justice au sénateur ; le sénateur est tout occupé, lui, d'une fête qu'il va donner.

« — Je viens, dit don Pèdre, demander l'appui de la justice contre cette action.

» — Je veux, répond le sénateur, que vous voyiez cela ; on va la répéter, pour en donner le divertissement au peuple.

» — Comment ! de quoi parlez-vous là ?

» — Je parle de ma mascarade.

» — Je vous parle de mon affaire.

» — Je ne veux point, aujourd'hui, d'autres affaires que le plaisir. Allons, messieurs ! Venez ! Voyons si cela ira bien ! »

Je veux être pendu s'il y a là dedans ombre de poésie et de cadence Molière a écrit là en prose, parce que les détails qu'il avait à exprimer relèvent uniquement de la prose. Voici comment M. Anatole de Montaiglon imprime le passage :

DON PÈDRE.
Je viens demander l'appui
De la justice
Contre cette action.
LE SÉNATEUR.
Je veux que vous voyiez cela ;

> On va la répéter
> Pour en donner
> Le divertissement au peuple.
> ### DON PÈDRE.
> Comment? de quoi parlez-vous là?
> ### LE SÉNATEUR.
> Je parle de ma mascarade.
> ### DON PÈDRE.
> Je vous parle de mon affaire.
> ### LE SÉNATEUR.
> Je ne veux point aujourd'hui
> D'autres affaires
> Que le plaisir.
> Allons, messieurs, venez!
> Voyons si cela ira bien.

Avouez que ce sont là des coupes très arbitraires. Jamais, dans *Amphitryon* Molière n'aurait écrit :

> Je viens demander l'appui
> De la justice
> Contre cette action.

Ce n'est pas là une phrase cadencée; ce ne sont point des vers. Il reste à M. de Montaiglon la ressource de dire que Molière, quand il écrivait le *Sicilien*, n'était pas encore maître de cette forme, qu'il se faisait la main et que plus tard il sentit l'inconvénient de ces vers trop courts. C'est là une assertion absolument gratuite. La vérité semble être que Molière savait fort bien ce qu'il faisait. Quand il a voulu écrire une prose cadencée (vers libres sans rimes) il l'a fait, et certaines scènes, les scènes d'amour ou de jalousie, sont bien plus agréables à lire, comme M. Anatole de Montaiglon nous les a données, dans l'édition de M. Émile Testard, coupées en forme de vers.

En tout cas, cette restitution, tentée par M. Anatole de

Montaiglon est curieuse, et je ne serais pas étonné que, désormais, le texte de Molière ne fût ainsi imprimé dans les éditions nouvelles qu'on fera de ses œuvres.

22 juin 1891.

AMPHITRYON

Amphitryon ne passe point généralement pour un des grands chefs-d'œuvre de Molière. On lui préfère le *Misanthrope*, les *Femmes savantes* et surtout et avant tout cet immortel *Tartuffe* qui semble être le dernier effort de l'esprit humain.

On a raison sans doute. *Amphitryon* n'en est pas moins une pièce unique en son genre, et que Molière seul pouvait écrire.

C'est un enchantement d'entendre cette poésie si libre, si aisée, dont les rythmes se renouvellent sans cesse avec une variété incroyable, chacun d'eux s'accommodant à la pensée et la relevant par l'attrait d'une sonorité toujours spirituelle et juste. La Fontaine seul a manié le vers libre avec cette science et cette grâce. Peut-être faudrait-il ajouter Musset, qui deux ou trois fois en a tâté ; mais c'était dans des ouvrages de courte haleine, et c'est à peine si, dans *Sylvia*, on pourrait citer deux de ces périodes flexibles et amples, qui se développent en vers de diverses mesures pour aboutir à un vaste alexandrin, qui repose l'oreille, ou d'autres fois à un trait qui se détache en un vers de huit pieds. Elles abondent dans Molière.

Nos poètes modernes, qui ont tant travaillé l'harmonie

du vers, se sont tenus à distance respectueuse du vers libre. Ils admirent de loin Molière et La Fontaine ; ils se gardent de marcher sur leurs traces. Cette prodigieuse faculté d'invention dans le rythme déconcerte et confond ces rythmiques, et Banville lui-même, dans un excellent traité de versification française, se contente de marquer son étonnement et passe.

C'est là un genre de mérite auquel nous sommes devenus très sensibles. On le goûtait moins au siècle dernier, et même il y a cinquante ans. J'ai sous les yeux les trois articles que Geoffroy, notre aïeul, l'illustre critique des *Débats*, a écrits sur *Amphitryon;* il apprécie la pièce en homme de goût :

« C'est, dit-il, un ouvrage à part : c'est celui où l'auteur a mis le plus de grâce, de finesse et d'enjouement. On admire dans ses autres pièces le bon sens, le naturel, la force comique ; ici, c'est le goût et la délicatesse qui brillent. Molière dans *Amphitryon* a presque autant d'esprit qu'un poète de nos musées. » (On appelait en ce temps-là *musées* le recueil de vers des poètes à la mode.)

Geoffroy développe ingénieusement les points qu'il vient de toucher. Il ne souffle mot de ce qui est aujourd'hui le plus vif sujet de nos admirations : cet art merveilleux de varier sans cesse le rythme et de le plier à la pensée ou au sentiment.

Je ne sais rien de plus difficile à dire que le vers libre d'*Amphitryon*. Il ne faut pas dérober à l'oreille le plaisir de cette divine harmonie ; ce serait un meurtre que de ne pas faire sentir la musique de la phrase, et, d'un autre côté, cette phrase a si bien l'allure aisée de la conversation, qu'on doit craindre de lui faire tort en se complaisant trop au bercement de la mélodie.

Il y a là un juste milieu à prendre, on ne peut l'attraper

et s'y tenir qu'après de longues études, soutenues d'un goût exquis ; et tout cela ne servirait pas encore de grand chose à l'artiste, si la nature ne l'avait doué d'une belle voix.

Mounet est le Jupiter idéal qu'a rêvé Molière. Je ne parle pas de sa prestance et de sa figure ; ce sont là assurément des qualités nécessaires au rôle. Mais, ce qui nous a délicieusement remués, c'est l'enchanteresse harmonie de cette voix pleine, sonore et tendre, et cet art délicat de diction qui fait que l'on sent toujours la musique du vers sans que pourtant ce soit un chant véritable.

Ces scènes où Jupiter exprime sa tendresse à Alcmène passaient jadis pour ennuyeuses : ce sont, disait le même Geoffroy, les moins bonnes de l'ouvrage, et il ajoute avec un tour d'esprit un peu grossier :

« Le maître des Dieux n'avait pas ordonné à la Nuit de mettre ses coursiers au petit pas pour lui donner le temps de faire de longs discours. Ces subtilités, ces distinctions entre l'amant et le mari, me paraissent peu dignes d'un roué tel que Jupiter, supérieur à ces vaines délicatesses et qui savait mieux employer le temps : une nuit signalée par la naissance d'Hercule devait être tout entière en action, et dans le vicaire d'Amphitryon, je n'aime pas à trouver un si grand discoureur. »

Ah ! que nous sommes loin de compte ! Ces subtilités nous charment ; elles sont si vraies au fond ! Est-il si étranger que Jupiter soit un peu jaloux de celui dont il prend la place et qu'il sent seul aimé. C'est pour son compte qu'il aurait voulu voir éclater ces transports de tendresse qui n'ont été adressés par Alcmène qu'à son Amphitryon. Cette fameuse jalousie de l'amant contre le mari, qu'on a cru être une découverte de l'auteur de *Fanny,* la voilà exprimée par Molière, et avec quelle grâce de langage, avec quelle harmonie de vers! Savez-vous rien de plus galant que le grand couplet de Jupiter :

> Ah! ce que j'ai pour vous d'amour et de tendresse
> Passe aussi celle d'un époux ;
> Et ne savez-vous pas dans des moments si doux
> Quelle en est la délicatesse ;
> Vous ne concevez point qu'un cœur bien amoureux
> Sur cent petits égards s'attache avec étude,
> Et se fait une inquiétude
> De la manière d'être heureux,
> En moi, belle et charmante Alcmène,
> Vous voyez un mari, vous voyez un amant :
> Mais l'amant seul me touche, à parler franchement,
> Et je sens, près de vous, que le mari le gêne.

Je m'arrête, car je copierais tout. Marivaux n'a rien écrit de plus délicat, de plus raffiné, et il ne l'a pas écrit dans cette langue.

Et si vous saviez comme Mounet-Sully nous a dit tous ces morceaux de bravoure! Le meilleur Amphitryon que j'eusse entendu avant lui, c'était Beauvallet, dont tout le monde se rappelle la voix puissante et profonde. Mais Beauvallet était déjà vieux, de visage sévère et même grognon ; il avait de plus adopté, sur la fin de sa vie, un système de *déblayage* qui était insupportable. Il disait tout d'une haleine, sans inflexion, sans nuances, une douzaine de vers pour en détacher un dont il attendait plus d'effet.

Et parfois même, quand le rôle ne lui plaisait pas, il ne détachait rien du tout, il enveloppait tout le morceau d'un ronron grave et monotone. Ce n'était pas précisément un triste Jupiter, car il avait tout de même bien du talent, mais c'était un Jupiter triste. Mounet est incomparable dans ce rôle. Il y déploie une tendresse toute pleine de noblesse et de grâce ; il laisse à la phrase musicale tout le charme de sa sonorité. C'est un ravissement de l'entendre, et j'ajouterai même, si l'on veut, que c'est un plaisir de le voir.

Thiron jouait Sosie. Il y est charmant, d'un naturel parfait et d'une gaieté étonnante. J'aime moins Féraudy dans Mercure; il y est très adroit comédien, mais on ne sent pas assez, ce me semble, dans sa diction, la gouaillerie de ce dieu, qui par sa planète est porté à la malice, et s'amuse lui-même des bons tours qu'il joue pour se désennuyer, à ce pauvre diable de Sosie. De Féraudy a toujours le jeu réglé et juste. Je souhaiterais parfois plus d'éclat. Il est maintenant en pleine possession de talent : il a conquis sur le public une grande autorité; il ne risquerait rien à se livrer davantage.

Je lui ferai remarquer aussi que dans le prologue il parle ou trop vite ou pas assez haut. Il est juché sur un nuage; il faut donc qu'il élève la voix davantage ou presse moins le débit, s'il veut que les paroles arrivent jusqu'au public. Et c'est vraiment dommage quand un des vers de ce prologue étincelant se perd en route.

Mlle Samary faisait la Nuit. Oh! celle-là, à la bonne heure! on l'entend toujours. Sa voix perçante et moqueuse entre dans l'oreille comme une vrille. Elle a fait sa partie dans ce duo avec le plus malicieux enjouement qui se puisse voir.

Le rôle d'Amphitryon n'est pas bien bon, je l'avoue; mais Laroche le joue avec une telle sécheresse, qu'il semble encore plus maussade.

Il y a des scènes dont on pourrait tirer parti : celle de l'interrogatoire pourrait être animée des sentiments les plus vifs d'étonnement, de colère et de douleur. Laroche est toujours âpre et froid.

L'acte trois s'ouvre par un monologue, où Amphitryon repasse en son esprit toutes les raisons qu'il a d'espérer et de craindre. Il est admirable, ce monologue ; il serait facile, je crois, de s'y tailler un grand succès, en le détaillant. Mais, Laroche l'expédie, à la grosse, de son air maussade et de sa voix monotone. Il semble avoir pris le rôle en grippe. Il a tort.

C'est que, voyez-vous, il n'y a pas de rôle absolument mauvais dans Molière. Le moindre a encore son prix.

Vous trouverez parmi les généraux thébains un certain Argatiphonthidas qui n'a en tout que vingt vers à dire. Ces vingt vers suffisent à Molière pour dessiner une caricature. Argatiphonthidas, c'est le capitan bête, le matamore bravache et ridicule :

> Quand quelqu'un nous emploie on doit tête baissée
>   Se jeter dans ses intérêts,
> Argatiphonthidas ne va point aux accords...
> Et l'on doit commencer toujours, dans ses transports,
>   Par bailler, sans autre mystère,
>   De l'épée au travers du corps.
>   Oui, vous verrez, quoi qu'il advienne,
> Qu'Argatiphonthidas marche droit sur ce point ;
>   Et de vous il faut que j'obtienne
>   Que le pendard ne meure point
>   D'une autre main que de la mienne.

Quel dommage que Joliet ne sache rien faire de ce couplet si caractéristique. Ah ! si Got voulait bien pour une fois se charger de ce bout de rôle !

Mme Pauline Granger a obtenu dans celui de Cléanthis un des plus grands succès qu'elle ait jamais emportés dans sa carrière déjà longue d'artiste dramatique. C'est la meilleure Cléanthis que j'aie vue, depuis Mlle Augustine Brohan, qui dans ce personnage était supérieure à tous, et même à elle-même. Mme Pauline Granger ne saurait nous rendre ce modèle inimitable : elle en a approché. Elle y a déployé une franchise et une verve qui ont à diverses reprises enlevé le public.

Mlle Augustine Brohan lançait le fameux : *Non, lâche!* d'une voix gouailleuse et indignée qui avait le retentissement de la trompette de Jéricho. Mme Granger, qui n'a pas cette trompette dans le gosier, l'envoie avec une compassion mêlée de mépris, qui est également plaisante. Mme Pauline Granger a justifié une fois de plus les amateurs qui, avant la décision du comité, l'avaient promue au rang de sociétaire.

J'arrive enfin à la débutante, en l'honneur de qui se donnait la fête. Mlle Rosa Bruck est sortie cette année du Conservatoire avec un premier prix. Mais déjà elle appartenait depuis l'année dernière au Théâtre-Français, qui se l'était attachée par avance.

Mlle Bruck est une grande jeune fille, mince, svelte, élancée, de tournure et d'allure très élégantes; le visage est agréable; de beaux yeux noirs très expressifs; une physionomie intelligente et douce. Elle est de la famille de Mme Sarah Bernhardt, qui a bien voulu lui donner quelques leçons. Et l'on s'en aperçoit à certaines façons de détacher les *t*, à certains ports de voix dont elle se défera plus tard, quand elle aura passé l'âge de l'imitation.

Le rôle d'Alcmène n'était pas trop bien choisi pour cette frêle enfant de dix-huit ans. Alcmène est certes une jeune mariée, mais les propos que lui prête Molière ont besoin d'être débités avec une audace tranquille qui ne saurait convenir à une petite pensionnaire.

Il faut avoir de larges épaules, un corsage richement meublé et un visage plein d'assurance paisible pour dire :

> Ai-je fait quelque mal de coucher avec vous?

On me conte qu'au temps où M. Thierry remit la pièce

à la scène, il voulait que Mlle Madeleine Brohan changeât le texte du vers et dît :

Ai-je fait quelque mal? Que me reprochez-vous?

Mlle Madeleine Brohan se refusa énergiquement à cette substitution, et elle eut raison. Autant vaudrait ne pas jouer la pièce.

Mais il faut, pour sauver les hardiesses de ce dialogue, une placidité superbe que ne saurait posséder encore Mlle Rosa Bruck. Elle écoute avec une chasteté douce ces galanteries passionnées et quintessenciées tout à la fois que lui débite Mounet-Sully, mais elle répond avec la timidité d'une jeune fille qui sort du couvent des Oiseaux.

On devait s'y attendre; et son attitude un peu gauche et sa voix un peu faible n'ont étonné personne. On a simplement remarqué son élégance aimable, sa diction juste et mesurée; on lui a su gré de ce qu'elle montrait déjà en attendant d'autres rôles où elle pourrait donner mieux sa mesure.

Un simple détail de toilette. Pourquoi sort-elle de sa chambre, reconduisant Jupiter, avec une couronne de fleurs sur la tête? Cette couronne, qui est fort lourde, ne l'embellit pas, il s'en faut. Elle a de plus l'inconvénient de n'être pas trop en situation. Il me semble me rappeler avoir vu Mlle Madeleine Brohan sortir de l'appartement, les cheveux flottants en boucles sur l'épaule; la coiffure était plus gracieuse et en même temps plus significative. Au reste, je n'attache, comme vous le savez, qu'une médiocre importance à ces détails de costume. Pourvu que l'aspect général soit agréable, c'est tout ce que je demande. Si j'ai parlé de cette couronne, c'est qu'elle m'a paru pesante et d'un vilain effet.

29 octobre 1883.

GEORGE DANDIN

I

CARACTÈRE DE L'OUVRAGE

Au temps de Molière, dans cette société où les hiérarchies sociales étaient si bien gardées, où c'était plus qu'un crime, c'était une faute de les violer, on sentait vivement le ridicule de George Dandin, s'ingérant d'épouser une demoiselle pour décrasser sa fortune. Ce George Dandin n'était, pour la bonne compagnie de Versailles, et même pour l'honnête bourgeoisie parisienne, qui savait se tenir à sa place, qu'un misérable sot, digne de tous les camouflets, ce que nos pères appelaient une figure à nazardes. Plus elles lui tombaient drues et cruelles sur le nez, plus on riait de bon cœur.

Molière qui est naturellement impitoyable pour les ridicules, qui a pour habitude de pousser contre eux jusqu'au bout la satire, semble s'être particulièrement acharné contre celui-là. Il a été certes bien cruel pour le pauvre M. Jourdain dont le seul tort après tout était de vouloir apprendre les belles manières et s'élever au-dessus de son état ; il l'a livré aux risées du public, victime d'une mystification odieuse. Mais qu'est-ce que la cérémonie du ma-

mamouchi en comparaison des coups de massue dont il assomme l'infortuné mari d'Angélique.

Songez que chaque acte se termine de la même façon, par des excuses solennelles que ce brave homme de paysan est obligé de faire d'abord à l'amant de sa femme, puis à sa carogne de femme elle-même, et à son beau-père, à genoux, le bonnet à la main, et que la comédie finit sur ce mot navrant : Quand on a comme moi épousé une méchante femme, il ne reste plus qu'à s'aller jeter dans l'eau la tête la première.

Molière ne s'est pas apitoyé un instant sur ce pauvre diable; et il est bien probable que la génération, pour qui il a écrit, ne sentait pas plus de compassion que le poète lui-même pour un imbécile qui avait eu des visées plus hautes que son état. Nous autres, gens de 1873, nous sommes moins touchés qu'on ne l'était alors du ridicule de cet ambition chez George Dandin. Nous ne le comprenons que par un effort d'érudition archéologique. Il faut nous arracher un instant à nos préjugés modernes et nous reporter dans un milieu qui n'est plus le nôtre. La chose nous est encore facile à la lecture, mais au théâtre, la sensation présente domine et emporte tout; l'intelligence a beau se débattre et protester; jamais plaisir n'y vint de la réflexion seule.

C'est pour George Dandin que nous prenons parti; la cruauté du sort qui le persécute, la barbarie du poète qui le flagelle à coups si pressés nous émeut et nous irrite; nous éprouvons un sentiment analogue à celui dont vous êtes saisi, quand vous voyez une troupe d'enfants martyriser un pauvre chien, rire aux éclats, tandis qu'il agite la casserole pendue à sa queue, et le traîner par les oreilles à la rivière, en poussant des cris de joie féroce. Vous êtes indigné; vous pleureriez presque sur cet innocent animal, en proie aux joyeusetés impitoyables de ces petits polissons. George Dandin nous fait aujourd'hui un effet à peu près semblable.

Peut-être encore au siècle de Louis XIV trouvait-on un ample sujet de rire dans les prétentions et les manières de M. et de M™° de Sottenville, ces gentillâtres de province, si entichés de leur noblesse, et dont les allures étaient si solennelles et le langage si imposant. Ces deux personnages avaient sans doute pour les contemporains la saveur qu'ont pour nous, par exemple, les caricatures de Prudhomme, le maître d'écriture, et du pharmacien Homais. Celles-ci seront-elles aussi amusantes pour nos petits-neveux qui n'auront pas vécu avec les originaux, qui ne pouvant pas distinguer les traits par où ils se rapprochent ou s'éloignent du bourgeois comme il faut, ne verront en eux que de prodigieux grotesques. J'imagine qu'ils resteront froids en les regardant.

16 février 1874.

II

L'INTERPRÉTATION DE « GEORGE DANDIN »

Quelques-uns de nos confrères ont réclamé contre la façon dont cette comédie de Molière est aujourd'hui rendue ; toutes leurs objections ont été résumées et expliquées avec beaucoup de sens, de verve et d'esprit, dans la *Revue bleue*, par M. J. du Tillet.

Il commence par reconnaître que Dandin est un personnage comique.

Mais, ajoute-t-il, d'où vient son ridicule ? De ce qu'il a épousé une « demoiselle » par ambition et de ce que ce mariage, au lieu des honneurs qu'il en attendait, ne lui a apporté qu'humiliation et gourmades ; c'est, si l'on peut dire, un comique intérieur plutôt qu'extérieur. Donc, plus Dandin sera « naturel », plus le ridicule sera fort. M. Laugier le joue comme il joue Albert des *Folies amoureuses*. Il en fait une sorte de fantoche, ahuri dès la première scène et ahuri de même à la dernière. Tout le long de la pièce, il lui donne l'allure du « commissaire » de l'ancien guignol, créé tout spécialement pour recevoir les coups de bâton de Polichinelle. Le côté général et humain, qui donne à la pièce son inquiétante grandeur, disparaît ainsi presque complètement. Si Dandin est grotesque en soi, grotesque comme le sont par exemple les personnages de Regnard, grotesque simplement parce que sa fonction est d'être grotesque, que nous importent ses mésaventures ? ce sont celles d'un pantin exceptionnel, que nous savons, dès le début, fait pour être bafoué et moqué ; ses malheurs n'ont rien de commun avec ceux qui peuvent atteindre l'humanité moyenne...

Et, plus loin, poursuivant son analyse et le développement de son idée, M. J. du Tillet dit encore :

Si j'osais, je réclamerais même contre la manière dont on joue M. et Mme de Sottenville. Elle est, je le sais bien, plus facilement défendable. Sans doute, Molière, comprenant la cruauté de sa comédie, a voulu l'égayer par quelques grotesques, comme il a égayé le *Malade imaginaire* par les Diafoirus et Purgon. Mais voyez quelle différence ! Ceux-ci sont grotesques par eux-mêmes et par l'appareil qui les entoure. Faites d'Argan un vrai malade et de Bélise la meilleure femme du monde, de Cléante un fripon et d'Angélique une coquette, Purgon et Diafoirus n'en seront pas moins de gigantesques et réjouissantes caricatures. Prenez maintenant M. et Mme de Sottenville ; supposez que Dandin soit un fripon ou un maniaque, Angélique une femme excellente et Clitandre un digne gentilhomme : y aurait-il grand'chose à changer à leurs rôles pour en faire de respectables figures de vieux gentilshommes à l'aspect un peu étroit, mais à l'âme généreuse? Qu'ils soient ridicules par leurs préjugés nobiliaires, je le veux, et d'ailleurs il le faut. Mais pourquoi n'en faire que des caricatures? Il me paraît bien qu'au moins la première partie de la comédie gagnerait en puissance, puisque nous verrions ainsi que la cause du malheur de Dandin est l'irréductible différence qui sépare une « demoiselle » d'un paysan, et non la sottise qu'il a faite en épousant la fille de deux vieilles bêtes.

Tout cela est fort bien raisonné ; le malheur est que l'interprétation conseillée par notre confrère a déjà été essayée, et sans ombre de succès. Got a joué George Dandin, et, comme M. du Tillet, il s'est dit : Mais Dandin n'est pas un grotesque ! C'est un homme qui souffre horriblement de la situation fausse où il s'est mis. Elle est navrante autant que ridicule, cette situation, et elle aboutit à un mot cruel, qui est le dernier de la pièce : « Il ne me reste plus qu'à m'aller jeter dans la rivière. »

Got est un comédien d'étude, un comédien profond, qui va d'un mouvement rectiligne et énergique au but qu'il s'est proposé. Il joua le rôle tel qu'il l'avait conçu, et ce fut, je puis l'affirmer à M. du Tillet, d'une exécution magistrale. Got emporta tous les suffrages, et la pièce tomba. Elle tomba comme peut tomber une pièce de Molière. J'entends par là que personne n'y trouva le moindre agrément et qu'il fallut la retirer au bout de trois ou quatre représentations. On en sortait oppressé et triste à mourir. Le spectacle de ce pauvre homme réduit à faire, la chandelle à la main, amende honorable à sa coquine de femme, au lieu de faire rire, avait désolé, et l'on avait à l'entendre comme un poids sur la poitrine. C'était du tragique, sans grandeur.

Est-ce là ce que voulait Molière ?

Il faut jouer les pièces comme elles ont été écrites. Tenez ! je suppose que, dans cinquante ans, le *Célimare le bien-aimé* de Labiche ait passé chef-d'œuvre, ce qui est possible après tout. Car c'est un des meilleurs ouvrages de ce maître du rire contemporain. L'idée première, comme dans toutes les comédies fondées sur une observation vraie, est profondément triste, et il s'exhale de toute la pièce un arrière-goût d'amertume. *Célimare le bien-aimé* est au répertoire de la Comédie-Française. Arrive un grand comédien, qui remarque que la position de Célimare entre les deux amis qu'il a trompés est fort triste, qu'elle comporte des colères, des ennuis et des remords. Il fait observer en même temps à ses camarades que les deux maris ne sont pas simplement deux fantoches échappés d'une fantaisie bouffonne, qu'il y a dans leurs rôles des traits de vérité poignante... Je me charge, quand on voudra bien, de prouver tout cela par raison démonstrative et texte en main. Les sociétaires de 1910, pénétrés d'un respect religieux pour la gloire de Labiche, se laissent persuader : ils font saillir de *Célimare le bien-aimé* tout ce qui s'y trouve d'observation triste. Ils sont loués par tous les esthéticiens de l'époque; mais la pièce assomme tout le public, qui consent à l'admirer sur parole, mais qui se garde bien d'y venir.

Molière était un malin, nous dirions aujourd'hui : un roublard. Il savait bien ce qu'il faisait. Il s'était rendu compte que le sujet choisi par lui était abominable et qu'il n'y avait qu'un moyen de le faire passer : c'était de le tourner en bouffonnerie. C'est pour cela qu'il a prodigué dans cette pièce les jeux de scène et les lazzi de la comédie italienne, c'est pour cela qu'il a multiplié les grotesques; c'est pour cela qu'il a outré jusqu'à l'extravagance la sottise du mari, l'aveuglement des parents et la gredinerie de la femme.

C'est ainsi que la pièce a été conçue et exécutée : c'est ainsi que la pièce doit être jouée. Il faut que tout le monde y pousse franchement jusqu'au grotesque. Si Dandin est trop vrai, trop navrant, il n'y a plus unité d'impression, et vous ne pouvez pas faire gambader des fantoches autour d'un personnage réel. Ou il ne faut pas représenter *George Dandin* ou il faut le jouer en caricature en marquant la charge de traits énormes, à la Daumier, sauvant ce que les situations ont de cruel et de désolant par un mouvement de fantaisie endiablée. Les dilettantes sauront bien reconnaître dans ce fond de bouffonnerie l'éternelle vérité humaine. Le gros du public se laissera emporter à cette allure rapide. Le Molière de *Dandin*, et même du *Malade imaginaire*, c'est du Labiche avec plus d'envergure.

31 août 1891.

L'AVARE

HARPAGON

Plus je revois l'*Avare*, plus je l'étudie, en me détachant autant que je puis des préjugés de mon éducation première, plus aussi je me convaincs que parmi les grandes œuvres de Molière, c'est une des moindres : admirable encore par parties et toute pleine de scènes étincelantes, qui sont restées dans toutes les mémoires; l'ensemble est manqué.

Je ne parle pas de la conduite de la pièce. Je crois bien que tout le monde aujourd'hui passe condamnation là-dessus. Il n'y en a point, même dans Molière, où l'exposition soit si pénible, si entortillée; où le dénoûment soit si absurde. Ce qui est même étrange, en ces deux scènes d'exposition qui n'en finissent point, c'est qu'elles sont mal écrites. Les phrases n'ont pas le mouvement scénique; elles sont difficiles à dire pour l'acteur, et il y en a dont je les vois toujours, quel que soit leur talent de diction, se démêler malaisément.

« Je me représente à toute heure, dit Élise à Valère, ce péril étonnant qui commença de nous offrir aux regards l'un de l'autre; cette générosité surprenante qui vous fit risquer votre vie pour dérober la mienne à la fureur des ondes; ces soins pleins de tendresse que vous fîtes éclater après m'avoir tirée de l'eau, et les hommages assidus de cet ardent amour, que ni le temps, ni les obstacles n'ont rebuté, et qui, vous faisant négliger, et parents et patrie, arrête vos pas en ces lieux, y tient en ma faveur votre fortune déguisée, et vous a réduit pour me voir à vous revêtir de l'emploi de domestique de mon père. »

Ah ! si ce n'était pas du Molière ! comme nous nous récrierions sur cet enchevêtrement d'incises, qui rendent le morceau si difficile à détailler ! Ce défaut est bien rare chez notre grand comique. On peut dire tout ce qu'on voudra de sa langue, Fénelon l'a accusé de barbarisme ; elle est souvent rocailleuse, et parfois même peu claire. Elle est toujours scénique ; elle se découpe par tranches, qui suivent le mouvement de la pensée du personnage, et qui règlent celui de la doctrine.

Harpagon est moins un caractère bien étudié et suivi en ses développements, qu'une collection de traits d'avarice, qui ne se tiennent pas tous. Le père Grandet, de Balzac, est tout d'une pièce, lui ; nous nous rendons compte de toute sa vie, et il n'y a pas un seul des mots qu'il prononce qui détonne sur l'idée que nous nous sommes formée de son avarice. Sa maison, sa femme, sa fille, ses relations l'expliquent et l'achèvent.

Vous faites-vous, après avoir écouté les cinq actes de Molière, une image bien nette de cet avare ? Est-ce qu'il a pour vous une personnalité très distincte ? Comprenez vous que cet homme ait un si grand train de maison, sans aucun goût de recevoir ? A quoi lui servent des chevaux, puisqu'il va toujours à pied ; un cuisinier, puisqu'il ne traite jamais ; deux domestiques, une cuisinière et un intendant, quand tout montre dans la pièce qu'il vit de la façon la plus retirée et la plus étroite ? Il semble que Molière ne l'ait entouré de tous ces accessoires que pour en tirer des effets de contraste comique. Il eût fallu les justifier au moins, en donnant à Harpagon un état dans le monde, un rang à soutenir, en mettant son avarice aux prises avec sa condition sociale.

Tel qu'il nous est présenté, Harpagon m'est incompréhensible. Pourquoi diantre s'en va-t-il la nuit, au risque des coups de bâton qu'il attrape, voler l'avoine de ses chevaux, quand il serait si simple de faire, du même coup, l'économie des chevaux, de l'écurie et du cocher ? Pourquoi hésite-t-il à faire l'achat d'une souquenille neuve pour ses valets, quand il lui serait si facile de se passer de ces fainéants ? Si encore on avait marqué chez lui une certaine envie de paraître ; si c'était un glorieux ! mais non, personne ne sait ce qu'il est, et peut-être Molière ne le savait-il pas lui-même.

Cette incertitude est pénible. Elle ôte au caractère toute sa netteté ; il semble qu'Harpagon ne soit plus qu'une abstraction, très puissante d'aspect, mais creuse et vide, où Molière s'est plu à ramasser tous les symptômes connus de l'avarice. La comédie est faite de morceaux, dont quelques-uns sont excellents, admirables même ; elle ne satisfait point l'esprit comme le *Tartuffe*, le *Misanthrope*, les *Femmes savantes*, le *Malade imaginaire* et tant d'autres.

Elle a encore cet inconvénient, qui n'est pas mince au théâtre : elle est morose et chagrine. Retranchez-en quelques scènes, dont le comique est irrésistible, et qui sont parmi les plus fortes qu'ait jamais imaginées Molière, l'impression générale n'est point de gaîté franche. J'oserais presque dire qu'elle ne va pas sans quelque ombre d'ennui. Je me défierais de cette sensation, si elle m'était personnelle ; mais je l'ai vue partagée par bien des gens, et depuis tantôt treize années que je vois l'*Avare*, en moyenne trois ou quatre fois par an, il m'a semblé remarquer que le public, sans trop se l'avouer, en était comme attristé.

13 octobre 1873.

TARTUFFE

1

« Tartuffe » et le public

J'avais lu avec une surprise extrême, dans le feuilleton de notre confrère en critique théâtrale J.-J. Weiss des *Débats*, ces quelques lignes que je demande la permission de vous mettre sous les yeux :

« L'*Avare* est, avec le *Tartuffe*, le morceau de Molière le plus rude à faire passer au théâtre. Ces deux comédies laissent le spectateur triste et en disposition désagréable. N'était le parti pris d'école et presque de faction qu'on y met, on conviendrait que *Tartuffe* n'est amusant d'aucune manière. »

Si Weiss s'était contenté de dire que *Tartuffe* ne l'amuse pas, lui, Weiss, personnellement, et qu'il aime mieux voir ou le *Jeu de l'amour et du hasard* de Marivaux ou les *Trois Sultanes*, ce délicieux chef-d'œuvre de Favart, ou même, dans un autre ordre d'idées, les *Diamants de la couronne* et le *Domino noir*, je me serais gardé de souffler mot, chacun étant libre de ses préférences ; et je sais assez mon Weiss pour comprendre ce qui le chagrine dans *Tartuffe*, et pour faire même dans ce dégoût si crûment exprimé la part de la boutade.

Mais Weiss affirme que *Tartuffe* n'est amusant pour personne, qu'il ne l'est d'aucune manière, et que, n'était le parti pris d'école et même de faction, tout le monde en conviendrait.

Je puis assurer à Weiss que je ne connais personne qui en convînt ; et ce n'est point du tout parti pris, c'est tout uniment que le fait sur lequel s'appuie notre confrère est tout à fait inexact.

De toutes les pièces de Molière, et j'oserais presque dire de toutes les pièces de tous les genres et de tous les pays, *Tartuffe* est la seule qui amuse également tout le monde, de quelque façon et en quelque théâtre qu'elle soit jouée.

Je n'ai pas vu *Tartuffe* dix fois, ni vingt, je l'ai vu des centaines de fois, et partout, et sur les scènes les plus infimes, et devant les publics les plus différents. Je l'ai vu en province, je l'ai vu à Montmartre, à Saint-Cloud, dans les théâtres innommés de la banlieue ; je l'ai vu jouer devant des spectateurs qui évidemment ne le connaissaient pas, qui peut-être ignoraient jusqu'au nom de Molière, et qui écoutaient *Tartuffe* comme ils auraient regardé *Geneviève de Brabant* joué par des marionnettes ! Eh bien, je puis dire à Weiss, et je ne crains pas d'être démenti par personne, que l'effet a toujours été prodigieux ; que le second acte a toujours mis la salle en joie ; que le troisième l'a tenue en haleine ; que l'admirable coup de théâtre du quatrième acte l'a toujours enlevée :

Ah ! ah ! l'homme de bien, vous m'en voulez donner ?

A ce vers, un rire s'élève de tous les coins de la salle : un rire de vengeance, si vous voulez ; un rire amer, un rire violent ; peu importe ! L'émotion est poignante, et elle est la même chez tous. Dirais-je à Weiss que cette émotion est d'autant plus vive que le public est moins lettré, et se laisse mieux, comme disait Molière lui-même, prendre par les entrailles.

Et je ne laisserai pas Weiss se retrancher sur le cinquième acte. Pour lui, la célèbre tirade de l'exempt :

> Nous vivons sous un prince ennemi de la fraude

est un de ces dénoûments dont parle Horace, quand il invoquait le *Deus ex machina*.

Mais tout public naïf en est profondément remué. J'ai toujours, pour ma part, entendu un murmure de joie et de soulagement s'élever, quand éclate le vers célèbre :

> Et vous, suivez-moi tout à l'heure
> Dans la prison qu'on doit vous donner pour demeure.

L'effet est instantané et prodigieux.

Au reste, Weiss peut consulter sur ce point tous les comédiens de France et de Navarre, sans en excepter un seul. Tous lui diront que, de toutes les pièces présentes, passées et probablement futures, *Tartuffe* est la plus facile, je ne dis pas à jouer parfaitement, mais à jouer, et que l'on y est toujours assuré du succès. Les rôles portent leurs interprètes.

Une demi-douzaine d'élèves du Conservatoire se réunissent pour donner une soirée à Étampes ou à Fouilly-les-Oies : ils choisissent *Tartuffe* : et ils ont du succès. Des cabotins de province veulent donner une représentation solennelle : ils choisissent *Tartuffe*, ils le récitent en prose et ils ont du succès. Vous pouvez jouer *Tartuffe* dans une grange et en habit de ville, et vous aurez du succès. C'est que *Tartuffe* est, en même temps qu'une comédie de mœurs et une étude de caractère, un drame de situation. Je défie qui que ce soit au monde (sauf Weiss, bien entendu, mais les gens d'un goût particulièrement délicat sont terribles) de ne pas frémir de joie et d'attente quand Orgon soulève de sa tête le tapis de la table, après la scène de Tartuffe avec Elmire. Je défie qui que ce soit au monde de ne pas sursauter au mot terrible :

> C'est à vous d'en sortir, vous qui parlez en maître.
> La maison m'appartient...

Et je supplie mon ami Weiss de remarquer que je ne parle pas de la beauté du coup de théâtre ; je ne suis pas assez sot pour m'ingérer de faire leçon à un homme d'un si grand goût et d'une éducation si raffinée. Non, c'est une question de fait que je discute avec lui. Il prétend que le public reste insensible à ces émotions et s'en retourne ennuyé, chagrin. J'affirme le contraire, mais lui, il dit cela *de chic*. J'ai sur lui cet avantage que depuis vingt-cinq ans j'ai passé ma vie dans les théâtres, dans tous les théâtres, y allant chaque soir, n'ayant d'autre occupation ni d'autre plaisir ici-bas que de noter les impressions des divers publics dont je faisais partie, et de chercher, quand par hasard je ne les partageais pas, les motifs de mon isolement.

Weiss m'avouera bien que, sur une question de fait, celui-là est plus compétent qui l'a plus souvent et plus exactement observé.

Veut-il se rappeler l'année où fut proclamée la liberté des théâtres ? Peut-être ne s'en souvient-il plus ; il était, en ce temps-là, fort enfoncé dans la politique courante et ne s'occupait guère d'art dramatique.

Eh bien ! tous les théâtres qui se piquaient un peu de littérature donnèrent à la fois le chef-d'œuvre de Molière. Ce fut une orgie de *Tartuffe* sur toutes les scènes de Paris. Et qu'il ne croie pas que c'était pour flatter l'animosité proverbiale des Français contre les jésuites. Les jésuites n'étaient pas sur le tapis de l'empire à ce moment. Non, c'est que tous les directeurs avaient compris d'instinct que de toutes les grandes œuvres de Molière, *Tartuffe* était la plus accessible, la plus émouvante, celle qui était la mieux taillée soit en forme de mélodrame, soit en forme de vaudeville.

C'est ainsi que *Tartuffe* était la seule qui pût être jouée au pied levé par la troupe courante. C'est une affaire et une grosse affaire de monter les *Femmes savantes*, le *Misanthrope*, l'*Avare* et tant d'autres comédies du maître. Je me chargerais de prendre n'importe où, n'importe qui et de mettre *Tartuffe* en scène.

Tartuffe est sans doute de tous les personnages de Molière le plus malaisé à rendre d'une façon supérieure. Mais c'est aussi le plus facile à jouer de tous les rôles, car il fait toujours de l'effet, joué n'importe comment. Vous pouvez y mettre soit une passion hautaine et âpre, comme Geffroy, soit une sensualité libidineuse comme Leroux, soit une papelardise onctueuse comme Febvre; vous pouvez même n'y mettre rien du tout comme Dupont-Vernon, il n'importe, vous ferez toujours de l'effet, parce que le rôle est à effet.

Et Elmire! j'ai vu toutes les Elmire de la création, depuis Mlle Mante (et c'est du plus loin qu'il me souvienne, car j'étais encore au collège en ce temps-là) jusqu'à Mlle Lloyd, qui le jouait hier, je n'en ai pas encore vu qui ne me fît rire en reculant son fauteuil au troisième acte, en s'écriant au quatrième :

> Quoi ! vous sortez si tôt !

Faites dire cela par qui vous voudrez, tout le monde partira de rire.

Et ce second acte ! ce malheureux second acte, qui forme comme une pièce dans la pièce, et qui s'y rattache pourtant par des liens si étroits. On nous le joue sans cesse au concours du Conservatoire; on n'a pu encore nous blaser sur tous les jeux de scène, si simples, si variés, si comiques !

Ah ! mon cher Weiss, j'aurais voulu que le hasard t'eût amené hier à la Comédie-Française, et je te cherchais des yeux tandis qu'on jouait le *Tartuffe*.

Dieu sait si c'était mal joué ! Non, tu ne peux pas te douter toi-même, qui es un délicat et un raffiné, comme c'était mal joué, ce *Tartuffe* de la Comédie-Française !

Eh bien ! tel est la *vis comica* de ce merveilleux drame, que la salle, en dépit des artistes, était prise et suivait l'action avec un intérêt passionné.

Mais pardon ! quand je me sers du mot *mal joué*, il va sans dire que je compare la Comédie-Française à elle-même. Il est clair que, si, au lieu de voir cette représentation rue Richelieu, j'y eusse assisté sur une scène inférieure, je n'aurais pas tari d'éloges.

5 novembre 1883.

II

LE PIVOT DE LA PIÈCE

On s'est beaucoup extasié sur l'artifice de Molière, qui n'a présenté son principal personnage qu'au troisième acte, alors qu'il était déjà connu, accepté, excusé par le public. Mais il ne me semble pas qu'on ait donné la vraie raison de ce long retard à introduire celui qui doit être le héros du drame. C'est une raison tirée des lois nécessaires de l'art dramatique; et en l'exposant nous nous trouverons écrire un des chapitres de cette esthétique du théâtre, que nous avons commencée.

Toute l'action repose sur la confiance prodigieuse que Tartuffe a su inspirer à son hôte Orgon. Cette confiance est telle que c'est plutôt de l'entêtement, de l'infatuation, une aveugle et inexplicable infatuation. Si elle n'existait pas, et au degré inouï auquel Molière a cru la devoir pousser, il n'y aurait plus de pièce.

Tartuffe s'est en effet impatronisé dans une famille, où tout le monde le déteste. La fille de la maison l'a en horreur, et la vieille gouvernante, qui depuis trente ans a son franc parler, ne se gêne point pour dauber sur son compte, avec la langue bien affilée des soubrettes. La femme est une bonne, honnête, douce et spirituelle créature, qui n'a ni le tempérament bien impétueux, ni les passions très vives. Elle n'est pas capable de ces haines vigoureuses que donne le vice ; peut-être même sent-elle pour ce gros homme, chez qui elle devine d'instinct de secrets et puissants désirs, une sorte de pitié presque attendrie ; car elle est coquette au fond, et cet amour la flatte. Mais elle est trop sensée pour ne pas voir que Tartuffe ruine son mari, brouille son ménage, met partout le désordre, qu'il est une dangereuse vipère : elle ne l'aime point, elle s'en défie.

Le frère est un philosophe, qui a d'un coup d'œil jaugé le pèlerin, et qui ne perd pas une occasion de dire à Orgon ce qu'il en pense. Le jeune fils, dont Tartuffe traverse les desseins et convoite la fortune, est profondément irrité contre lui ; il s'emporte en des colères de jeune coq, et ne parle que de lui couper les deux oreilles. Toute la famille est donc montée contre cet intrus, qu'elle a percé à jour, et qui demain, si Orgon l'en croyait, serait jeté à la porte.

Il n'a d'autre appui dans la maison que cet Orgon qui en est le chef. Il s'est emparé de son esprit ; il lui a, comme

8.

on dit, mis des coquilles sur les yeux ; et la prévention de cet imbécile est terrible autant qu'injustifiable.

Cette prévention, c'est le pivot du drame.

Il fallait donc l'établir si fermement qu'il ne prît à aucun spectateur la tentation de la discuter ou de la révoquer en doute. Il fallait que le public tout entier comprît et acceptât cet entêtement bizarre d'Orgon, pour un homme dont la friponnerie était si visible qu'il n'en vînt pas à se dire : « Oh ! non ; ce bourgeois est aussi par trop bête ! il donne dans d'impossibles bourdes qui ne tromperaient pas le dernier des sots ; je vois, moi, tous les fils blancs dont ses malices sont cousues ; ces fils sont gros comme des câbles, et, lui, l'idiot, il ne les aperçoit pas ! on n'est pas si crétin que cela ! Jamais la prévention n'a été poussée à ce degré ; c'est de la charge, de la caricature, et l'auteur se moque de nous ! »

Ces réflexions, jamais le public ne les fait. Elles sont pourtant naturelles, et des esprits très délicats les ont plus d'une fois démêlées. Elles forment le fond de cette critique indirecte que La Bruyère a hasardée du Tartuffe, en peignant son Onuphre.

A quoi se prend-il en effet dans le Tartuffe de Molière ? Un faux dévot, dit-il, ne joue pas à la ligne directe ; il ne s'insinue jamais dans une famille où il y a tout à la fois une fille à pourvoir et un fils à établir ; il y a là des droits trop forts et trop inviolables, etc. N'est-ce pas comme s'il disait : Jamais l'aveuglement d'un père n'ira jusqu'à dépouiller, en faveur d'un étranger, son fils et sa fille ? Et reprenant les causes sur lesquelles s'appuie cette prévention, il montre combien elles sont peu en rapport avec l'effet obtenu. Ainsi Tartuffe parle de sa haire et de sa discipline. Eh bien ! objecte La Bruyère, il n'y a rien qui ne mettrait mieux en garde contre l'imposteur que ce langage patelin.

Il sent à plein nez son hypocrite. Comment veut-on qu'Orgon en soit dupe? Et s'il ne l'est pas, adieu la pièce!

Vous êtes-vous jamais demandé sur quoi était fondée la confiance que, dans la vie, vous accordiez, pleine et entière, à tel ou tel individu dont vous étiez coiffé.

Tenez! il n'y a pas longtemps, je lisais dans la *Gazette des Tribunaux* le procès d'un chevalier d'industrie qui avait escroqué plus de soixante mille francs à un brave commerçant de Champagne. Il lui avait fait accroire qu'il était fils d'un prince russe, qu'il attendait des traites de son père; il avait compliqué cette histoire, assez commune, de récits d'aventures si prodigieuses, si invraisemblables, qu'à diverses reprises l'auditoire de la police correctionnelle éclata d'un franc rire et que le juge ne put s'empêcher de dire au témoin, dont la mine était assez piteuse :

— Mais, monsieur, comment avez-vous pu croire à ces contes des Mille et une Nuits?

— Que voulez-vous, monsieur le président : j'avais confiance.

J'avais confiance! tout est là. Mais si vous voulez pousser l'analyse plus avant, vous verrez presque toujours que la confiance repose sur des faits si petits, qu'ils sont échappés de votre mémoire. L'impression seule en est restée, d'autant plus ineffaçable, que les causes étant ainsi tombées du souvenir, elle ne peut plus être remise en discussion.

Voici un domestique qui vous vole, vous n'en savez rien, et vous êtes entêté de sa probité; c'est de l'engouement. Je viens à vous et vous demande sur quel titre vous basez cette foi parfaite en son honnêteté. Je vous mets au défi de répondre tout de suite. Vous vous écrierez comme Orgon :

> Ah! monsieur, vous seriez charmé de le connaître.

C'est un homme qui... un homme... ah!

Et vous ne sortirez pas de là. Vous ne vous rappelez aucun fait probant qui soit resté dans votre mémoire ; c'est un sentiment d'invincible confiance qui semble né de lui-même, le fruit d'une génération spontanée.

J'insiste cependant, et vous finissez par vous souvenir qu'un jour il a trouvé une pièce de cinquante centimes oubliée dans votre gilet, et qu'il l'a fidèlement déposée sur la cheminée de votre chambre. Une autre fois, en frottant, il a fait jaillir une pièce de cinq francs en or qui s'était glissée entre deux feuilles du parquet, et il vous l'a rapportée en triomphe.

Et si je vous dis : « Mais voilà qui est bien peu de chose pour vous avoir inspiré tant de confiance ! Peut-être y a-t-il eu là un calcul de sa part ?... » Vous haussez les épaules. Ce ne sont pas seulement les dix sous rapportés qui vous ont séduit, c'est la manière dont l'action a été faite, c'est l'air de franchise, c'est le regard d'honnêteté, c'est le je ne sais quoi. Et vous ne manquez pas d'ajouter en forme de conclusion : « Et puis, j'ai vingt faits pour un ! »

Non, vous n'en avez ni cent, ni vingt, ni dix. C'est à peine si vous en avez un ou deux, fort insignifiants pour tout le monde, mais qui pour vous, grâce au tour particulier de votre esprit, ou encore à la façon dont vous étiez disposé en ce moment-là, a pris à vos yeux une importance extraordinaire et fait sur votre âme une impression qu'elle n'aurait peut-être eu sur aucun autre.

La confiance est chose personnelle et incommunicable.

C'est ce qui explique l'aveuglement presque incroyable de certains maris, que l'on soupçonne bien à tort dans le monde de complaisance ou de sottise. Eh non ! ce ne sont pas des idiots ni de malhonnêtes gens. Mais ils ne voient point ce qui crève les yeux de tous leurs amis. C'est qu'ils ont des motifs particuliers de foi, que leur a préparés leur femme, et qui sont appropriés à leur tempérament ou à leurs préjugés. Elles excellent à cette besogne.

Lisez l'*Affaire Clémenceau*, de Dumas fils. Ida a eu tant d'amants, qu'elle se plaît à les réunir à la table de son mari, et que la salle à manger est pleine. Ce n'est pas un crétin que ce mari; il est intelligent, il est artiste, très amoureux d'ailleurs et fort jaloux. Il devrait être averti de son malheur; il devrait au moins être mis sur ses gardes par les allures fantasques et le langage excentrique de sa femme. Il ne se doute de rien; autour de lui, le secret des nombreuses amours d'Ida s'est ébruité; il est devenu même public; sa confiance reste inébranlée.

Sur quoi repose-t-elle? L'auteur n'a pas même pris la peine de le dire. Sur tout et sur rien.

— Sur quoi le croyez-vous? demande le commissaire à maître Jacques.

— Je le crois sur ce que je le crois, répond maître Jacques.

C'est l'explication de tous les entêtements. Je le crois sur ce que je le crois. Tous les motifs de croire étaient si petits, si familiers, si humbles, qu'ils ont disparu de la mémoire; ils étaient si personnels en même temps, si accommodés à notre façon de penser et de voir, qu'ils ont fait sur nous une impression profonde; cette prévention est telle qu'elle bouchera désormais les yeux et les oreilles.

Je crois bien que c'est l'auteur de l'*Affaire Clémenceau* lui-même qui m'a conté cette histoire. Elle est un peu bien réaliste, mais si topique!

Un de ses amis, très amoureux d'une maîtresse, femme du monde et veuve, est obligé de faire un long voyage, et, par un concours de circonstances où il est inutile d'entrer, il se trouve amené à la confier à un ami commun, qui avait été le confident de cette passion.

Quand il revient, la place est prise; et prise, on s'en doute bien, par l'ami lui-même. Il n'y a jusqu'ici rien de bien étrange dans cette histoire. Écoutez la suite. Le pauvre garçon était vraiment épris; il se désespère, il se répand en plaintes et en exclamations; il accuse la destinée et la légèreté des femmes, et va sans cesse répétant le mot si parfaitement inutile et si douloureux :

— Pourquoi ne m'aime-t-elle plus?

— Dame! avouez aussi, lui dit son ami le moraliste, que c'était bien imprudent à toi de la remettre aux mains à qui tu l'as donnée en garde.

— Est-ce que je pouvais me défier de lui?

— Pourquoi pas de lui?

— Allons donc!

— Mais pourquoi allons donc?

Ah! pourquoi? pourquoi? L'autre n'en savait plus rien. Il ne se défiait pas de lui, parce qu'il ne s'en défiait pas. Il n'avait pas d'autre raison. Mais encore? et à force de le tourner et de le retourner, de le presser de questions, Dumas finit par découvrir le pot aux roses.

— Eh! que veux-tu? mon cher, une femme qui était d'une propreté si minutieuse, si méticuleuse, que cela passe toute imagination! et elle m'avait fait querelle, quinze jours avant mon départ, de lui amener des amis dont les ongles étaient noirs. Est-ce que je me serais jamais imaginé!...

— Peut-être se les lave-t-il à présent, observa philosophiquement Dumas.

C'était là un fait bien mince. Il avait cependant suffi pour inspirer à ce pauvre garçon une confiance sans réserve. C'est qu'il avait frappé son imagination à un endroit qui lui était particulièrement sensible. C'est qu'il s'harmonisait à merveille avec des idées préconçues qu'il s'était faites sur sa maîtresse et sur lui-même.

Transportez ce petit détail au théâtre. Il ne touchera personne. Pourquoi cela? C'est que, pour la plupart des hommes, il n'aura point de signification. C'est que tous les spectateurs, ne sentant rien, se diront : Voilà un singulier idiot d'attacher tant d'importance à cette misère? Ils feront d'avance la réflexion que Dumas fit après. Ils trouveront que l'auteur se moque d'eux avec ces puérilités et ces minuties.

La prévention est donc à peu près impossible à porter au théâtre, avec les causes qui la justifient et la rendent vraisemblable. Elle l'était d'autant plus dans le sujet de *Tartuffe*, que Molière, prenant parti contre son héros, est obligé de mettre à nu sous les yeux du public son hypocrisie, et de la lui rendre odieuse et détestable.

Il fait son homme si grossier, si brutal, si parfaitement cynique, qu'il semble qu'il ne puisse se rencontrer un seul spectateur qui, au fond, ne soit révolté de l'inexplicable entêtement d'Orgon, qui ne le trouve absurde, et contre nature aussi bien que contre bon sens ; qui ne s'écrie contre lui-même : Non! cela n'est pas possible! Jamais je ne me laisserais prendre à des pièges si visibles, si imprudemment tendus!

Et cependant, j'en reviens là, le gros du public n'a point de ces révoltes. Il suit docilement l'auteur qui le mène. Il ne connaît aucun de ces scrupules que les délicats, comme La Bruyère, aient mis en avant. Il voit très bien que Tartuffe ne tromperait pas, avec ses mines, le dernier des sots, et il admet néanmoins sans protestation, qu'Orgon, qui n'est pas un imbécile, que l'auteur lui présente comme un honnête homme, un homme instruit,

> Qui, pour servir son prince, a montré du courage

se laisse prendre pour dupe à ces vaines simagrées.

Comment Molière en est-il arrivé là?

S'il nous avait tout de suite introduit Tartuffe, s'il avait cherché à nous expliquer par quels artifices son hypocrite avait peu à peu établi son influence sur Orgon, il se fût à chaque instant heurté à l'incrédulité du public. Car les génuflexions de Tartuffe, car son allure mystique, car son langage mielleux, nous paraissant ce qu'elles sont en effet, de grossières affectations, nous auraient d'autant plus irrité contre la sottise d'Orgon, et mis en défiance contre l'auteur.

Il commence donc par mettre sous nos yeux le spectacle de la prévention avec les effets qu'elle traîne à sa suite, sans nous parler des causes qui la produisent.

Nous n'avons pas encore vu Tartuffe ; nous ne savons ce qu'il est, ni de quels moyens il s'est servi, et déjà nous sommes en face de l'entêtement le plus incroyable qui se soit jamais produit dans le monde. Il est inouï, bizarre, invraisemblable ; toute la famille le déclare tel, s'en désole, s'occupe d'y remédier, mais l'admet comme un fait aussi vrai qu'il est inexplicable, et nous l'admettons après elle.

Comment ne l'admettrions-nous pas ? Est-ce que ce n'est pas ainsi que les choses se passent dans la vie ? Toutes les fois qu'un homme est chaussé d'une idée, qui semble biscornue à tout le monde, ou s'est coiffé d'une personne qui le trompe, est-ce que tous ceux qui l'entourent, parents, amis, voisins, indifférents même ne causent pas librement de cette prévention ? Est-ce qu'ils ne s'en étonnent pas ? Est-ce qu'ils ne la reprochent pas à l'homme qui en est atteint ? Est-ce qu'ils ont jamais rien obtenu par ces avis charitables ? Est-ce qu'ils n'enfoncent pas plus avant dans son entêtement celui qu'ils en veulent tirer ?

Ce spectacle vous est très familier. Vous l'avez vu dix fois. Molière le porte à la scène. Au lever du rideau, toute la famille est réunie, en l'absence de son chef parti pour un voyage. De quoi s'entretient-on ? de son déplorable engouement. Chacun en dit son avis, mais personne ne le révoque en doute.

Le maître arrive, et dès les premiers mots, cette prévention éclate avec tout son odieux et tout son ridicule. Il demande des nouvelles de la maison; Dorine lui répond que sa femme est malade; et lui de s'écrier : « Et Tartuffe ! » Et il répétera ce mot trois ou quatre fois, tandis que sa servante lui rit au nez.

A ne prendre la scène qu'au point de vue d'une vraisemblance étroite, peut-être est-elle poussée à la charge, bien qu'en fait de prévention aucun excès ne soit impossible. Mais comme elle marque d'un trait lumineux et profond l'entêtement d'Orgon pour Tartuffe! Après cette sortie, rien n'étonnera plus d'un homme si prodigieusement prévenu.

Orgon reste seul avec son frère; et ce frère qui est philosophe, qui sait raisonner, s'y prend avec lui comme on fait dans le monde avec tous les gens entêtés d'un homme ou d'une idée :

— Mais, voyons, sur quoi vous êtes-vous ainsi coiffé de lui?

Et lui, il répond aussi, comme tous ceux qui sont dans son cas :

— Ah! mon frère, vous ne le connaissez pas! Ah! si vous le connaissiez! je suis tout autre depuis qu'il est chez moi! Ah! si vous saviez !

Et le voilà qui conte, comme des merveilles, les quelques menus faits qui lui reviennent à la mémoire : Tartuffe lui a donné de l'eau bénite à la porte ! Tartuffe lui a refusé de l'argent qu'il lui offrait ! etc.

— Et c'est là-dessus que vous vous enflammez! s'écrie Ariste.

Et tout le public après lui s'écrie de même : « Et c'est là-dessus qu'il s'enflamme ! »

Oui, mais voilà qu'à présent, c'est une affaire faite. Cet entêtement d'Orgon est admis, consacré. On le suppose capable de tout ; Orgon songe à marier avec ce cuistre sa fille qui le déteste ; on s'apitoie sur cette jeune enfant ; mais on comprend la sottise affreusement tyrannique d'Orgon : on ne la discute plus. Elle est pleinement, absolument établie, quand Tartuffe entre au troisième acte.

La conduite de Tartuffe est bien abominable. Elle serait incompréhensible, ridicule même, si Molière ne nous avait, à l'avance, par deux longs actes, enfoncé dans la cervelle cette idée de l'extrême prévention d'Orgon. C'est elle qui donne à Tartuffe son audace. Le public répète avec ce maître fourbe :

> C'est un homme entre nous à mener par le nez,
> Et je l'ai mis au point de tout voir sans rien croire.

Et voyez le parti que Molière tire de cette lente préparation. C'est au troisième acte. Tartuffe a fait sa déclaration à Elmire ; il a été entendu par Damis, et au moment où Orgon arrive, Damis lui conte l'incident, tout frais encore.

Vous savez comment Tartuffe se justifie :

> Oui mon frère, je suis un méchant, un coupable... etc.

Vous connaissez la scène.

La tirade ne répond à aucun des faits allégués, elle ne les dément pas même. Il semble qu'Orgon devrait demander des renseignements plus catégoriques. Mais il s'est fait une révolution dans son âme, révolution tout intérieure, qu'il ne trahit par aucun aparté, que rien n'a pu nous faire soupçonner, et pourtant, quand il se tourne vers son fils, et qu'il lui crie tout d'un coup :

> Ah! traître, oses-tu bien, par cette fausseté
> Vouloir de sa vertu ternir la pureté !

Toute la salle a compris! elle éclate de rire! Orgon n'a pas besoin de donner d'explications ; c'est la suite naturelle de son entêtement. De même qu'il s'est laissé duper à des affectations niaises d'allures dévotes, il est encore pris cette fois à un piège si grossier que personne ne s'y tromperait.

Tout accuse Tartuffe, et la sincère indignation de Damis, et le langage embarrassé de la femme, et la contenance des trois personnages ; mais l'entêtement est le plus fort. Comme on dit dans la scène du *Légataire* : c'est sa léthargie ! Le public tout entier répéterait : C'est sa prévention !

Le sujet m'a entraîné, et je n'ai point parlé du personnage même de Tartuffe. Mais j'aurai occasion d'y revenir. C'est l'éternel honneur de ces chefs-d'œuvre qu'il soit toujours amusant d'en parler, qu'on y trouve toujours des sujets d'observations nouvelles, et qu'après deux siècles d'études critiques, il se rencontre encore des points que l'on se sente l'envie d'éclaircir davantage.

13 novembre 1871.

III

ELMIRE ET TARTUFFE

Il est d'abord évident qu'Elmire ne doit pas aimer son mari. Les femmes qui aiment leur mari répandent autour d'elles un parfum particulier dont la vertu propre est d'écarter les soupirants. Tartuffe, qui est un homme d'esprit ne s'y frotterait pas. Aussi, Molière l'a-t-il mariée, jeune encore, à un veuf déjà père de deux grands enfants. C'est un mariage de raison et de convenances.

Ce mari est riche et mène un grand train de maison. Elmire est honnête femme sans doute, mais elle est coquette. La cour et la ville affluent chez elle, qui n'est qu'une bonne bourgeoise, après tout ; elle reçoit tout ce monde et le voisinage en jase un peu. Pour elle, elle a de l'esprit, aime les beaux ajustements et fait figure parmi tout ce monde. Je n'invente rien : relisez la première scène du *Tartuffe*, vous y trouverez tous ces détails.

De quoi peut-on causer chez elle ? Eh ! mais de ce qui faisait le fond de toutes les conversations en ce temps-là, l'amour ! ou plutôt des propos de galanterie spirituelle et aimable, une escrime de coquetteries sans conséquences et de charmants badinages.

A ce jeu, Elmire a dû naturellement devenir d'une certaine force. Elle est habituée à entendre tout ce qui se dit à mots couverts et à y répondre sans hausser le ton d'une voix paisible et moqueuse à la fois. Ce n'est pas la coquetterie féroce de Célimène qui s'en va chercher les amoureux, joue avec eux comme le chat avec la souris, leur déchire le cœur d'un coup de patte, et se lèche les lèvres de plaisir à voir le sang couler. C'est une coquetterie nonchalante : celle d'une honnête femme qui est bien aise de s'entendre conter des douceurs et qui est assez sûre d'elle-même pour savoir qu'elle n'en sera jamais émue et n'en souffrira point ; bonne d'ailleurs et compatissante ; incapable de sourire malignement à l'expression d'un sentiment vrai, de s'amuser d'une douleur sincère.

La voilà aux prises avec Tartuffe. Elle sait fort bien, quand elle entre dans cette salle, qu'elle va recevoir une déclaration. Oui, elle le sait, car Dorine a déjà remarqué l'amour de Tartuffe, et elle en parle, comme elle fait toujours, sans se gêner. Si la soubrette a pu surprendre ce secret, à plus forte raison n'a-t-il pas dû échapper à Elmire qui est intéressée à la chose. Et puis, est-ce qu'une femme n'est pas toujours avertie par un mystérieux pressentiment qu'elle est aimée ? Elle ne peut donc avoir ni étonnement, ni colère, ni dégoût.

Ce qui trompe là-dessus, c'est qu'à ce seul nom de Tartuffe, aujourd'hui, deux siècles d'horreur et de haine s'éveillent. On le tient d'avance pour un monstre. Mais non, Tartuffe, dans l'idée de Molière, est un homme du monde et qui peut plaire.

<blockquote>Sans être un damoiseau, Tartuffe est fait de sorte...</blockquote>

dit l'homme sage de la pièce. C'est cela, Tartuffe est fait de sorte qu'il lui est très permis, sinon de tourner la tête à une jeune fille de seize ans, qui en aime un autre, au moins de séduire une femme de trente-quatre qui n'aime pas son mari, et qu'il sait n'avoir pas d'amant en titre.

La petite guerre s'engage donc tout de suite entre eux deux, et selon le mode usité en pareille circonstance. Car on a toujours l'air de croire cette scène de séduction inouïe, invraisemblable, impossible. Point du tout ; elle se répète sans cesse dans le monde. Il est bien peu de gens à qui il ne soit arrivé de laisser ainsi traîner, sans avoir l'air d'y prendre garde, une main sur le dos d'un fauteuil, observant de quel air l'avance est reçue et tout prêt à la retirer si le poisson ne mord pas à la ligne.

Supposons qu'on vous dise à ce moment d'un ton rêche, avec un air de pudeur courroucée : Que fait là votre main ? Oh ! dame, alors, il ne vous reste plus qu'à replier les voiles, à vous retirer dans les lieux communs de la conversation générale, et à prendre congé en saluant.

Or, Tartuffe continue, et ce n'est pas un imbécile. Il faut donc qu'Elmire ne lui ait pas parlé ainsi. Et, de fait, elle a pris ce manège pour ce qu'il vaut, en femme qui en a vu bien d'autres, et qui sait tourner les choses en agréable badinage, parce qu'elle ne craint rien de son entraînement. Elle est honnête, spirituelle et froide.

Tartuffe a donc fait ces avances avec l'élégance leste d'un homme du monde en même temps qu'avec l'onction pénétrée d'un dévot, et il faut qu'Elmire le prenne sur un ton de joli badinage, sans émotion, en femme qui sait bien où l'on veut en venir, mais qui sait aussi qu'elle arrêtera les choses d'un mot quand il lui plaira.

Aussi, Tartuffe quand il voit la main repoussée du genou, la porte-t-il toujours indifféremment en apparence à l'épaule, si bien que l'autre s'écarte un peu :

> Ah! de grâce, laissez, je suis fort chatouilleuse.

Voilà le ton, c'est la coquette de bonne compagnie et spirituelle, qui est très habile à cette sorte d'escrime, et qui s'en amuse toujours un peu, alors même qu'elle s'en scandalise. Relisez la scène, vous verrez qu'avec infiniment de grâce et d'à-propos, elle arrête et détourne à chaque instant la déclaration qu'elle voit poindre sur les lèvres de Tartuffe, se plaisant ainsi à rompre les chiens ; et qu'enfin le voyant sans cesse y revenir, elle le laisse aller.

— Voyons comme il s'en tirera, semble-t-elle dire.

Et voulez-vous que j'aille jusqu'au bout de ma pensée? Eh bien ! je ne serais pas étonné qu'au fond, il n'y eût pas chez elle, à côté de cette curiosité de femme, je ne sais quelle compassion pour des souffrances qu'elle ne peut ni ne veut calmer. Savez-vous qu'il est bien éloquent, ce Tartuffe! car Molière, — et c'est là un trait de génie, — n'a pas voulu que l'amour de Tartuffe fût ridicule. Rien ne lui était plus facile que de lui mettre dans la bouche des façons de parler qui prêtassent à rire et en fissent un pitre de galanterie.

Tartuffe est sérieux ; il aime, il désire tout au moins, et tandis qu'il parle, Elmire entend distinctement pétiller dans les veines de ce gros homme horriblement sanguin le feu de ses désirs inassouvis. Elle en a pitié ; elle est indulgente pour ces maux dont elle est l'unique cause, et peut-être se dit-elle tout bas, non sans un certain plaisir d'amour-propre satisfait, le mot de son mari, le *pauvre homme!*

C'est ce qui explique qu'elle le laisse aller jusqu'au bout et que lui, il puisse si longtemps pousser sa pointe ; et quand il a fini, c'est sans aigreur, sans colère, sans orgueil de pudeur offensée, mais avec une malice presque souriante qu'elle lui dit :

— Ne craignez-vous point que je redise l'affaire à mon époux ?

A cette phrase, un héros de Dumas fils répond en semblable occasion : « Est-ce qu'une femme d'esprit parle jamais de ces choses-là à un mari ? » C'est ce que pense Tartuffe, et sa réponse montre bien qu'il a vu clair dans le jeu des sentiments par lesquels a passé Elmire durant cet entretien :

> Je sais que vous avez trop de bénignité, etc...

Faites d'Elmire une prude offensée, sa complaisance pour Tartuffe est absurde, son silence ambigu quand il est accusé par Damis devant Orgon est encore plus inexplicable. Si elle garde cette réserve, qui était nécessaire pour que la pièce eût lieu, c'est que Molière l'a revêtue d'un autre caractère que celui qui lui est donné par la plupart des comédiennes.

Il faut bien que, par intervalles, elles reviennent à la vérité. Car l'auteur l'a marquée en traits si expressifs qu'on ne saurait y échapper. Rappelez-vous la scène où Elmire promet de confondre Tartuffe en lui faisant poser le masque : — Faites-le-moi descendre, dit-elle à Dorine. Et comme Dorine lui représente que Tartuffe est rusé, et qu'il sera peut-être malaisé à surprendre : — Non, répond-elle.

> Non, on est aisément dupé par ce qu'on aime,
> Et l'amour-propre engage à se tromper soi-même.
> Faites-le-moi descendre.

Il n'est pas une actrice qui n'accentue ce second : Faites-le-moi descendre, de manière à lui faire dire : « Vous allez voir ! j'en ai roulé bien d'autres ! lui aussi il y passera ! il n'est pas de force ! » Mme Arnould-Plessy, jette la phrase avec un ton de sécurité triomphante qui est vraiment admirable. On ne craint plus rien de la scène qui va suivre. On sait trop bien dès lors que Tartuffe arrivera comme un mouton qui entre à l'abattoir pour y être égorgé.

Mais n'est-ce pas là le mot de la coquette ? Elle a déjà jouté avec Tartuffe ; elle le connaît à fond, elle est certaine qu'il sera incapable de lui résister. Une honnête petite bourgeoise, bien craintive, bien prude, et s'effarouchant d'une main posée sur le genou, ne parlerait pas ainsi ; elle ne s'exposerait même pas aux hasards d'une aussi scabreuse aventure.

Il faut, pour que cette terrible scène soit possible, la femme que Molière a peinte, honnête par défaut de tempérament, coquette d'une coquetterie nonchalante et spirituelle, avec une bonté indifférente qui se répand sur tout le monde ; n'aimant point son mari, dont elle dit avec un imperceptible haussement d'épaules : « quel homme ! » et peu capable d'en aimer un autre, mais se plaisant à jouer avec l'amour.

Aussi, ne suis-je pas d'avis que, dans la dernière scène où

Tartuffe va si loin, elle marque trop d'indignation et de dégoût. Non, un peu plus de sérieux, soit : car la situation est grave. Mais ce qu'elle sent surtout, la spirituelle coquette, c'est l'impatience d'avoir un mari si bête ; et la preuve, c'est qu'après cette effroyable algarade, son premier mot est de raillerie :

— Quoi! vous sortez sitôt!... Rentrez sous le tapis... il n'est pas encore temps...

Si elle était vraiment indignée, furieuse, blessée dans ses plus délicates pudeurs, elle parlerait d'autre style. Elle reste jusqu'au bout la femme que nous avons vue au premier acte, et telle qu'il fallait qu'elle fût pour traverser impunément des situations aussi dangereuses.

29 janvier 1872.

Elmire est devenue, grâce aux exégèses des critiques, presque aussi difficile à interpréter que Tartuffe. Tenez ! voulez-vous un exemple (entre cent) des incertitudes où nage une malheureuse actrice qui étudie ce rôle aujourd'hui ?

Vous avez tous présente à l'esprit la seconde scène du troisième acte où Tartuffe se voit pour la première fois seul à seul avec elle. M. Régnier croit et affirme que, si Elmire a demandé cette entrevue à Tartuffe, c'est qu'elle le sait amoureux d'elle, qu'elle compte l'engager dans une démarche compromettante, à la suite de laquelle il lui sera permis de dicter ses conditions.

Moi, j'estime plutôt (et précisément j'ai vu ce point traité avec de longs et curieux développements par Dupont-Vernon, dans la revue de mon ami Emile Mas : *la Vie théâtrale*) j'estime donc qu'Elmire a tout simplement l'intention d'obtenir de Tartuffe qu'il renonce à Marianne et presse, *sans nulle chicane*, le mariage de sa belle-fille avec Valère. Elle n'est pas assurément sans s'être aperçue que Tartuffe avait douceur de cœur pour elle. Mais elle n'est point assez perfide pour tabler là-dessus, ou tout au moins elle ne compte sur cette tendresse du pèlerin que pour rendre plus aisée sa négociation avec lui.

Eh bien ! Ne vous y trompez pas. Selon que l'on adopte l'une ou l'autre de ces deux interprétations, la scène prend une physionomie toute différente, et elle doit être jouée d'autre façon. Mme Plessy avait adopté la mienne, qui était celle de bien d'autres avant moi. Car je ne me donne pas les gants d'avoir rien inventé.

Elmire (en cette façon de comprendre la scène) n'est préoccupée que d'un souci : c'est d'exposer sa demande à Tartuffe. Elle l'interrompt à tous coups, pour le rappeler à l'objet de la conversation. Il lui fait des compliments sur le rétablissement de sa santé ; elle coupe court à toutes ces simagrées :

> J'ai voulu vous parler en secret d'une affaire...

Tartuffe revient par un détour à son idée. Elle l'arrête tout net :

> Pour moi ce que je veux, c'est un mot d'entretien,
> Où tout votre cœur s'ouvre et ne me cache rien.

Et Tartuffe repart sur ce mot : il tâte l'étoffe moelleuse de la robe d'Elmire, il s'extasie sur sa dentelle, qui est, dit-il, merveilleuse. — Il est vrai, répond-elle.

> Mais parlons un peu de notre affaire.

Elle le détourne encore, mais il est emballé ; il n'y a plus moyen de se mettre en travers ; elle l'écoute dire et, quand il a fini :

> La déclaration (lui dit-elle) est tout à fait galante.

Et Mme Plessy mettait dans ce mot, la dé-cla-ra-tion, dont elle élargissait toutes les syllabes outre mesure, un sens énorme ; elle semblait lui dire : « Vous savez ! c'est une belle et bonne déclaration, une déclaration en due forme. Je ne devais pas m'y attendre ; j'ai fait tout ce que j'ai pu pour l'empêcher ; mais à présent, elle est faite, vous m'avez donné barre sur vous ; trouvez bon que j'en profite. Voici mes conditions... »

L'interprétation de la scène sera naturellement différente si Elmire a tendu un piège, où elle pousse lentement Tartuffe, où il finit par s'enferrer.

6 juillet 1896.

IV

ORGON

Tout le monde se rappelle ce passage où Orgon parle de Tartuffe à son frère :

> Mon frère vous seriez charmé de le connaître,
> Et vos ravissements ne prendraient point de fin.
> C'est un homme qui... ah !... un homme... un homme... enfin...
> Qui suit bien ses leçons goûte une paix profonde,
> Et comme du fumier regarde tout le monde.

Voici comment on dit ce morceau au Théâtre-Français. Quand l'acteur arrive au fameux vers : « C'est un homme qui... », il semble chercher une épithète assez forte pour caractériser un dévot aussi admirable ; il ne peut venir à bout d'en trouver ; il répète deux fois « un homme... un homme... » avec le ton d'une admiration passionnée qui n'a point de mots pour s'exprimer dignement ; puis, prenant son parti et changeant soudain de voix, comme si le mot *homme* résumait

toutes les qualités qu'il veut faire entendre : *un homme,
enfin*, ajoute-t-il, c'est-à-dire : *un vrai homme*, là, *ce qu'on
appelle un homme ;* pas *un bout d'homme*, un *avorton d'homme*,
mais *un homme véritable*, un *Homme enfin !* Et il reprend
alors, comme si un nouvel ordre d'idées commençait :

Qui suit bien ses leçons goûte une paix profonde, etc.

La première fois que j'entendis le passage ainsi interprété, je fus bien surpris, et crus que l'acteur s'était trompé.
Mais point ; je me convainquis bientôt que tous disaient de
même : M. Provost, M. Barré, M. Talbot, M. Saint-Léon.
Je m'informai près des comédiens. M. Régnier m'assura que
ce sens était de tradition, et que pour lui il n'avait jamais
songé à un autre. Mlle Augustine Brohan me confirma que
jamais elle n'avait entendu dire ces vers autrement et
qu'elle-même les comprenait ainsi.

J'avais fini par me rendre, vaincu, non convaincu. Mais
il paraît qu'il y a huit jours un feuilletoniste, M. Fournier,
je crois, a renouvelé la querelle au foyer de la Comédie.

Plus j'examine le vers de Molière, moins je me figure
qu'il lui ait donné le sens qu'on lui prête. Orgon cherche
une phrase assez forte pour exprimer son enthousiasme ; il
va toujours : *c'est un homme... un homme... un homme, enfin...* Cet *enfin* tient la place d'un mot qu'il a sur le bout de
la langue, mais qu'il ne rencontre point ; il désespère de le
trouver, et changeant brusquement l'ordre de sa phrase :

Qui suit bien ses leçons goûte une paix profonde.

C'est comme si je disais, voulant parler d'un canapé bien
commode, rembourré de coussins, et où il soit facile de s'al-
longer : « C'est un canapé qui... ah !... un canapé... un
canapé... enfin une femme qui s'y assied est une femme
endormie. »

Ou encore, pour louer une bouteille de vin excellent :
« C'est un bordeaux qui... un bordeaux... ah! un bordeaux...
enfin... une bouteille entamée est une bouteille finie. »

C'est comme s'il y avait : « La bouteille est telle qu'étant
entamée, on ne peut s'empêcher de la finir. » Eh bien! de
même, Tartuffe est un homme tel que : *Qui suit bien ses
leçons goûte une paix profonde.*

Remarquez que si vous n'adoptez pas cette interprétation,
la phrase étant terminée au mot *enfin*, les vers qu'ajoute
Orgon n'ont plus leur raison d'être. Ils sont là en l'air,
pour ainsi dire, et frappent à vide.

Je sais bien pourquoi les comédiens tiennent à cette
façon de rendre le passage : c'est qu'elle prête à un effet.
L'acteur dit les trois premières fois les mots *un homme*,
avec une voix de tête, et montant toujours par une sorte
de gamme ascendante ; puis, tout d'un coup, il l'interrompt
par un retour imprévu et dit de son ton le plus grave : *un
homme, enfin*. Ces changements soudains sont toujours comiques; sans compter que le public, sachant qu'Orgon
destine sa fille à Tartuffe, voit dans cette manière de comprendre le mot : *un homme*, un arrière-sens équivoque qui
excite le rire. Mais ce rire est grossier et de mauvais aloi ;
je persiste à croire que Molière n'en est pas coupable.

Je soumets la question à mes collègues de l'Université.
S'il s'en trouvait un parmi eux qui eût sur ce point des
renseignements particuliers ou des lumières nouvelles, je
lui serais fort obligé de m'écrire. L'équilibre de l'Europe
n'y est point intéressé, je le sais bien ; mais j'avoue qu'un
vers de Molière m'occupe infiniment plus que les affaires
du Mexique, où je ne comprends rien, non plus que la
Chambre.

30 juin 1862.

V

LE RÔLE ET L'AGE DE DORINE

Au deuxième acte de *Tartuffe*, Dorine, malgré les défenses du père, souffre que Lucile ait une entrevue avec Valère, son amoureux ; elle préside à cette entrevue ; elle regarde les amants se quereller, elle les réconcilie et rit de leur mine déconfite. Savez-vous bien que, si la scène est jouée par une soubrette accorte et délurée, elle devient tout à fait inconvenante ? Vous n'avez plus sous les yeux que deux polissons, se cachant de leur père, pour faire l'amour, sous les yeux et avec la complicité de la petite bonne, qu'ils ont mise dans leur intérêt.

Tout change si Dorine est une mère. Elle a tenu tête à Orgon, qui est infatué de son Tartuffe. Elle a eu souvent raison des résistances de son maître qu'elle connaît bien, et qu'elle ne craint guère. Elle en aura raison encore cette fois, car elle a pour elle le bon sens et la vérité. Elle ne craint donc pas, quand le chef de la famille a tourné le dos, de laisser sa fille causer avec l'homme qu'elle a choisi, qu'elle aime, qu'elle épousera un jour, parce qu'elle, Dorine, la vieille nourrice, se l'est mis en tête. Elle suit d'un œil maternel les ébats de ces deux jeunes amoureux qui se fâchent et qu'elle raccommode. Tous ces jeux d'amour sont des plus honnêtes, puisqu'elle est là, et qu'ils doivent, c'est elle qui en donne sa parole, aboutir au mariage.

Sentez-vous, à présent, quelle autorité doit avoir le personnage ? Autorité d'âge, autorité d'aspect, de voix et de jeu.

28 septembre 1885.

. . . .

L'étude que j'ai faite, dans mon dernier feuilleton, du rôle de Dorine m'a valu la lettre suivante, qui m'a paru très intéressante. Elle est de Coquelin, et je me ferais scrupule d'y changer un mot :

Mon cher Sarcey,

Vous dites beaucoup de bonnes choses sur Dorine. Mais pourquoi la vieillir, de grâce ? Dorine, vieille nourrice ! Où diable voyez-vous d'abord qu'elle ait nourri qui que ce soit ? Elle est une fille suivante, dit Mme Pernelle, et je n'ai pas besoin de vous renvoyer à la suivante de Corneille pour que vous vous rappeliez que le mot veut dire : demoiselle ou dame de compagnie, et parfois même de qualité.

Dorine n'est donc pas très inférieure à ses maitres. Elle a de l'éducation. Elle représente dans la maison la tradition de la première femme d'Orgon ; voilà d'où vient son autorité, son franc-parler, bien plus que de son âge.

Si elle était une vieille nourrice, est-ce qu'elle oserait montrer ce que Tartuffe la prie de voiler ? Est-ce qu'il aurait à craindre que cela lui donnât de coupables pensées ? Est-ce qu'elle porterait des rubans et du rouge ? Est-ce qu'elle mettrait des mouches ? Elle a trente-cinq ans au plus, et paraît moins.

Vieille, cette Dorine plus verdissante encore que la Suzanne de Beaumarchais ! Rappelez-vous ce qu'en dit Sainte-Beuve ; elle est ce qu'il appelle *le gros de la muse de Molière ;* sa verve drue et plantureuse, sa folle du logis.

Ah ! ne confondons pas la muse de Molière avec sa servante Laforêt qui était vieille, et il la consultait. Mais Dorine l'inspirait. Elle non, elle n'est pas vieille. Elle ne le sera jamais.

Tout cela, bien entendu, sans aucune question de personnalité.

Recevez, mon cher Sarcey, les meilleurs sentiments de votre bien dévoué,

COQUELIN.

Nous sommes, mon cher Coquelin, beaucoup moins loin l'un de l'autre que vous ne paraissez le croire. Moi aussi, je ne donne pas plus de trente-cinq ans à Toinette. J'avais pris soin de le déclarer en propres termes quand j'avais dit que Toinette était depuis quinze ans à la maison.

Elle y était entrée à vingt ; elle a donc trente-cinq ans, quarante au plus, si on admet vingt ans de service. A quarante ans, une plantureuse fille a encore de belles épaules à cacher.

Elle n'a point nourri les enfants ; mais, comme me le disait un de vos camarades du comité, dans une langue d'une familiarité pittoresque, « elles les a mouchés et torchés » ; elle a remplacé près d'eux la mère absente. J'ai eu tort de me servir de ces mots : vieille nourrice ! Vous me pardonnerez quand je vous aurai dit que je vis dans une maison où l'enfant dit tous les jours : *Ma bonne vieille nounou*, à une fille qui n'a que trente ans. L'expression était impropre, je le reconnais, et je la retire.

Mais je ne saurais vous passer que Dorine soit une dame de compagnie, d'une éducation à peu près égale à celle de ses maîtres. Elle a l'esprit plus droit qu'Orgon ; cela est possible, cela est même certain. Mais elle n'est après tout qu'une servante, et quand elle va trop loin, lorsque avec tout son bon sens, elle se laisse au cinquième acte emporter à une plaisanterie inconvenante, Orgon la remet fort bien, et d'un mot très rude, à sa place :

Taisez-vous, c'est le mot qu'il faut toujours vous dire !

Est-ce de ce ton que l'on parle à une dame de compagnie ? Décrassez Martine, mettez-la en condition chez Orgon ; qu'elle y apprenne le français, en écoutant ce qui se dira autour d'elle ; qu'elle prenne peu à peu, grâce à la confiance qu'elle inspirera, de l'empire dans la maison ; celle qui disait si plaisamment :

La poule ne doit point chanter devant le coq,

dira avec la même verve de bon sens, mais avec plus de correction et de tenue :

> Ceux de qui la conduite offre le plus à rire
> Sont toujours sur autrui les premiers à médire.

Toutes deux sont de la même famille. Dorine, c'est Martine éduquée et devenue maîtresse femme.

Et maintenant, mon cher Coquelin, il ne me reste plus qu'à vous remercier de votre charmante lettre. Si vos camarades pouvaient se mettre dans la tête que ces discussions courtoises intéressent cent fois plus le public que les récriminations aigres et même les railleries spirituelles !

5 octobre 1885.

M. DE POURCEAUGNAC

M. de Pourceaugnac a énormément amusé le public de la matinée, qui était plus spécialement composé de collégiens amenés là par leur famille. Il a beaucoup fait rire encore le soir messieurs les abonnés du mardi. C'était la coutume autrefois que M. de Pourceaugnac, poursuivi par les matassins, après s'être sauvé éperdu sur la scène, passât dans la salle et en fît le tour, traînant à sa suite la longue file des seringues toujours en joue... Ce jeu de scène avait été depuis longtemps supprimé. La raison en est simple. L'allée par où aurait dû passer l'acteur et à sa suite la bande des comparses, était encombrée de tabourets où les habitués de la maison prenaient place.

Il n'y avait pas en ce temps-là de strapontins se relevant d'eux-mêmes, mais l'ouvreuse avait je ne sais où des douzaines de tabourets, qu'elle échelonnait de la scène à la porte de sortie, dans le chemin de ronde de l'orchestre, les pressant les uns derrière les autres, et je me vois encore au rideau tombé, tenant mon tabouret à bout de bras pour laisser passer les spectateurs régulièrement assis dans leurs fauteuils. L'encombrement était parfois des plus gênants; personne ne s'en plaignait; l'accoutumance nous rend tout familier et commode.

Et si le feu avait pris? Jamais cette idée n'était venue à

personne. Le feu ne prenait pas, et voilà tout. Et le fait est qu'il n'a jamais tant pris dans les théâtres que depuis qu'on a multiplié les précautions. Je n'ai, pour ma part, depuis si longtemps que je fréquente la Comédie-Française, jamais entendu parler d'une alerte.

Aujourd'hui, il n'y a plus de tabourets, ce qui n'est pas un mal; il n'y a plus même de strapontins se relevant tous seuls, ce qui est une sottise, car ils ne gênaient aucunement la circulation; ils rendaient service aux amateurs, les soirs de grande presse, et accroissaient d'autant la recette quand le théâtre tenait un énorme succès. Mais on y reviendra tout doucement.

Enfin, pour le moment il n'y en a point; c'est ce qui a permis à M. Jules Claretie de rétablir la course folle de M. de Pourceaugnac autour de l'orchestre; ce sont divertissements du Mardi-Gras. La pièce a beaucoup amusé. Ce n'est pourtant pas une des meilleures de Molière; mais, comme il a mis partout sa marque, jusqu'en ses moindres œuvres, il se trouve dans *M. de Pourceaugnac* une scène de haute comédie, une scène que l'on cite toujours et dont on s'est encore, en ces dernières années, armé plus d'une fois comme d'un argument sans réplique, dans la discussion de la loi sur les aliénés. C'est celle où les deux médecins raisonnent gravement sur le cas de M. de Pourceaugnac, qu'on leur a livré comme un fou à guérir. Le malheureux Limousin a beau protester et se démener; chaque geste, chaque cri qui lui échappe est noté par les docteurs-jurés comme un symptôme d'aliénation mentale. La scène est très comique, mais de ce comique profond et triste, qui pousse à la réflexion plus encore qu'au rire.

Dans tout le reste, *M. de Pourceaugnac* n'est qu'une farce de carnaval, d'une grasse et plantureuse gaieté. Les tours qu'on joue à ce pauvre homme nous paraissent bien grossiers et quelque peu abominables. Nous avons la fumisterie plus spirituelle et plus délicate. Mais c'étaient les mœurs du temps. Nous voyons par Saint-Simon que la cour la plus polie de l'univers s'amusait de cette façon aux dépens de je ne sais quelle dame qu'on avait prise en grippe. On lui versait un purgatif dans le bouillon qu'on lui offrait, et on riait à se tordre de ses contorsions, quand elle souffrait d'une colique qu'il fallait dissimuler devant le roi. On lui plaçait des pétards sur la chaise où elle allait s'asseoir, et les gentilshommes, qui étaient une fleur de courtoisie, s'esclaffaient à la voir sauter en l'air. Les derniers rustres, aujourd'hui, ne se divertissent pas autrement au fond des campagnes les plus arriérées.

Coquelin cadet est un des plus amusants Pourceaugnac que j'aie vus. Il s'abandonne librement à sa verve de bouffonnerie et il est d'une joyeuseté irrésistible. Il a, dans cette pièce qu'il faut brûler, comme si l'on était au Palais-Royal, un entrain de tous les diables. Féraudy n'a qu'une scène, celle où l'apothicaire offre ses services à Éraste. Il l'a bégayée avec un art exquis. Et comme elle est jolie, cette scène ! Je disais tout à l'heure qu'il n'y en avait qu'une dans l'ouvrage où se retrouvât la main de Molière. J'avais tort, en vérité : que d'autres dans *Pourceaugnac* où l'auteur, sans rencontrer ce comique profond qui fait penser, abonde en saillies plaisantes, et se joue en imaginations légères ! Y a-t-il rien de plus fantaisiste qu'Éraste courant embrasser Pourceaugnac et lui demandant des nouvelles de toute la parenté qu'il ne connaît pas ? Et cet apothicaire que joue Féraudy ! cet apothicaire si parfaitement convaincu de l'efficacité des remèdes de sa médecine, quel type d'aveuglement et de bêtise ! Quels éclats de rire Féraudy a excités quand il a dit d'un air persuadé : « Voilà trois de mes enfants dont il m'a fait l'honneur de conduire la maladie, qui sont morts en moins de quatre jours, et qui, entre les mains d'un autre, auraient langui plus de trois mois ! »

Et comme Éraste lui répond, d'un ton d'ironie cachée, qu'il fait bon avoir des amis comme cela :

— Sans doute, reprend-il. Il ne me reste plus que deux enfants, dont il prend soin comme des siens; il les traite et les gouverne à sa fantaisie, sans que je me mêle de rien, et, le plus souvent, quand je reviens de la ville, je suis tout étonné que je les trouve saignés et purgés par son ordre.

C'est tout à fait le genre de plaisanterie que nous aimons aujourd'hui, l'outrance dans le grotesque, qui est le fond de toutes les scies d'atelier à la mode. La supériorité de Molière, c'est que, sous ces imaginations fantasques, il y a un fond de vérité : que de gens ont la cervelle ainsi faite qu'ils sacrifient à un préjugé même ce qu'ils ont de plus cher !

Deux médecins grotesques ont été rendus de la façon la plus drôle par Henry Samary et Gravollet. Il y a dans la pièce deux avocats chantants, l'un qui traîne sur les mots et répète avec emphase, en détachant chaque syllabe : « La polygamie est un cas pendable. » L'autre, remuant, sautillant, et bredouillant d'une voix rapide : « La polygamie... la polygamie... est un cas pendable. » Ce dernier a été représenté par Clerh qui nous a fait rire aux larmes. Quand Pourceaugnac, agacé de le voir toujours frétiller, s'est jeté sur lui à bras-le-corps pour l'arrêter un instant, toute la salle a éclaté, et à peine Pourceaugnac l'a-t-il lâché, que l'avocat reprend avec plus de vivacité encore, et son mouvement et sa chanson.

On sait que, dans *M. de Pourceaugnac,* Molière a lancé aux trousses du pauvre diable, mystifié et bafoué de cent façons, deux femmes qui assurent avoir été épousées par lui : l'une parle le languedocien et l'autre le patois de Picardie. C'était jadis Mlle Augustine Brohan qui, de sa voix chaude et joyeuse, débitait le couplet de la Languedocienne.

Quels rires dans la salle, bien que l'on ne comprît pas grand'chose à ce qu'elle disait! L'artifice, pour l'actrice, consiste à lancer d'une voix rapide, et pour ainsi dire d'un seul bloc, avec un mouvement endiablé, toute la tirade, en détachant sans avoir l'air d'y prendre garde, les mots qui se rapprochent du français et qui expliquent le reste. Le public, au théâtre, n'a pas tant besoin de comprendre que l'on croit bien; il se laisse aisément emporter au mouvement de la phrase, surtout quand il est rapide, et il se contente du sens général qu'elle lui apporte. C'est ainsi que Coquelin déblayait (c'est le terme d'argot) d'une voix puissante et gaie le récit de chasse des *Fâcheux* ou celui de la prise de bec des deux vieilles au dernier acte de l'*Étourdi*. Le public entendait vaguement qu'il s'agissait d'une bataille; mais il se laissait gagner à l'animation de l'artiste; il se figurait tous les épisodes de ce combat sur quelques mots qui éclataient çà et là à son oreille, à travers ce tourbillon de récit, et il riait plus encore de ce qu'il imaginait lui-même que de ce que lui peignait le poète.

20 février 1888.

LE BOURGEOIS GENTILHOMME

I

LES DEUX CARACTÈRES DE LA PIÈCE

La Comédie-Française a, comme on sait, célébré par une représentation de gala l'anniversaire de la deux-centième année de sa fondation.

On nous a donné les trois premiers actes du *Bourgeois gentilhomme*, c'est-à-dire tout ce qu'il y a d'important dans la comédie, car le reste, sauf deux ou trois scènes, n'est plus guère qu'un ballet que l'on nous servira jeudi prochain et dont les reporters nous décrivent les somptuosités par avance.

Mais, avant d'entrer en matière, je supplierai instamment mes lecteurs de ne point voir, dans les observations qui vont suivre, une critique de ce qu'a fait M. Perrin en cette circonstance. Je trouve fort bon que, dans une occasion pareille, il soit allé chercher une pièce de Molière d'un genre particulier et qu'il l'ait restituée dans son intégrité primitive avec tout le cortège de divertissements dont elle était accompagnée le jour où elle fit sa première apparition devant la cour du grand roi.

Cette fantaisie archéologique avait son excuse et son explication dans la solennité de ce centenaire. Elle a dû coûter fort cher à la Comédie, et il faut lui savoir gré d'avoir, à si grands frais, présenté aux amateurs parisiens un spectacle inaccoutumé et fertile en enseignements de toutes sortes. Je commence donc par remercier, et de tout mon cœur, M. Perrin du mal qu'il s'est donné, du goût exquis avec lequel il a opéré cette restitution, de la dépense royale à laquelle s'est résignée la Comédie-Française.

Voilà qui est fait, n'est-ce pas ? et sincèrement fait, je vous le jure. Mais, à présent, me sera-t-il permis de prendre texte de cet exemple offert par le hasard d'une circonstance unique pour montrer combien sont justes nos théories sur l'art dramatique ?

Je me souviens que c'était un des thèmes favoris de la conversation de Théophile Gautier de regretter que l'on ne reprît pas certaines pièces de Molière avec tous les accessoires qui en avaient, jadis, relevé la saveur.

Il aimait à prendre pour exemple, précisément, le *Bourgeois gentilhomme* et aussi le *Malade imaginaire*. Il lui déplaisait qu'on jouât cette dernière pièce en supprimant les ballets qui, du temps de Molière, y furent intercalés ; il regrettait surtout cette amusante scène où Polichinelle reçoit des chiquenaudes, puis des coups de bâton. Il prétendait que l'œuvre de Molière était mutilée et perdait toute sa signification, si l'on en retranchait tous ces agréments.

Et moi, je lui soutenais que la postérité a parfaitement le droit de choisir parmi les ouvrages des maîtres. Elle garde dans leur intégrité les chefs-d'œuvre, les œuvres maîtresses ; s'il s'y trouve quelques parties faibles, elle les conserve néanmoins, par respect pour la beauté souveraine de l'ensemble. Mais, à côté de ces ouvrages, absolument supérieurs, il s'en trouve d'autres, de moindre envergure où éclatent néanmoins, à travers beaucoup de défectuosités, quelques traits de génie. La postérité ne les laisse point tomber tout entiers par déférence pour le maître, par admiration pour le petit nombre de beautés répandues dans l'ouvrage. Elle en sauve les quelques scènes qui sont admirables ; le reste ne compte pas. Le reste, c'est affaire d'archéologues ; le grand public n'a plus rien à y voir.

Et pour prendre un exemple :

Le *Bourgeois gentilhomme* est, j'en conviens, une comédie-ballet d'un genre original que Molière a créé en se jouant. Les scènes de comédie n'étaient imaginées que pour amener des motifs de chœur ou de danse, et retirer de l'œuvre les chants et les ballets, c'était en enlever le *principal*, la raison d'être.

Oui, mais il est arrivé que, parmi ces scènes de comédie, quelques-unes étaient de premier ordre, que Molière les avait marquées de sa main puissante, qu'elles étaient faites pour traverser les siècles, pour charmer toutes les générations. Rien, au contraire, de plus transitoire que la musique de ce ballet, et le ballet lui-même. En ce genre, les œuvres supérieures elles-mêmes finissent par se démoder ; à plus forte raison, les ouvrages médiocres deviennent-ils assez vite insupportables.

La postérité n'avait pas tardé à faire le départ de ce qui était à conserver. Elle avait laissé tomber dans l'oubli chants et danses, n'en gardant que juste ce qu'il fallait pour rappeler aux amateurs le souvenir de l'œuvre primitive ; et des scènes de comédie, elle avait composé un ouvrage, imparfait sans doute, puisqu'il était impossible de n'y pas sentir des trous nombreux, mais amusant, mais digne d'être revu par le public.

En art, il n'y a que l'excellent qui compte. Molière en voudrait, j'en suis sûr, à ceux qui, par une superstition idolâtrique, prétendraient rendre à ses moindres œuvres leur physionomie d'autrefois, et jouer, par exemple, le *Dépit amoureux* en cinq actes ou le *Malade imaginaire,* qui est déjà fort long sous sa forme nouvelle, avec tous les divertissements dont il était accompagné jadis.

Telle était la thèse que j'exposais, et j'ajoutais que le *Bourgeois gentilhomme* en particulier, si on s'avisait jamais de le restituer en sa forme primitive, serait d'un ennui mortel ; et que d'une comédie fort gaie, on ferait un ouvrage d'ordre composite, un monstre très fatigant à voir.

M'étais-je donc trompé ?

Il est, certes, difficile de voir un plus beau spectacle que celui qu'a tiré M. Perrin des fouilles profondes exécutées par les archivistes dans la poudre des vieux documents ; voilà le costumes du temps, voilà la musique de Lulli ; voilà les ballets tels qu'on a pu, à défaut d'indications précises, les restituer d'après les airs qui y furent adaptés ; voilà tout l'extérieur du spectacle dont on a joui sous Louis XIV ; tout cela est exquis, charmant, délicieux, admirable, étonnant, prodigieux ; entassez, tant qu'il vous plaira, toutes les épithètes de Mme de Sévigné. Mais il n'y a pas à dire : on avalait sa langue. Jamais on ne s'est ennuyé à plus de frais.

Que voulez-vous ? Cette musique de Lulli, c'est peut-être fort curieux pour un mélomane du temps passé, pour M. Weckerlin : mais nous, nous avons beau faire pour nous y plaire ; c'est de la musique d'enterrement. Tous ces ballets nous semblent ralentir et interrompre l'action. Le premier acte nous paraît d'une longueur interminable. Un soupir de soulagement s'est exhalé discrètement de toutes les poitrines quand le rideau est tombé. On n'en pouvait plus. Que sera-ce quand nous aurons le grand ballet, qui forme ce qu'on appelle la *cérémonie turque,* Je sais bien que l'on ne peut guère s'en dispenser dans une représentation du *Bourgeois gentilhomme*. Mais, au moins, l'écoutait-on jadis du mieux que l'on pouvait, car elle est assommante. On assure que nous allons la voir se dérouler tout du long avec force nouveaux costumes et mélodies du temps.

J'aurais préféré que l'on portât son attention sur la façon dont l'œuvre, je veux dire la partie de comédie, celle qui constitue aujourd'hui pour la postérité le *Bourgeois gentilhomme*, sera interprétée.

On a choisi Thiron pour représenter M. Jourdain. Je n'y ai point d'objections. Thiron n'est pas du tout l'homme du rôle, qui exige beaucoup de naïveté et d'infatuation. Il est trop spirituel pour jouer au naturel ce ridicule imbécile. Mais il a ce rare mérite d'être toujours gai. Sa voix perçante amuse l'oreille et éveille le rire. Il y a des scènes qu'il a jouées à ravir, et notamment celle du maître à danser, où Truffier (le maître de danse), a été lui aussi d'un sérieux merveilleusement drôle.

Mais que de critiques à faire dans le reste de l'interprétation. Quand on pense que le rôle de Mme Jourdain a été confié à Mlle Jouassain ! Mais c'est là une erreur impardonnable, une hérésie ! Cette bonne Mme Jourdain, elle que Molière a peinte si avenante, si gaie, dont les traits et la voix devraient respirer la bonne humeur, une brave bourgeoise du dix-septième siècle, on nous la montre sous les traits de Mlle Jouassain qui a le visage sec et effilé, la voix perçante et criarde, la physionomie morose et revêche. Quel contresens ! et l'on avait sous la main, ou cette aimable Mme Madeleine Brohan ou, si l'on voulait absolument une soubrette, Mlle Pauline Granger, qui a de la bonne humeur dans la figure et dans la voix. Quand Mme Jourdain s'emporte contre un mot du marquis, qui lui a dit imprudemment :

— Jeune et belle, comme vous étiez, madame Jourdain, vous avez dû avoir beaucoup d'amants en votre jeunesse ?

Son *trédame !* paraît singulier de la bouche de M¹¹ᵉ Jouassain, qui a, depuis de longues années, abdiqué au théâtre toute prétention à plaire. Il ferait éclater de rire sur les lèvres de Mᵐᵉ Madeleine Brohan.

M¹¹ᵉ Jeanne Samary faisait Nicole. Elle était fort enrhumée ; elle a manqué la fameuse scène du rire, où j'entends retentir à mon oreille les prodigieuses gammes de rire qu'exécutait M¹¹ᵉ Augustine Brohan avec une virtuosité incomparable. M¹¹ᵉ Samary, qui est charmante dans le répertoire moderne, qui a joué notamment l'*Étincelle* d'une façon tout à fait supérieure, n'a pas l'ampleur ni l'éclat qu'exigent les rôles de Molière. Elle n'a été que gentille dans les scènes qui ont suivi ; elle a contribué pour sa part à l'effacement très réel de la partie comique dans l'œuvre du maître.

Je vais maintenant toucher un point plus délicat encore. Mais je ne saurais m'en taire, quelque admiration que je professe pour les artistes qui vont être mis en cause.

Vous savez que, dans le *Bourgeois gentilhomme*, Molière a répété, sous une forme un peu nouvelle, la scène du *Dépit amoureux* qu'il avait déjà replacée, et plus heureusement à mon avis, dans le second acte de *Tartuffe*. C'est une scène toute de convention. L'arrangement en est factice : le valet répète à tous coups ce qu'a dit le maître et la soubrette copie les réponses de la jeune fille. Puis, quand la querelle des deux amants à leurs maîtresses est épuisée, les hommes feignent de partir et sont poursuivis par les deux femmes à la queue leu leu, jusqu'à ce que la même discussion reprenne, mais cette fois, par un revirement familier au vaudeville, des deux maîtresses à leurs amants ; à la suite de quoi, même fuite et même poursuite en sens contraire.

Relisez cette scène, dont je ne puis vous donner par la description qu'une idée très inexacte, vous verrez qu'elle devrait être menée avec un train d'enfer; les répliques devraient se succéder comme un tourbillon; les deux promenades devraient être deux courses échevelées. C'est de la folie gaie, vive et brillante.

Eh bien! le croiriez-vous? les comédiens ordinaires de la République exécutent la scène comme s'ils officiaient à la messe. Delaunay lance magistralement ses répliques comme s'il avait devant lui ses élèves du Conservatoire, et qu'il voulût leur indiquer comment il faut dire. Au moment de la fuite, il s'en va, d'un pas solennel, suivi de Mlle Reichemberg, qui marche comme un enfant de chœur derrière le chantre de la paroisse, et tous deux traînent à leur suite le second couple, celui de Coquelin cadet et de Mlle Samary, sérieux comme âne qu'on étrille.

Mais sapristi! ayez donc l'air de vous amuser, si vous voulez que je m'amuse. Molière a deux cents ans; mais vous n'en avez que vingt; vous êtes jeunes, ardents, gais, amoureux, pourquoi diable avez-vous donc la goutte au pied et à la langue? J'enrage quand je vois ainsi tous les mouvements se ralentir à la Comédie-Française. On m'assure qu'il en va de même à l'Opéra. Les musiciens s'en plaignent. Comme ils ont raison! C'est dénaturer un chef-d'œuvre que d'en changer le mouvement.

25 octobre 1880.

II

DORIMÈNE

Il y a deux façons d'interpréter le rôle de la marquise. Dorimène doit être, à ce qu'il me semble, une jeune veuve un peu légère, sans doute, mais honnête, mais spirituelle, qui voit la meilleure compagnie et qui est très digne d'être reçue par elle. Elle ne sait rien des turpitudes de ce Dorante qui lui fait la cour; elle accepte ses dîners et ses cadeaux sans se douter qu'un autre les paie; elle rit du bourgeois gentilhomme sans soupçonner que le plus clair de sa fortune vient de lui; elle ne songe qu'au mariage, qui raccommode toute chose. Elle ne doit exciter ni commisération, ni mépris, ni haine : c'est une jolie jeune personne qui marche gentiment sur un pavé crotté, sans y salir le bord de sa bottine. C'est la Dorimène de Molière, telle qu'il l'a vue et représentée sur la scène.

Mais on peut encore prendre ce rôle d'une autre façon. Dorimène peut fort bien être une coquette sur le retour, qui lutte depuis longtemps, avec plus de persévérance que de bonheur, contre le triste progrès des années. Quelques illusions sont parties déjà; beaucoup d'autres choses ont suivi, dont la perte n'est pas plus aisément réparable. Les Sénèque et les Montaigne ne peuvent rien pour rendre à l'âme sa jeunesse; les Jalabert, les Guellain, les Fatté ne peuvent pas grand'chose pour garder la fraîcheur au visage.

Il faut remplacer, par un art savant de minauderies rances, cet aimable éclat des vingt ans à jamais perdus. Le goût de l'intrigue a survécu pourtant : on se lève le matin en se demandant qui l'on prendra dans ses filets; on est bien aise d'avoir pour attentif un grand seigneur taré, et d'être courtisée en même temps par un vieil imbécile qui se ruine.

Ce bonhomme a une femme jalouse; on ira chez lui pour brouiller son ménage et pêcher en eau trouble quelque bonne occasion de scandale. On ferait battre des montagnes, et l'on pétillerait de joie à les voir aux prises. Dorimène est invitée par son amant, un franc escroc, à dîner, chez ce vaniteux et sot bourgeois, le Crevel d'un siècle pourri de gentilhommerie. Une honnête femme refuserait, elle accepte ; il lui plaît de manger le repas de l'un en se donnant à l'autre, et l'on crierait volontiers, en la voyant, le mot célèbre des *Effrontés* : « Serrez l'argenterie ! » Elle va disparaître ou noircir. Mme Jourdain arrive tout à coup furieuse et saboulant son mari. Voilà la guerre allumée. Notre aventurière se sauve ; elle est ravie : elle n'a pas perdu sa journée.

Je ne crois pas, à parler franc, que ce soit là le vrai sens du rôle ; mais, l'interprétation une fois admise, il faut avouer que l'actrice qui en était chargée l'a joué avec beaucoup de naturel : Molière ne se serait pas reconnu, mais il eût applaudi.

2 juin 1862

PSYCHÉ

Eh bien! les voilà confondus. Que disaient-ils donc? Ils s'en allaient partout répétant : « Cela ne réussira pas : cela ne peut pas réussir, *Psyché!* Reprendre *Psyché!* une cantate en cinq actes avec accompagnement de mythologie! Pourquoi pas tout de suite les *Fêtes galantes* ou les divertissements de Benserade! »

— Mais, malheureux, Benserade est Benserade; c'est de Molière, c'est de Corneille, qu'il s'agissait ici : une de leurs moindres œuvres sans doute, mais une œuvre qu'ils avaient signée, et qui avait charmé les hommes d'esprit de leur temps. Il faut avoir pour ces grands écrivains une tendre et respectueuse dévotion qui s'étende à tout ce qu'ils ont fait. Il faut les aimer comme on aime un vieil ami, comme on aime une maîtresse qu'on aime. Elle a ses défauts; on les voit, on en gémit, on s'en irrite; on les adore.

J'ai bien souvent attaqué l'administration de la Comédie-Française : il y a gros à parier que je l'attaquerai encore plus d'une fois. Mais il est impossible à tout lettré de ne pas se sentir pour M. Thierry une sympathie secrète. Il a une passion vraie, un culte sincère pour nos vieux classiques. C'est lui qui a voulu cette reprise de *Psyché* : c'est lui qui l'a menée à bonne fin, à travers tous les obstacles et malgré toutes les oppositions.

La toile se lève ; nous sommes en plein divertissement champêtre. On danse et l'on chante. Le premier chœur est peu goûté ; mais au second, les applaudissements éclatent de toutes parts ; deux ou trois voix crient *bis*, et toute la salle y répond par des *bis* répétés.

Les acteurs ne recommençaient pourtant point. On avait été, derrière la scène, tout stupéfait de cette explosion. C'était un désarroi général.

— Ils redemandent le chœur !

— Bah ! les amis de M. Cohen.

— Mais non, c'est le public.

— Quoi ! le public ?

— Lui-même ; écoutez !

— Que faire alors ?

Rien n'eût été plus simple sur un autre théâtre. On ne se fait pas si longtemps tirer l'oreille. Mais à la Comédie-Française il y a des traditions de dignité sévère ; et puis cet enthousiasme déconcertait tous les calculs. Il fallut bien enfin s'exécuter : le chœur se reforma et nous entendîmes pour la seconde fois :

> L'amour charme
> Ceux qu'il désarme.

C'est une mélodie pleine de tendresse et de langueur.

Au milieu de ces fêtes, paraît tout d'un coup Vénus. Vénus, c'est la belle, c'est l'imposante Mlle Devoyod, drapée d'une robe magnifique qui s'ouvre sur le côté et laisse voir, par intervalles, des jambes de déesse.

Il y a beaucoup de Vénus dans l'antiquité ; celle que Molière a mise en scène, c'est la mère des ris et des amours, un peu bien maligne peut-être, violente, emportée et rageuse, car elle est femme, mais tendre au fond, compatissante et toujours aimable. Mlle Devoyod nous a donné la Vénus guerrière : le front haut, le sourcil olympien, la voix maussade et rauque : une Junon furieuse d'avoir trop longtemps fait la cuisine à son mari, le roi des dieux.

Elle se répand en plaintes et en imprécations contre Psyché. Le couplet n'a pas été dit d'une façon bien agréable ; et pourtant il a été facile de voir le public, dès cette première scène, s'éveiller en sursaut à l'admiration. La tirade est écrite de cette langue sobre, énergique, pleine de grâce à la fois et de véhémence, la plus belle qu'on ait jamais parlée au théâtre, la langue de Molière.

Il a tous les tons, ce Molière ; il passe de l'un à l'autre avec une merveilleuse aisance, et, même alors qu'il s'élève le plus haut, il n'oublie jamais celui de la comédie. C'est Vénus, c'est une déesse irritée qui tonne, qui foudroie ; elle a un accent superbe, comme il convient à une habitante de l'Olympe ; mais, prenez garde! voilà un geste familier, voilà un coin de lèvres qui sourit. Même quand l'oiseau vole, on sent qu'il a des pattes. M¹¹ᵉ Devoyod ne s'en est point aperçue ; mais le public lettré a goûté, en dépit d'elle, comme il devait, cette mesure et cette grâce. On lui jouait, sur le trombone, cette mélodie de Pergolèse : « — Qu'elle eût été jolie sur la flûte ! » s'est-il écrié tout bas.

La scène qui suit est de comédie pure. Les deux sœurs de Psyché enragent de ses succès ; elles se confient l'une à l'autre leurs jalousies et leurs rancunes. Elles se font des compliments sur leur beauté, comme les deux ânes de la fable sur leur savoir ; elles s'entendent pour enlever à leur sœur deux princes, beaux comme le jour, qui se sont, dès l'abord, déclarés ses soupirants. Les princes arrivent ; mais toutes les coquetteries échouent sur ces parfaits amants. Ils ne rêvent que Psyché ; ils ne veulent que Psyché.

Tout ce morceau est touché d'une main délicate et légère, qui a charmé le public. La colère naïve de ces deux filles envieuses, l'amer ressentiment de leur déconvenue, sont exprimés avec un naturel exquis. Le dialogue pétille de traits passionnés ou piquants. Il a été fort bien dit par Mlles Ponsin et Thordeus. Les deux princes sont peut-être moins aimables et moins beaux qu'il ne faudrait pour l'illusion ; mais on ne peut pas tout avoir. Ils sont assez bien, d'ailleurs, pour des amants rebutés qui ne reparaîtront plus que pour gémir sur les cruautés de leur belle.

Elle arrive enfin cette Psyché, qui emplit tout le premier acte de son absence. Vous la figurez-vous bien ? Elle est telle que l'a peinte Gérard dans son tableau : quinze ans à peine, le regard vague et ravi de l'innocence ; une enfant qui ne comprend rien aux transports qu'elle excite ; douce et tendre, au milieu de ces émerveillements qui l'étonnent. Les princes lui offrent leur amour. « Que ne vous adressez-vous à mes sœurs ? » leur dit-elle. Et elle leur dit cela de la meilleure foi du monde, en riant presque ; c'est une enfant véritable et une bonne enfant.

Mlle Favart est chargée de rendre ce personnage. J'avoue qu'à son entrée en scène ma première sensation a été de désappointement et de déplaisir. Mlle Favart n'a plus l'âge du rôle ; elle a été obligée de le transposer, et l'effet est fâcheux surtout dans cette première scène. Elle a repoussé les vœux de ses prétendants et les a renvoyés à ses sœurs avec une compassion si noble qu'on sentait bien que ce n'était point une naïve et innocente Agnès, qui parlait ainsi par ignorance et sans trop savoir ce qu'elle disait.

Non, c'était une jeune femme qui connaissait les joies et les peines de l'amour, et qui avait pitié de ses sœurs qu'on délaissait. Mais ne voyez-vous pas combien cette pitié est insultante! La Psyché de Molière ne comprend pas le mal qu'elle fait à ses aînées; leur rage et leur haine n'a donc point d'excuse. Il est tout naturel qu'elles haïssent Mlle Favart. Le rôle n'y perd-il pas de l'intérêt qu'il doit inspirer?

Mais Mlle Favart ne pouvait mieux faire ni même faire autrement. Peut-être qu'une enfant de quinze ans, jolie comme Mlle Dubois quand elle débuta dans *Lady Tartufe*, eût mieux rendu qu'elle ce premier acte; personne au Théâtre-Français n'eût joué comme elle le reste de la pièce, et surtout la scène qui suit.

Psyché a été condamnée par un oracle à être exposée sur un rocher et dévorée par un monstre. On l'amène en grande pompe au lieu du supplice, et elle fait à son père, qui l'embrasse et qui pleure, ses derniers adieux. J'avais lu cette scène le matin et l'avais trouvée fort belle; mais je ne me serais jamais douté de l'effet qu'elle fit au théâtre. Ce furent des transports d'enthousiasme, des acclamations prolongées dans toute la salle. Il semblait qu'on nous eût tout d'un coup tiré le rideau qui couvrait un chef-d'œuvre inconnu.

Qu'elle est simple et familière, cette scène d'adieux, mais qu'elle est douloureuse et pathétique! Voilà la vraie, la grande poésie! Elle n'est pas dans l'éclat des images prétendues poétiques; elle n'est pas dans le désordre des exclamations soi-disant passionnées. Voyez ce père au désespoir. Il ramasse toutes les raisons qu'il a de se désoler; il les range dans leur ordre logique; il vous les jette l'une après l'autre : il frappe à coups réguliers, avec une invincible force de raisonnement, au même endroit de votre âme, qui ploie à la longue sous cette véhémence et sous cette continuité, et finit à un moment par être emportée par un grand courant de passion.

Et le père et la fille, et celui qui se désespère et celle qui console, tous deux cherchent à se convaincre par une argumentation en forme, et cette argumentation, si serrée qu'elle soit, n'en est pas moins pleine de tendresse chez l'un, de douleur chez l'autre. Et quel style, quel admirable style ! coloré, sans doute — il le fallait bien puisque le sujet s'élevait, — mais sobre, mais précis, mais net, et avec la phrase la plus ample qui se puisse imaginer.

Les artistes ont été soulevés au-dessus d'eux-mêmes par cette merveilleuse poésie. M. Maubant a dit toute la scène avec une simplicité, pleine de pathétique, qui a remué la salle tout entière. Vous dirai-je la grâce tendre et ingénue de Mlle Favart jetant douloureusement les bras autour du cou de son père, et laissant tomber de sa voix harmonieuse les consolations douces et les beaux vers ! L'auditoire a été ravi ; j'ai revu la pièce le surlendemain, et bien que ce ne fût pas un public aussi facile aux impressions vives, la scène a excité encore la même admiration.

Tout cet enthousiasme a débordé à l'entr'acte en exclamations de joie. On s'abordait dans les couloirs : — Hein ! est-ce beau cela ? — Les plus prévenus même étaient bien forcés de se rendre. Il n'y avait plus à y revenir, la partie était gagnée : Molière et M. Thierry avaient gain de cause.

C'est Corneille qui allait prendre la parole, et le vieux tragique ne devait pas être moins heureux. Psyché a été transportée, par ordre de Cupidon, dans un palais enchanté où elle doit commander en reine. Le dieu vient au-devant d'elle : elle l'aperçoit, et soudain la voilà frappée. Son âme s'éveille à l'amour.

Mlle Favart a rendu en comédienne consommée cette première et soudaine explosion d'un cœur tout neuf.

Elle semblait accablée d'un trouble délicieux, il y avait dans ses gestes ingénus et craintifs, dans ses regards étonnés et tendres, un mélange de rougissante pudeur et d'amour qui s'ignore. Elle tendait les bras comme attirée vers son amant par une force irrésistible, elle lui ouvrait son cœur et ne s'expliquait pas pourquoi elle en avait honte. Cette déclaration est dans le poëme un chef-d'œuvre de tendresse pudique et passionnée. Mlle Favart y a été longuement applaudie.

Mlle Favart a beaucoup de détracteurs, qui ne goûtent point son talent. Il faut espérer que ce succès incontestable leur dessillera les yeux. Ils verront qu'il n'y a guère à la Comédie-Française d'actrice qui joue plus de rôles différents, les jouant tous d'une façon convenable, en jouant quelques-uns d'une façon supérieure.

Elle est jeune, elle est belle, elle possède une voix charmante, qui n'a qu'une ou deux notes, il est vrai, mais d'une pureté et d'une douceur extrêmes ; elle est intelligente et dévouée à son art, qu'elle adore : que veut-on de plus ?

C'est Mlle Fix qui faisait Cupidon. Ah ! qu'un homme eût mieux fait l'affaire. Mlle Fix a du talent, de la bonne volonté : elle avait étudié son rôle avec goût. Mais comment voulez-vous qu'une femme, à moins d'avoir fait le voyage de Lesbos, puisse exprimer à une autre femme ces passions pleines de langueur ou de feu ? Il faut la voix d'un homme pour ces mots brûlants, la main d'un homme pour ces caresses tendres, les yeux d'un homme pour ces regards noyés de désir.

Mlle Fix traduit l'idée du poète : la sensation a disparu. Tout le monde sait par cœur les adorables vers où Cupidon avoue à sa maîtresse qu'il est jaloux :

> Je le suis, ma Psyché, de toute la nature.
> Les rayons du soleil vous baisent trop souvent ;
> Vos cheveux souffrent trop les caresses du vent ; etc.

Mlle Fix les a bien dits : l'effet pourtant a été médiocre. Que voulez-vous ? sa voix est naturellement grêle : c'est la voix d'une femme. Elle se tenait à trois pas de sa Psyché, lui débitant sa petite affaire sans cette émotion intérieure qui aurait dû attendrir ou enflammer ses paroles. Mais vous figurez-vous M. Delaunay, avec son organe tendre et amoureux, serrant Psyché sur son cœur, et lui frôlant l'oreille de ces mots passionnés ! L'impression serait infiniment plus vive.

C'était Baron qui jouait le rôle autrefois, et en le jouant il devint éperdûment amoureux de Mlle Molière, qui faisait Psyché ; Corneille lui-même était amoureux d'elle, quand il l'écrivit. Toute cette pièce est, en quelque sorte, imprégnée d'amour, et l'on y respire un air tout chargé de volupté.

Le dernier acte est un peu plus languissant. On y trouve pourtant encore de ces traits qui enlèvent, et l'on sent la main du maître. Psyché, descendue aux enfers pour obéir à un ordre de Vénus, est mourante sur un rocher. Cupidon supplie sa mère en faveur de celle qu'il aime. Rien de plus poignant que sa douleur. — Ne m'importunez plus, lui dit Vénus.

— Hélas ! *répond-il*, si je vous importune.
Je ne le ferais pas si je pouvais mourir !

N'est-ce pas là un de ces vers comme on n'en trouve que dans Corneille, d'un sentiment si emporté, d'une expression si naturelle, un vers de génie ! Quel siècle que celui où un divertissement de circonstance devenait un chef-d'œuvre !

Ce chef-d'œuvre, fait pour un autre temps, a enchanté le nôtre. Le public a trouvé les chœurs un peu traînants et les danses trop longues. Mais on en a déjà retranché, on en coupera encore. Le succès n'a pas été douteux un instant ;

j'espère qu'il se prolongera et je le souhaite pour la Comédie-Française, qui a fait de grandes dépenses par pur amour de l'art; pour M. Thierry qui a pris une initiative hardie et une responsabilité dangereuse; pour le public aussi, qui témoignera, en venant écouter cette œuvre superbe, qu'il n'a pas encore perdu le goût des belles choses.

25 août 1862.

LES FOURBERIES DE SCAPIN

L'un de mes lecteurs, dans une lettre qui affecte la longueur d'un mémoire, a pris la peine de noter un par un tous les changements que Coquelin cadet apporte au texte de Molière, dans les *Fourberies de Scapin*. Ces altérations sont nombreuses, et quelques-unes paraissent assez mal justifiées. Je ferai observer à mon correspondant, qui évidemment a suivi la représentation sur le livre, que ces changements ne sont pas, pour la plupart, du fait de Coquelin cadet. Ils sont de tradition.

Les *Fourberies de Scapin* appartiennent à ce genre de bouffonneries nommées *comedia dell' arte*, dont le scénario était affiché dans la coulisse, mais dont chaque artiste improvisait le dialogue. Ce genre a toujours subsisté sous diverses formes : la dernière que nous ayons connue est celle de l'opérette, de l'opérette de Meilhac et Halévy, où les espaces réservés au dialogue étaient, passé les sept ou huit premières représentations, remplis *ad libitum* par les acteurs en scène. Molière, il est vrai, dans les pièces qu'il a empruntées au répertoire italien, et les *Fourberies de Scapin* relèvent de ce théâtre, Molière a fixé le dialogue ; mais il ne l'a pas fait d'une façon si étroite, si impérative, que beaucoup d'initiative n'ait pu et n'ait dû être de tout temps laissée à la fantaisie de l'artiste. Ainsi la scène de Sylvestre, feignant de chercher Géronte pour le tuer, est une scène *ad libitum*. Mon correspondant s'indigne de voir qu'après que Scapin s'est écrié, en découvrant son maître : « Ce n'est pas lui, monsieur, ce n'est pas lui ! » Géronte dise tout tremblant : « Ce n'est pas moi, monsieur, ce n'est pas moi ! » Il est certain que la réplique ne se trouve pas dans le texte imprimé de Molière. Mais elle doit avoir été introduite dans celui de la scène peut-être de son temps, sans aucun doute peu d'années après sa mort. Elle est naturelle ; elle fait rire ; je l'ai, depuis trente ans, toujours entendu dire par tous les acteurs qui se sont succédé au théâtre. Elle est de tradition.

Il en va de même d'une autre phrase que j'aime moins. Scapin vient de donner à ses deux jeunes maîtres l'argent qu'il a flibusté pour eux à leurs pères. Tous trois sortent, et les deux jeunes gens, comme il serait de droit, vont prendre le pas devant. Mais, d'un geste souverain, Scapin les rejette derrière lui, et passant tête haute :

— Derrière ! messieurs, dit-il en se carrant, derrière ! Honneur à la fourberie !

Le jeu de scène date de Molière, cela n'est pas douteux. Quand s'est-il traduit dans une phrase qui le consacre, je n'en sais rien ; mais cette phrase, je l'ai entendu dire à Coquelin aîné, qui l'avait recueillie de la bouche de Régnier. D'où Régnier la tenait-il, je ne puis remonter plus haut ; mais il est probable que M. Legouvé, si on le consultait, nous dirait que Samson l'avait reçue de Préville.

Mon correspondant se révolte encore contre la façon dont Coquelin cadet, au dernier acte, dit les célèbres phrases au bout desquelles reviennent comme un coup de cloche *les coups de bâton* qu'a reçus Géronte.

Le texte de Molière porte :

« Mais au moins, monsieur, me pardonnez-vous les coups

de bâton que je vous...? » Et Géronte l'interrompant vivement :

« Je te pardonne; meurs, Scapin, meurs. »

Or, Coquelin cadet supprime après ces trois mots *les coups de bâton*, ceux qui suivent dans le texte *que je vous*, et alors il peut appuyer par malice sur le mot *bâton*, dont il traîne la première syllabe avec une intonation comique.

J'avoue que cette façon de dire n'est nullement naturelle, mais elle fait beaucoup rire, et elle est de tradition. C'est ainsi que dit Coquelin aîné, c'est ainsi que disait Régnier, et avant lui, si ce qu'on m'assure est vrai, Monrose père. A supposer que cette interprétation soit jugée mauvaise, et je l'accepte aisément pour mon compte parce qu'il s'agit là d'une bouffonnerie pure, il ne faudrait pas la porter au compte de Coquelin cadet, qui l'a reçue de la tradition. Il a assez d'autres défauts sur la conscience, ce misérable monologuiste, pour qu'on ne le charge pas de ceux dont il n'est pas responsable.

27 juillet 1885.

LES FEMMES SAVANTES

I

LA FORME DRAMATIQUE DANS « LES FEMMES SAVANTES »

Qu'est-ce que c'est qu'une forme dramatique ?

Tenez, on vient de nous jouer, à l'Odéon, les *Femmes savantes*. — Eh bien ! je suppose que Molière, qui était observateur et philosophe tout autant qu'un disciple d'Ibsen, se fût dit :

— Je vois qu'autour de moi on fait semblant d'être très passionné pour les études grecques ; le grec c'est affaire aux hellénistes ; les gens du monde n'y entendent rien. Ils se récrient, ils se pâment quand on en parle. C'est de la badauderie. (Le mot de snobisme était encore dans les limbes de l'avenir.) Tout cela est absurde et ridicule. Il faut que j'en montre le ridicule et l'absurdité !

Admettez que, sur ce raisonnement, il eût :

Soit écrit une belle tirade sur l'incompétence des femmes du monde à se plaire au grec dont elles ne savent pas le premier mot ;

Soit composé une dissertation philosophique sur ce thème ;

Soit mis aux prises deux personnages le discutant avec plus ou moins d'éloquence, de subtilité et de grâce ;

Soit imaginé un être symbolique, tout hérissé de grec flottant au travers d'une civilisation purement latine et française.

S'il eût fait quelque chose dans ce genre, il aurait pu nous laisser (car il était grand écrivain) un morceau admirable, propre à être inséré dans toutes les anthologies, qui eût excité l'admiration de tous les dilettantes, mais voilà! qui eût laissé froid un public de théâtre.

Et pourquoi ?

C'est qu'au théâtre il n'y a, pour enlever le public, que ce qui est de théâtre. Une idée n'y existe qu'à la condition d'être revêtue d'une forme dramatique.

Vadius arrive. Trissotin le présente à ces dames :

> Il sait du grec, Madame, autant qu'homme de France.

— Du grec ! il sait du grec !
Et les voilà toutes qui se récrient et Philaminte ajoute :

> Ah! pour l'amour du grec, souffrez qu'on vous embrasse.

Ah! la voilà trouvée la formule dramatique! l'idée, cette fois, parle aux yeux! Vadius embrasse tour à tour Philaminte ravie, Bélise pudique, Armande un peu ennuyée de subir, pour l'amour du grec, les lèvres de ce vieux cuistre et il arrive enfin devant Henriette!

> Excusez-moi, Monsieur, je ne sais pas le grec.

C'est la thèse du bon sens et de la vérité, résumée dans un mot, ce qui est bien ; mais, ce qui est mieux encore, ce qui est le tout de l'art, mise sous une forme visible, sous la forme de la joue refusée par une jeune fille sincère et spirituelle à ce pédant barbouillé de grec.

Voilà ce que c'est qu'une forme dramatique. Tant qu'on n'a pas trouvé pour une idée, quelle qu'elle soit, une forme dramatique, cette idée, sachez-le bien, n'existe pas au théâtre. Elle pourra, si elle est exprimée en très belle prose ou en vers superbes, ravir un certain nombre d'amateurs, et mon Dieu, moi aussi parfois. Jamais, entendez-vous, jamais elle ne s'imposera au public. Le public, qui est la logique même, n'admet, ne goûte, n'aime, n'applaudit au théâtre que les idées qui se présentent sous une forme dramatique.

15 octobre 1891.

II

CHRYSALE. — BÉLISE. — TRISSOTIN ET VADIUS. — HENRIETTE.

Barré joue à merveille le rôle de Chrysale. C'est un de ceux où l'on peut dire qu'il est tout à fait supérieur, et restera inimitable.

Voyez, pourtant, comme un rôle peut être interprété de diverses façons, sans qu'il soit permis de dire que, de ces interprétations, l'une soit meilleure et plus vraie que les autres. Barré voit surtout dans Chrysale un brave bourgeois, plein de bon sens, mais faible de caractère, qui se laisse dominer par sa femme.

C'est ce dernier caractère qu'il s'applique surtout à mettre en dehors. Ou plutôt, non, il ne s'y applique pas; le terme est impropre. Tout dans sa tournure, dans son visage, dans sa voix, le prédispose à ce rôle de mari trembleur, mené à la baguette par son dragon de femme. Il n'a aucun effort à faire pour rendre les passages où Molière marque cet effacement du bonhomme Chrysale devant Philaminte.

Jamais personne ne dira comme lui le *rien* du second acte. Chrysale s'est chargé de proposer à sa femme la candidature de Clitandre à la main de Henriette. Mais, au moment où il allait ouvrir la bouche, Philaminte lui a coupé la parole, et lui a dit nettement qu'elle avait pour sa fille un époux tout prêt, et que cet époux était Trissotin.

Il rend compte de son ambassade à son frère, qui s'intéresse aux amours de Clitandre et d'Henriette. Il lui conte qu'elle a offert un autre homme pour gendre.

> Ce Monsieur Trissotin.
> Oui, qui parle toujours de grec et de latin !

— Et vous l'avez accepté ? s'écrie le frère.
— Moi, point ; à Dieu ne plaise.
— Et qu'avez-vous répondu ?
— Rien...

C'est ce *rien*, que Barré dit d'un air à la fois contrit et fin, qui fait partir la salle de rire.

Il y a encore un *soutenez-moi bien tous*, au cinquième acte, où il est impayable. D'un bout à l'autre du rôle, au reste, même alors qu'il se fâche et qu'il s'est résolu à prendre le dessus, on voit, on sent en lui l'homme que sa femme mène par le bout du nez.

Mais est-ce là tout le rôle ? N'y peut-on voir autre chose ? Chrysale est un bourgeois, cela est certain ; il vit tranquille, loin de la cour, dont il ne parle guère, et dont sa femme, sa fille, la pimbêche Armande, sa sœur, et Trissotin, leur ami, se font une idée très fausse. Mais c'est un bourgeois riche et instruit ; c'est un bourgeois intelligent et cossu. Sa jeunesse s'est passée dans les plaisirs et les voyages ; il a été à Rome, ce qui était, à cette époque, très rare et fort dispendieux.

Il a même *donné chez les dames romaines*. Il a, au retour,

épousé Philaminte et leur fortune est assez considérable pour que Philaminte perde, sans en être ébranlée, un procès qui lui coûte quarante mille écus, quelque six cent mille francs de notre monnaie; chacune de ses filles doit avoir une dot considérable, assez forte même pour *ajuster les affaires* d'un homme de la cour, comme Clitandre; enfin, s'il ne vit pas de beau langage, il vit de bonne cuisine dans un intérieur luxueux, où ne manquent ni les aiguières, ni les plats d'argent, ni même les porcelaines, qui étaient alors si rares et si recherchées.

C'était donc un de ces fastueux bourgeois du temps passé, qui avaient maison montée, et qui pouvaient jouer, sinon dans l'État, dans leur quartier tout au moins, un personnage considérable. M. Charles Livet, bien connu des lecteurs du *Temps*, a, dans l'excellente édition qu'il a publiée des *Femmes savantes* de Molière, longuement insisté sur cette face du rôle. C'est chez lui que j'ai trouvé ce détail, qui est sans doute ignoré de beaucoup de mes lecteurs, comme il l'était de moi, que la porcelaine au commencement du dix-huitième siècle constituait un grand luxe. Il fournit dans ses notes nombre de preuves du haut prix qu'atteignait la porcelaine vraie ou fausse : de Chine, du Japon ou de Hollande. Il n'y en avait pas encore de française.

C'est également ce côté du rôle que Provost s'était efforcé de mettre en lumière. Vous savez que Provost, par l'aspect général de sa personne, ressemblait à un de ces grands bourgeois de la Restauration dont notre imagination évoque si aisément le souvenir. Il a joué à ravir le rôle de M. Maréchal, dans les *Effrontés* d'Émile Augier, parce que M. Maréchal, c'était lui.

Le père Provost n'était pas un de ces comédiens qui se transforment et revêtent des masques différents, comme faisait Lesueur, par exemple, l'artiste le plus étonnant que j'aie connu pour sa facilité à se verser dans une autre peau que la sienne. Il rappelait plutôt Geoffroy, qui était Geoffroy partout et toujours, et qui ne pouvait être que Geoffroy. Il ramenait donc tous les rôles à sa personnalité; il leur donnait à tous un aspect imposant et cossu : sa grande taille, son geste large, sa diction ample et étoffée, son nez même, ce nez puissant et sérieux, l'y eussent obligé, alors même que le tour particulier de son esprit (car il était bourgeois du cœur à l'âme et de la tête aux pieds) ne l'y eut pas porté naturellement.

Ce n'est pas que Provost, jouant Chrysale, ne tremblât, lui aussi, devant sa femme. Il ne pouvait pas faire autrement, puisque c'est le rôle. Mais il ne tremblait pas de la même façon que Barré. Ce n'était pas la peur étriquée d'un pauvre homme qui serre les épaules, c'était une peur magistrale et superbe.

Un détail vous fera comprendre la différence.

Vous avez tous présente à la mémoire, la fameuse tirade du second acte, où Chrysale, poussé à bout par Philaminte qui vient de chasser Martine pour un maigre sujet, éclate enfin et décharge sa rate. Il y a un jeu de scène qui est traditionnel. Une pauvre servante, dit Chrysale,

> Une pauvre servante au moins m'était restée,
> Qui de ce mauvais air n'était point infectée :
> Et voilà qu'on la chasse avec un grand fracas,
> A cause qu'elle manque à parler Vaugelas,
> Je vous le dis, ma sœur...

C'est à sa femme que Chrysale s'adresse, quand il prononce ces quatre premiers mots : *Je vous le dis;* mais, comme Philaminte s'est retournée d'un air hautain, il conclut par les deux mots qui suivent : *ma sœur.*

Barré exécute bonnement le jeu de scène. Il s'avance sur sa femme : *Je vous le dis*, et, au mouvement qu'elle fait, il se retourne prestement, d'un air piteux : *ma sœur*. On serait tenté de lever les épaules, en souriant de pitié : le pauvre homme !

Le père Provost, sans bouger de place, mais se levant sur ses pieds, et le corps à demi penché vers sa femme, d'un geste immense : *Je vous le dis*, criait-il, et il appuyait sur chacune de ces quatre syllabes; puis, retombant sur ses talons, et faisant du buste un quart de conversion, comme s'il achevait un mouvement commencé :

— *Ma Sœur !* ajoutait-il d'une voix éclatante et superbe.

C'était tout différent, comme vous voyez; c'était tout aussi drôle. Barré dit la chose en bon bourgeois, et l'autre la disait en bourgeois épique.

Et, de même, l'aspect et l'effet de cette tirade célèbre changent, suivant que c'est Barré ou Provost qu'on écoute.

Quand le père Provost disait :

> Il n'est pas bien honnête et pour beaucoup de causes,
> Qu'une femme étudie et sache tant de choses.
> Former aux bonnes mœurs l'esprit de ses enfants...

Il semblait que ce fût la sagesse éternelle qui lançât ses oracles sur de pauvres folles. Il faut en rabattre, quand ces vers tombent de la bouche de Barré. On n'entend plus qu'un brave père de famille qui exhibe, dans un moment de mauvaise humeur, les lieux communs d'une morale assez vulgaire.

Et, de ces deux façons de dire, quelle est la meilleure ? Elles sont bonnes toutes les deux. Ne me pressez pas : je dirais qu'elles sont excellentes l'une et l'autre. Pourquoi ? C'est que chacune de ces interprétations est accommodée au génie propre de l'artiste. Si Barré voulait, par esprit de tradition, nous rendre les sensations que le père Provost nous donnait dans le rôle, il n'y arriverait pas : il ne serait qu'un médiocre imitateur. Il préfère être lui, et il a bien raison.

Et les personnages de Molière se prêtent aisément à ces diversités de traduction. Ils sont, pour la plupart, si larges et si profonds que l'on y peut mettre à peu près tout ce qu'on veut. Il y a, sans doute, quelques traits primordiaux de caractère, qu'il faut faire saillir ou tout au moins indiquer. Mais l'important, c'est de montrer sa propre nature à travers le personnage, c'est de rester soi. Autrement l'interprétation des œuvres classiques se figerait dans une tradition immuable.

Tenez! il y a, dans le rôle de Chrysale, un petit coin de sensibilité douce et gaie tout ensemble que tous les commentateurs ont remarqué, mais que les artistes semblent avoir négligé. Chrysale est foncièrement bon : c'est lui qui, forcé de mettre Martine à la porte, lui glisse à l'oreille un : « Va-t'en, ma pauvre enfant », tout mouillé d'excuses et de regrets. C'est encore lui qui, voyant Clitandre empressé autour d'Henriette, dont on vient de lui accorder la main, s'écrie :

> Ah! les douces caresses!
> Tenez, mon cœur s'émeut à toutes ces tendresses ;
> Cela ragaillardit tout à fait mes vieux jours,
> Et je me ressouviens de mes jeunes amours.

Eh bien! il pourra se faire qu'un jour il se rencontre à la Comédie-Française un *financier* que la nature ait doué plus spécialement d'un visage empreint de bonté noble; d'une voix qui ait des accents de tendresse pénétrante ; que son goût le porte à répandre sur les rôles qu'il joue ce caractère de bonté qui lui est personnel. Qu'arrivera-t-il ? C'est qu'il verra surtout, dans le rôle de Chrysale, ce coin dont je parlais tout à l'heure ; c'est qu'il le mettra en pleine lumière ; c'est que ce petit coin prendra, grâce à lui, une importance extraordinaire. Et je n'y verrai, pour ma part, aucun inconvénient. C'est ainsi que les personnages créés par les poëtes, sont devenus, siècle à siècle, si grands et si complexes ! Chacun des critiques qui en ont fait l'analyse, chacun des comédiens qui les ont interprétés, se sont évertués à y découvrir un trait inaperçu jusque-là, une façon d'être nouvelle ; le passage s'est enrichi de leurs découvertes.

C'est ce qui fait que certains rôles deviennent impossibles et sont, par cela même, très faciles à jouer. Tartuffe, par exemple, et Alceste, et Célimène. Coquelin nous a écrit une étude sur Tartuffe et nous a dit comment il *fallait* le jouer.

— Vous le jouerez, ami Coquelin, avec votre nature, guidé par un instinct mystérieux, sans tant raffiner, et vous aurez bien raison. Et, si vous ajoutez à cette physionomie un seul trait qui vous appartienne en propre, croyez que nous vous en tiendrons compte.

Voilà Mlle Jouassain qui joue Bélise. Il est certain que si Molière ressuscitait pour un jour et voyait son rôle ainsi interprété, il sentirait un premier mouvement de dépit, car ce n'est pas du tout le personnage, c'est même le contraire du personnage ; mais il rirait ensuite de si bon cœur qu'il serait désarmé.

Il est évident que Bélise est une vieille minaudière, qui jette de petits cris effarouchés de pudeur, qui se tortille avec des gestes menus, des yeux en coulisse, des sourires de petite fille. Pour un peu, elle zézayerait, parce que cela est plus gracieux. C'est ainsi que Mme Crosnier, qui est incomparable dans ce rôle, le rend à l'Odéon.

Voyez Mlle Jouassain ; elle s'avance la démarche assurée, la mine hautaine ; c'est une impérieuse et superbe caricature. Elle dit à ses deux frères qu'elle connaît la personne que Clitandre aime en secret, et, comme ils lui demandent quelle est cette femme mystérieuse :

— Moi, dit-elle.

Ce moi, elle devrait le lâcher en se couvrant les yeux, l'air confus et timide d'une fillette, qui avoue un amant. Mlle Jouassain, d'une voix forte, le regard haut, tournant d'un geste ample le bout de son éventail vers sa poitrine qu'elle bombe :

— Moi, dit-elle d'une voix éclatante.

Toute la salle part d'un fou rire. Le public rit ; Mlle Jouassain a donc cause gagnée. Elle fait ce que font tous les acteurs dans les rôles de l'ancien répertoire : elle accommode le personnage à ses moyens d'exécution. C'est une rare exception quand un personnage de Molière ou de Regnard se trouve être taillé sur le patron du talent d'un artiste qui vit en 1885.

Est-ce à l'acteur à revêtir le personnage ? Oui, sans doute, s'il est un acteur médiocre, un acteur à la suite, un acteur de tradition, s'il n'est pas artiste. Mais, si c'est un comédien supérieur, il essaye de prendre dans l'idée de Molière ce qui va le mieux à son tempérament et à sa prestance, à sa nature, en un mot ; c'est cela qu'il tire au premier plan. Il fond le personnage dans sa personnalité ; à ses risques et périls, bien entendu : car, s'il manque son coup en opérant cette transposition, nous ne manquons pas, nous, de lui en faire un vif reproche.

C'est ainsi que je n'aime guère le Trissotin que nous traduit Got. Ce n'est point que Got soit trop marqué pour le rôle. Il l'est, en effet ; mais, je l'ai dit fort souvent : dans l'ancien répertoire, il ne faut jamais se préoccuper de l'âge des acteurs. Célimène a toujours vingt ans, par convention, parce qu'on sait bien qu'une actrice qui aurait réellement vingt ans serait incapable de jouer Célimène, un rôle qui exige vingt-cinq ans d'étude et de planches. Et de même aussi, par convention, Got peut, quoique doyen de la Comédie-Française, aspirer à la main d'Henriette. L'âge est, pour toute pièce classique, un accessoire de peu d'importance et dont il est entendu qu'on ne doit tenir nul compte.

Mais Got, avec ses cheveux plats et luisants, avec sa mine sérieuse, avec son ton doctoral, me donne la sensation d'un cuistre de collège, et non celle d'un faux bel esprit, très insinuant, très retors, qui doit avoir du monde puisqu'il veut arriver par les femmes. C'est Vadius qui est le cuistre. Vadius ne sort pas de son cabinet, où il se barbouille de grec et de latin, où il annote les passages pillés par Cotin, et, quand il sort de sa retraite pour aller dans un salon, il ne ressemble pas mal à l'âne de la fable qui veut imiter le petit chien.

Mais Trissotin (et c'est précisément un contraste qu'a voulu Molière), Trissotin doit avoir je ne sais quoi de vif, de pétulant dans son affectation de préciosité. Il est familier dans la maison; il y entre comme chez lui, et se jette au travers d'une conversation, se sachant toujours bien accueilli :

> Je viens vous annoncer une grande nouvelle;
> Nous l'avons en dormant, Madame, échappé belle.
> Du monde près de nous a passé tout du long, etc., etc.

Je le vois frétillant, dameret, tout plein de grâces maniérées, grand faiseur de compliments alambiqués ou fades, une petite figure poupine et souriante, qui se pince sitôt qu'on l'attaque sur son bel esprit.

Et qu'on ne me dise pas que ce n'était point là le portrait de l'abbé Cotin. Molière n'a pas prétendu peindre Cotin. Qu'il ait voulu que l'on songeât à lui, qu'on le tournât en ridicule à propos du rôle, cela est malheureusement trop certain. Mais Molière était trop grand pour copier des individus. Il peignait des types. Au reste, Cotin, à l'époque où parurent les *Femmes savantes*, était un vieillard réputé pour sa science, qui n'avait donné que comme des plaisanteries les deux pièces débitées par Trissotin sur la scène, qui, pour me servir des expressions de l'abbé d'Olivet, « avait traduit certains passages de Lucrèce en vers assez beaux pour faire honneur à un poète qui n'aurait été que poète ; dont la prose a je ne sais quoi d'aisé, de naïf et de noble qui sent son Parisien élevé avec soin, et qui, en somme, méritait d'avoir eu le sort tranquille de tant d'autres écrivains qui ne valent pas mieux que lui, et qui peut-être valent moins. »

Molière, et c'est un tort grave, avait donc fait allusion à Cotin ; mais il ne l'avait pas personnellement traduit sur la scène. L'anecdote qui veut qu'il ait acheté un de ses vieux habits pour le mettre sur le dos de l'acteur chargé du rôle, est radicalement et ridiculement fausse. Il a peint, sous ce nom, le faux bel esprit intrigant et maniéré.

Je demanderai à Got, qui me change si fort la physionomie du personnage : Quelle différence y a-t-il du Cotin qu'il nous exhibe au Vadius dont Molière a crayonné d'un trait si puissant l'immortelle caricature de pédant et de cuistre ? Il faut pourtant bien qu'il y ait un contraste ; car c'est ce contraste qui fait, en grande partie, l'originalité de la scène de la dispute.

Mlle Baretta était chargée du rôle d'Henriette. Quel joli portrait M. Nisard, dans cette admirable *Histoire de la Littérature française*, qu'on ne lit pas assez, a tracé de l'Henriette des *Femmes savantes* :

« Quel type charmant que l'aimable Henriette ! Elle n'a ni l'ingénuité d'Agnès, qui vient de l'ignorance, ni cette ingénuité trompeuse sous laquelle se cache de la science défendue. C'est une personne d'esprit qui s'est formée et fortifiée dans son naturel par les travers mêmes de ses parents. Elle a le ton de la femme du monde, avec une candeur qui témoigne qu'elle en a trouvé le secret dans un cœur honnête et dans un esprit droit. Ce n'est pas le bon sens de Célimène, où l'égoïsme domine, et par lequel elle fait servir les autres à l'amusement de sa vanité ; mais, comme Célimène, Henriette est sans illusions. Tendre, sans être romanesque, son bon sens a conduit son cœur ; si Clitandre s'exalte en lui parlant d'amour, elle le ramène au vrai :

> L'amour dans ses transports parle toujours ainsi ;
> Des retours importuns, évitons le souci.

« Fille respectueuse et attachée à ses parents, elle n'est pas dupe de leurs défauts ; et quand il y va de son bonheur, elle sait se défendre d'une manière douce, mais ferme. Dans sa conduite, elle est sensée et discrète. Je n'ai pas peur de l'honnête liberté de ses discours. Une fille qui montre ainsi sa pensée, n'a rien à cacher ; et si j'étais à la place de Chrysale, j'aurais bien plus de souci d'Armande, dont le front rougit au seul mot de mariage, que d'Henriette, qui désire honnêtement la chose et qui ne voit l'amour que dans un mariage où le cœur est approuvé par la raison. »

Mlle Baretta est peut-être plus petite fille que ne le comporte le rôle, mais elle a un naturel délicieux et un aimable ton de gaieté piquante. Elle y manque, à mon sens, de profondeur et de sensibilité. Henriette est un idéal de bon sens ferme, et, quand il le faut, elle sent vivement. Je me souviens encore de l'accent de douleur tendre avec lequel une jeune pensionnaire, aujourd'hui femme d'un sculpteur célèbre, disait ces vers :

> Je sais le peu de bien que vous avez, Clitandre.
> Et je vous ai toujours souhaité pour époux,
> Lorsqu'en satisfaisant à mes vœux les plus doux,
> J'ai vu que mon hymen ajustait vos affaires :
> Mais, puisque nous avons les destins si contraires,
> Je vous chéris assez dans cette extrémité
> Pour ne point vous charger de mon adversité.

Que cela était dit d'une voix pénétrante ! Comme on y sentait, sous la discrétion du langage, un chagrin sérieux et profond ! Mlle Baretta n'a pas de ces accents, et peut-être est-ce dommage.

1er juin 1885.

III

DELAUNAY DANS CLITANDRE

Delaunay débutait dans Clitandre. Je me sers à dessein de ce mot débuter, qui étonnera peut-être le gros de mes lecteurs, quand il s'agit d'un rôle aussi connu, et d'un acteur aussi célèbre. Ils ne se doutent pas que Delaunay n'a abordé qu'en tremblant, et après de longues études, persévéramment poursuivies, ce personnage qui n'a pour lui qu'une scène à effet. Mais cette scène, tous les connaisseurs la savent par cœur ; tous ont dans l'oreille les inflexions dont la tradition a marqué chaque vers, tous sont capables d'apprécier une hardiesse d'innovation et de l'applaudir.

Delaunay a été, tout le long du rôle, charmant de jeunesse, de bonne grâce, d'amour tendre et d'aimable persiflage. Il n'a manqué que la célèbre tirade :

> Il semble à trois gredins, dans leur petit cerveau,
> Que pour être imprimés et reliés en veau...

Et ce n'est pas là un simple sentiment que j'exprime ; car si je n'avais d'autres raisons à donner de mon impression, que cette impression même, Delaunay pourrait répondre, et fort justement, qu'il a, lui-même, un goût très vif de théâtre, et que son sentiment vaut le mien.

Mais il nous a changé tout le mouvement de la scène. C'est la troisième du quatrième acte, et j'engage les lecteurs à s'y reporter : ils suivront cette discussion avec plus de fruit.

Au moment où elle débute, Clitandre, qui vient de dire inutilement beaucoup de mal de Trissotin, son rival, est enragé contre lui. Car ce rival indigne lui vole son Henriette, et il ne mérite, en aucune façon, la préférence que lui donne Philaminte. Vous pouvez, sur ce simple aperçu, juger les sentiments secrets qui animent l'amant éconduit : du mépris, de la colère, du dépit, toutes sortes de sentiments qui sont d'une violence extrême.

Ils pourraient faire explosion tout de suite. Mais ce n'est jamais ou presque jamais ainsi que Molière procède. Ses scènes vont toujours, par gradations successives, et à travers des temps d'arrêt habilement ménagés, jusqu'au maximum d'intensité où il est possible de les pousser. Elles sont merveilleusement construites, et Got, qui a là-dessus toute une théorie que j'exposerai un jour, soit en conférence, soit en feuilleton, me faisait remarquer qu'il n'y aurait rien de si facile que de mettre de la musique dessous ; le moment des modulations est indiqué, et la progression constante de la phrase musicale est suivie avec un art prodigieux jusqu'à l'explosion finale de la masse de l'orchestre.

Clitandre est homme du monde et homme de cour ; il

commence doucement, car il peut encore se contenir, et toute la première partie de sa querelle avec Trissotin peut et doit en effet se dire sur un ton léger de badinage, qui devient plus acerbe à mesure que les répliques se pressent, et qui aboutirait vite à la colère s'il n'y avait pas un temps d'arrêt, une modulation. Clitandre, impatienté, vient de dire :

> Oui, si l'on s'en rapporte à ces certains savants ;
> Mais on n'en convient pas chez ces certaines gens.

La fureur va éclater, et la scène sera finie ; mais Molière qui est très ménager de ses situations, et qui n'a pas encore tiré de celle-là tout le parti qu'il prétend, l'arrête sur ce mot :

> Il me semble, Monsieur...

dit Philaminte à Clitandre ; et aussitôt Armande se met de la partie. Vous voyez ! cette interruption a suffi pour rappeler à la modération Clitandre qui s'emportait, pour donner au spectateur un temps de repos, et à la scène un prétexte à recommencer dans un autre ton. C'est une modulation.

Et, en effet, la discussion reprend ; ce ne sont plus d'aigres réparties se choquant coup pour coup, ce sont des raisons déduites. Mais vous comprenez l'état d'esprit où est Clitandre. Très agacé, très surexcité, on a eu beau l'arrêter une minute, son sang était en mouvement ; aussi se monte-t-il assez vite ; il ne laisse plus la parole à Trissotin ; il parle vite et longtemps, en homme qui se laisse aller à l'emportement du discours ; une insolence en amène une autre, et il est tout à fait exaspéré, quand il en arrive à la fameuse apostrophe :

> Il semble à trois gredins...

Qu'il conserve même alors le bon ton et les formes exquises du courtisan, je le veux bien. Mais il est furieux, mais il prétend confondre son rival, mais il l'accable avec une sorte de rage. Il faut donc que le morceau soit lancé tout d'une volée.

Delaunay le détaille; Delaunay le scande par de petits rires; Delaunay fait des grâces.

Delaunay a tort. Il m'interrompt le mouvement de la scène.

Qu'il soit sûr que si le Clitandre de Molière en était encore à ces jeux de physionomie et à ces malices de diction, Molière ne bornerait pas là sa scène. Il a déchaîné l'orchestre, et il le marque expressément par le vers que dit Philaminte, et qui termine la scène :

> Votre chaleur est grande, et cet emportement,
> De la nature en vous marque le mouvement.

Les sentiments secrets qui agitaient l'amant se sont fait jour; ils ont éclaté par une explosion irrésistible, la situation est complète. Molière a obtenu son effet définitif. Il passe à autre chose.

Delaunay comprend-il son contresens?

Ce n'est pas sur un vers ni sur un mot qu'il se trompe : l'erreur porte sur la scène; il dit, en faisant la bouche en cœur : le « Suivez-moi » de Guillaume Tell. C'est une faute grave. Mais Delaunay est un des rares artistes qui croissent à mesure qu'ils vieillissent, qui étudient sans cesse et savent reconnaître une erreur et la réparer.

14 août 1871.

LE MALADE IMAGINAIRE

I

ARGAN

Je n'ai pas beaucoup aimé la façon dont le *Malade imaginaire* a été joué. C'est ma grande querelle avec Coquelin cadet; nous nous enfonçons de plus en plus, chacun de notre côté, dans notre opinion, et il est probable à cette heure que nous mourrons tous les deux dans l'impénitence finale. Le public semble donner raison à Cadet, qui possède sur lui une action que je ne conteste pas. J'ai pour moi la longue suite des comédiens qui ont jusqu'ici joué le rôle d'Argan : Clerh, Talbot, Provost, Saint-Léon, que j'ai vus, Saint-Léon, surtout, qui était le gardien fidèle des traditions antiques, et que je soupçonne d'avoir plus d'une fois causé de son rôle avec Molière. Cadet fait du *Malade imaginaire* une simple farce de tréteaux. Il y a tel moment où il prend sa fille à bras-le-corps et exécute avec elle un pas de danse, en courant après Toinette. Cadet m'objectera que la salle part de rire; mon Dieu! elle part de rire aussi à Londres, quand un alderman en scène s'interrompt d'un dialogue sérieux pour danser une gigue. Ces effets-là ne mènent pas loin.

— Parbleu ! disait un jour un des artistes le plus sarcastiques de la Comédie-Française, je serais sûr de faire un effet, en montrant mon derrière au public.

— La première fois peut-être, lui dit doucement une de ses camarades. Mais les autres !

— C'est ça : mais les autres !

Et même les premières fois, l'effet n'est pas unanime. Un des vieux habitués de la Comédie-Française, abonné d'infiniment de goût, passant au foyer des artistes, se trouve nez à nez avec Cadet, et lui serrant la main :

— Mes compliments tout de même, monsieur Coquelin, lui dit-il avec courtoisie.

Et il passe.

— Tout de même ! reprend Coquelin un peu songeur ; eh, pourquoi, tout de même ?

Et l'un de ses camarades se penchant à son oreille, d'un ton d'attendrissement et les larmes aux yeux :

— Ils sont pleins de cœur ! lui dit-il, pleins de cœur !

Je ne veux pas me donner l'air de taquiner Cadet, dont j'estime plus que personne le vrai talent. Mais il m'est impossible de ne pas protester contre cette interprétation de quelques-uns des grands rôles de Molière (Harpagon, Argan), qui deviennent entre ses mains des fantoches de bouffonnerie pure, tranchons le mot, de simples guignols. Encore Cadet y porte-t-il un certain goût d'art et une mesure relative. Mais si son exemple fait tradition, s'il entraîne dans son orbite quelques-uns de ses camarades, ce sera fait des trois ou quatre chefs-d'œuvre du maître.

20 janvier 1896.

Vous vous rappelez peut-être ce que j'avais dit, en mon dernier feuilleton, du jeu de Coquelin cadet dans l'Argan, du *Malade imaginaire*? Si vous l'avez oublié, la lettre qui suit vous le remettra en mémoire. Je viens de la recevoir; elle est de Coquelin cadet lui-même. C'est un plaidoyer *pro domo*. Vous savez que j'aime à laisser la parole à mes contradicteurs, quand ils sont polis. Coquelin cadet est, d'ailleurs, un artiste très convaincu et il y a plaisir à causer avec lui des rôles qu'il a étudiés et qu'il joue. Voici cette lettre, dont je ne crois pas devoir retrancher ni modifier un mot :

Mon cher Sarcey,

Cette fois-ci, ce sera un peu long. Je lis dans votre feuilleton d'hier que je suis un destructeur de chefs-d'œuvre, un acteur faussant les traditions, un modèle abominable pour les élèves du Conservatoire dans le *Malade imaginaire* et dans l'*Avare*. Il faut pourtant s'expliquer sur ces deux rôles. Vous dites que je suis un guignol dans Argan et dans Harpagon. Je pense que vous exagérez, mon cher ami. Si je guignolisais ces deux rôles, le public, le juge suprême, ne m'accueillerait pas favorablement dans ces deux chefs-d'œuvre de Molière.

Je viens de faire un voyage en Russie, en Roumanie et en Serbie. J'ai joué ces deux pièces dans presque toutes les villes de ces pays, et partout l'on a trouvé que j'étais dans la véritable tradition de Molière. L'*Avare* et le *Malade* ont été traduits en Russie, en Roumanie, en Serbie, et j'ai satisfait mes auditeurs, en Russie, au point qu'après le monologue de la cassette volée dans l'*Avare*, c'était des huit et dix rappels. Vous dites que je me trompe dans Harpagon. C'est possible, je ne le crois pas ; huit ou dix rappels pour une erreur d'interprétation. Qu'eût-ce été pour la vraie interprétation? Vingt-cinq rappels alors?

Voilà une trentaine d'années que je vis quotidiennement dans Molière. Je l'ai bien étudié et j'ai la certitude qu'Argan et Harpagon sont deux agités, chacun en proie à une idée fixe : le premier à une maladie qui le fait courir comme cinq cents diables aux cabinets, et le second à un amour hystérique de l'or qui le fait courir comme un dératé à sa cassette. Ces deux personnages sont deux types très intenses dans les-

quels l'acteur doit chercher à donner le maximum de comique, sans
quitter la sincérité et en restant dans le caractère des personnages.
Car en voilà assez de cette idée fausse de jouer *tragiquement* l'*Arare*.
C'est une mauvaise plaisanterie et une duperie, disons plus, une tra-
hison. On trahit Molière en jouant Harpagon en tragédie et en le vo-
ciférant lamentablement. Molière, qui a créé le rôle, faisait rire à tout
casser, et il fallait que son jeu fût formidablement drôlatique, puisque,
habillé d'une façon moins grotesque que nous qui jouons l'*Arare* aujourd'hui, il faisait écrire à Robinet (qui était le Sarcey du dix-septième
siècle) ce feuilleton (en vers!) huit jours après la première de l'*Arare*,
le 15 septembre 1669 :

>   J'avertis que le sieur Molière
>   . . . .
>   Joue à présent sur son théâtre,
>   Où le suit la foule idolâtre,
>   Un *Arare* qui *divertit*
>   Non pas certes pour un petit,
>   Au delà de ce qu'on peut dire,
>   *Car d'un bout à l'autre il fait rire.*

Je suppose qu'on devait rire énormément, *puisqu'on riait au delà de
ce qu'on peut dire,* on devait rire sur les petits bancs. — Ceci, pour
dire à quel point Molière poussait le comique de l'*Arare*. — Les acteurs sont dans la vérité d'Harpagon en essayant de faire rire et d'a-
muser à outrance.

C'est à la fin du siècle dernier que quelques premiers rôles, mâtinés
de tragédie, ont voulu jouer Harpagon à la manière noire et hurler tragiquement le monologue, oubliant cette phrase, de ce même monologue,
qui est la clef du personnage : « *Ils me regardent tous et se mettent à
rire!* » Dès lors, le rôle a été faussé et le public trompé.

Harpagon est un rôle infiniment comique — *idem* Argan — qui est,
comme le dit Bélise, « un homme incommode à tout le monde, malpropre,
dégoûtant, sans cesse un lavement ou une médecine dans le ventre
(c'est-à-dire s'envolant comme un cerf-volant vers les cabinets), mou-
chant (moi je ne me mouche pas encore assez, je me moucherai davantage), *crachant toujours* (je crache peu), sans esprit, ennuyeux!
de mauvaise humeur, fatiguant sans cesse les gens... Vous m'avez reproché de presque danser avec ma fille en courant après Toinette; ne
faut-il pas que je fatigue tout le monde? même ma fille?. Voilà
Argan. Il est insupportable, il crie, il court, se remue follement dans

son fauteuil ; il est bougon, colérique, plein de santé, comme le malade imaginaire. Il n'est pas neurasthénique... oh ! non ! il mange bien, boit sec, dort comme un sonneur, les somnifères lui sont absolument inutiles ; il a une idée fixe : la maladie, et il devient le pantin de cette maladie.

Le *Malade imaginaire* est une comédie de caractère admirable, touchant à la farce, et il est nécessaire d'être caractéristique et drôlatique dans le personnage d'Argan, pittoresque et pictural, plein de mouvement et de force. (Vous parlez de tréteaux, mon cher Sarcey, n'oubliez pas que Molière aimait Tabarin et qu'il devait y avoir souvent dans son comique un ressouvenir du Pont-Neuf.)

J'essaye d'être cela ; je ne dis pas que j'y réussis, mais je sens bien que ma tentative est suivie avec intérêt par le public, qui rit à mon jeu et m'encourage dans ce que je crois être la vérité.

Peut-être, mon cher Sarcey, ne nous entendrons-nous jamais ! Je mourrai dans l'impénitence comique finale, et vous dans le respect excessif d'une tradition qui n'est peut-être pas la bonne.

Vous parlez de Saint-Léon qui jouait le malade imaginaire, et que vous soupçonnez d'avoir causé avec Molière. Il a peut-être causé avec Molière, mais je crains qu'il ne l'ait pas bien compris.

Vous racontez, dans votre feuilleton, qu'un vieil abonné est venu me dire au foyer après le *Malade imaginaire* : « Mes compliments *tout de même*, monsieur Coquelin...

On vous a induit en erreur. Pas vu d'abonné. Je n'ai rencontré qu'un académicien très distingué (dont je tairai le nom) qui m'a dit :

« Monsieur Coquelin, vous avez été étourdissant (pardon de cette confidence laudative). »

L'histoire du vieil abonné vous a peut-être été racontée par un de mes camarades (ils sont si gentils, les camarades !). On vous a trompé, cher ami. On ne peut, hélas ! plaire à l'Académie et aux camarades, ce serait trop !

Je m'efforce seulement de plaire aux spectateurs, et suis, par leur accueil, obligé de persévérer, dans ce que vous appelez, vous, mon *guignolisme*, et que le public appelle peut-être, lui, la vérité moliéresque.

Très amicalement à vous, mon cher Sarcey,

CADET.

Du moment que Cadet a pour lui les Serbes et les académiciens, il n'y a plus qu'à s'incliner. Huit rappels, et des rappels de Serbes, s'il vous plaît, c'est une raison qui vaut le *sans dot* du maître.

Ce n'est pas, pourrait objecter un Cléanthe de la critique, qu'il n'y ait quantité de bons esprits qui inclineraient à croire que le Théâtre-Français n'est pas un tréteau et que, quand Molière composait, sur la fin de sa vie, le *Malade imaginaire*, peut-être avait-il une autre idée en tête que de mettre Tabarin sur la scène...

— Huit rappels ! et des rappels de Serbes.

— Oh ! il n'y a rien à répliquer. Huit rappels et des rappels de Serbes, cela répond à tout. Voilà qui est entendu Ce n'est pas pourtant que les bons esprits...

Il est inutile de pousser plus avant ce badinage... Que voulez-vous que je dise à un comédien qui croit sérieusement avoir pénétré les profondeurs du rôle, quand il nous a dit qu'Argan ne songe qu'à s'envoler aux cabinets !

Eh bien ! pour nous borner à ce détail, qui n'est pas de première conséquence dans l'œuvre de Molière (car le *Malade imaginaire*, quoi qu'en dise Coquelin, n'est pas une question de cabinets) je dirai à notre ami que Saint-Léon ne s'y envolait pas comme lui. Il demandait à Toinette, comme le texte l'exige :

— Donnez-moi mon bâton...

Et l'ayant pris, au moment de partir, s'arrêtait, croisait la jambe droite sur la jambe gauche, en serrant les épaules, tandis qu'un frisson passait sur son visage ; puis, sa figure se détendait, et, la crise surmontée, il filait rapidement avant que l'autre qu'il prévoyait lui coupât la fuite.

Toute la salle pouffait de rire. Je n'ose croire que Saint-Léon tînt ce jeu de scène de Molière lui-même. Peut-être l'avait-il pris simplement dans l'observation de la nature. Au moins avait-il le bon esprit de ne pas croire qu'il mettait une étude de caractère dans la façon d'aller aux cabinets.

Comment Cadet ne voit-il pas, ce qui, depuis deux siècles, a crevé les yeux de tous les critiques, ou plutôt de tout le monde, qu'Argan est, en effet et très réellement, un malade imaginaire, un hypocondriaque, si l'on aime mieux, et que Molière, par un coup de génie, a fait de lui un sanguin qui sursaute au moindre incident, s'irrite, s'emballe, jusqu'à ce qu'un mot lui rappelle qu'il est malade et très malade. Le comique de la pièce, un comique très profond, est tout entier dans le contraste incessamment renouvelé d'un égoïste, ramassé sur sa prétendue maladie, qui sacrifierait femme et enfants à sa santé, et qui s'échappe sans cesse de cette contemplation où il vit par des à-coups de fureur, que provoquent à plaisir ceux qui l'entourent, car ils n'ont qu'à toucher le bouton de sa maladie pour que l'éclat jaillisse.

Savez-vous bien, mon cher Cadet, que le *Malade imaginaire*, c'est la comédie la plus *rosse* que l'on ait jamais écrite. Jules Lemaître s'amusait, l'autre jour, à nous montrer, dans un feuilleton délicieux, bien que légèrement paradoxal, que Molière et son œuvre manquent de bonté. Jamais il n'a poussé si loin que dans le *Malade imaginaire* ce que l'on appelle aujourd'hui la rosserie.

— Votre fille, dit Toinette à Argan, doit épouser un mari pour elle, et, n'étant pas malade, il n'est pas nécessaire de lui donner un médecin.

— C'est pour moi que je lui donne ce médecin, répond inconsciemment le malade.

Tous les jeunes gens de l'école réaliste et brutale peuvent se cotiser. Ils ne trouveront pas plus rosse. Les mots de ce genre abondent dans le rôle. Il y a eu des comédiens qui se demandaient avec inquiétude comment ils mettraient en valeur ces traits de caractère, par quel artifice ils leur garderaient toute leur intensité de comique. Vous, mon cher Cadet, vous êtes préoccupé d'autres soucis : vous vous demandez si vous vous mouchez suffisamment, si vous crachez d'une façon assez malpropre, si vous courez assez vite aux cabinets.

Chacun prend les grands rôles par où il peut. Vous m'annoncez que ma critique ne vous aura pas été inutile. Vous ne vous mouchiez pas assez souvent. Désormais vous vous moucherez davantage. Mouchez-vous, mon ami, vous y verrez peut-être plus clair. Mais laissez-moi dire aux élèves du Conservatoire, pour qui vous êtes un exemple et un flambeau :

— Gardez-vous de ce modèle, jeunes gens ! Il faut, pour tousser, cracher, tomber par terre en s'asseyant à côté de son fauteuil et s'envoler aux cabinets, de longues réflexions et de patientes études, dont vous n'êtes peut-être pas capables, sans compter un je ne sais quoi de génial dans le talent que tout le monde ne saurait avoir. Contentez-vous de suivre modestement, humblement, la tradition du vieux papa Provost, qui était un assez bon comédien quoi qu'il comprît Molière autrement que Cadet. Vous ne serez peut-être pas rappelé huit fois par les Serbes. Mais vous aurez l'approbation de quelques vieux amateurs, comme moi, qui vous serreront discrètement la main en signe de remerciement.

27 janvier 1896.

II

TOINETTE

La gaieté se passe d'esprit ; elle n'a qu'un mérite, mais il est grand : c'est d'être gaie. De quoi est-elle faite ? en quoi consiste-t-elle ? On ne saurait trop le dire. Elle est gaie, voilà tout. Il y a des gens d'infiniment d'esprit qui ne sont point gais. Tout leur esprit pâlit devant la belle humeur d'un bon compagnon qui s'amuse, en amusant les autres. Il est étourdi, éclaboussé par cette joie bruyante et folle qui s'anime par le mouvement même qu'elle excite, et qui s'enivre de son propre bruit.

La Toinette de Molière n'a pas pour un sou d'esprit : elle est gaie. C'est comme une brave fille de bonne humeur et de bon sens, qui aime le gros rire et s'abandonne à toutes les fantaisies qui lui traversent la cervelle. L'art de Molière, c'est d'avoir placé une personne de ce tempérament près d'un homme qui se croit malade, enfoncé dans la contemplation de ses maux, triste, maussade, atrabilaire, toujours une médecine dans le corps ou un lavement dans le ventre. Le contraste est si plaisant qu'on ne peut s'empêcher d'en rire. C'est la situation, qui rend comiques et spirituels tous les mots de Toinette ; pour elle, elle n'y pensait pas, la bonne fille : elle n'était que gaie, telle que Dieu l'avait faite.

Rappelez-vous la première scène où elle paraît : Argan l'a appelée plusieurs fois ; elle arrive en retard, et elle est grondée par son maître qui sacre et tempête après elle.

— Ah ! tu cries, se dit-elle. Attends un peu ! Je m'en vais crier plus fort que toi.

Elle fait semblant de s'être frappé le front contre la carne d'un volet et se met à geindre. Qu'y a-t-il là de spirituel ou même de plaisant ? C'est une imagination de fille en belle humeur. On rit, non des cris de Toinette, mais de la fureur d'Argan, qui ne peut pas quereller tout son saoul... C'est la situation qui est comique, c'est Molière qui a de l'esprit, mais point ses personnages.

Tout le long de la pièce, Toinette aura de ces idées folles qui ne seront drôles que par le contraste. C'est elle qui plantera un oreiller sur la tête du malade en lui disant :

— Et celui-ci pour vous garder du serein.

Une vraie farce de gamin! C'est elle qui, chargée d'approcher des fauteuils pour la compagnie, donnera au fils de M. Diafoirus une petite chaise d'enfant, qui le pincera, le lutinera, et qui prendra sa thèse de médecine, la trouvant bonne *pour l'image.*

Je défie qu'on trouve, dans tout cela, ombre de ce que nous appelons esprit. Si Toinette était une fine mouche, est-ce qu'avant de décider Argan à cette épreuve terrible où il contrefait le mort pour savoir les secrets de sa famille, elle n'aurait pas, de longue main, préparé la scène pour la faire réussir? Mais point du tout : c'est une imagination fantasque qui lui passe par la tête. Sitôt pris, sitôt pendu.

— Une idée!.. Monsieur mettez-vous là, dans votre chaise-longue, et faites le mort!

Elle ne songe point aux conséquences; non, cela lui est venu tout d'un coup, et du projet elle a passé à l'action. C'est une comédie, et toute comédie l'amuse. Elle se la donne à elle-même pour son propre plaisir; elle en prend sa part; elle en rit la première.

Mme Argan ne se défie point de Toinette, qui la trahit. Eh! comment s'en défierait-elle? Toinette est une si bonne fille, l'air si avenant, le cœur sur la main ; est-ce qu'on peut tromper, quand on rit de si bon courage?

Mlle Dinah Félix fait de Toinette une fille d'esprit; elle lui donne tout le sien, et elle en a beaucoup. Elle souligne les moindres mots de Molière, et leur prête des intentions délicates et subtiles. Les raffinés, là-dessus, se récrient : « Qu'elle a donc de finesse et de grâce! Comme tout cela est ingénieusement dit! » Oui, sans doute, mais la physionomie vraie du personnage a disparu.

L'erreur de Mlle Dinah Félix sera plus aisée à faire toucher au doigt, si nous la poursuivons dans le détail; car chaque détail se sent de la façon dont le rôle tout entier a été compris.

Argan se plaint à sa femme de l'insolence de Toinette. Bélise l'appelle et feint de la gronder.

— Moi, Madame, hélas! je ne sais ce que vous voulez dire, réplique Toinette. Je ne songe qu'à complaire à Monsieur en toutes choses.

Mlle Dinah Félix répond cela d'un ton doucereux et qui sonne faux; elle a l'air de dire au public : « Je suis encore plus maligne qu'elle. A rouée, rouée et demie. » Mais une brave fille comme Toinette n'est pas rouée de la même façon qu'une vieille intrigante. Elle porte même dans un mensonge le parler franc et la bonne humeur qui sont le fond même de son caractère.

Mlle Augustine Brohan dit cette même phrase d'un air d'étonnement jovial et avec une certaine rondeur de bonhomie naïve. Elle n'y cherche point malice; et voyez pourtant comme cela est plus malin. On pourrait se méfier de Mlle Dinah Félix, comment ne pas se laisser prendre au ton de Mlle Brohan?

Tout le monde se rappelle cette amusante scène où Toinette se déguise en médecin. Ce déguisement est encore une de ces inventions bouffonnes où se marque le mieux la gaieté d'une imagination en belle humeur. Si Toinette était une autre fille, la scène n'aurait pas le sens commun, car à quoi sert-elle? qu'en restera-t-il de bon? Absolument rien. Mais c'est une drôlerie à faire. Toinette s'amuse; elle va se donner à elle-même le spectacle d'une consultation : elle va faire une charge, une parade. Cela est tout à fait dans l'idée que nous nous sommes formée d'elle. Elle y va donc bon jeu, bon argent, à la bonne franquette, comme on disait en ce temps-là.

Elle a vu faire les médecins, et elle fait comme eux. A

chaque symptôme que leur déclarait le malade, ils ne manquaient pas de dire gravement : « C'est la rate ou le foie. » Elle dit avec la même gravité : Le « poumon ». Mlle Dinah Félix croit devoir donner à ce mot, qui revient dix fois, une interprétation nouvelle, à chaque fois que la consultation le ramène. Elle le dit d'abord du ton d'un homme qui exprime une idée probable, puis d'un ton plus convaincu, puis d'une voix tout à fait assurée. Elle change d'intonation aussi souvent qu'elle répète le même mot ; ces intonations sont toutes très fines et fort spirituelles.

Mais pourquoi diantre donner de l'esprit à Toinette ? C'est une fille qui s'amuse. Elle n'y met pas tant de façons. Il faut entendre dire la même scène à Mlle Brohan. Elle ne cherche pas midi à quatorze heures, celle-là. Elle répète le mot, comme un battement de cloche, toujours avec le même son ; mais on sent si bien, au timbre de sa voix, que, sous ce sérieux affecté, elle étouffe de rire ! C'est qu'elle est gaie, elle est dans le rôle, et Mlle Dinah Félix n'y est pas. Cette jeune et aimable comédienne perd, à une interprétation fausse, infiniment d'esprit, de talent et de grâce.

Je ne me suis si longuement étendu sur ce sujet que parce que Mlle Dinah Félix vaut la peine qu'on la discute. Elle est intelligente, et si elle ne fait pas tout ce qu'elle veut, elle sait au moins ce qu'elle fait, et le fait parce qu'elle le veut. Il me semble qu'elle s'est engagée dans une route mauvaise, où elle trouvera bien des déceptions. Mais c'est affaire à elle. Elle a assez d'esprit pour ne s'inquiéter de rien, et elle est d'une famille qui a toujours eu du bonheur au théâtre.

7 juillet 1862.

III

TOINETTE ET THOMAS

C'est là un des grands mérites de Mlle Brohan, et peut-être le premier de tous : jamais elle n'égaie son rôle d'aucune charge ; elle se tient au texte même et en fait jaillir tout le comique qu'il renferme. Vous vous rappelez la fameuse scène où le jeune Thomas Diafoirus est présenté par son père à Angélique. On apporte des sièges pour toute la compagnie et, comme il en manque un, Toinette, pour faire niche à ce vilain prétendu, lui donne la chaise haute de la petite Louison, où ce grand dadais se hisse sans oser faire d'observation, en rougissant.

Rien de plus naturel que ce jeu de scène dont l'effet est sûr. Il faut des sièges pour tout le monde ; il y a dans la maison une petite fille de sept ans ; sa chaise est là : Toinette trouve plaisant d'y guinder l'imbécile qu'elle veut rendre ridicule. Le comique est peut-être un peu outré ; mais il reste dans les limites de la vraisemblance. Molière l'a d'ailleurs voulu ainsi ; et Mlle Augustine Brohan se prête, comme toutes les autres, à ce badinage.

Mais voyez la suite de la scène : M. Diafoirus entame un long éloge de son fils. Tandis qu'il débite son affaire, il est de tradition, au Théâtre-Français, que Toinette profite de la position délicate où elle a mis le jeune Thomas pour l'agacer : elle lui tire les cheveux, elle le pousse, elle lui fait des grimaces. Thomas a des sursauts d'épouvante, il lève le coude, comme un écolier qui a peur d'être battu, il montre les dents comme un chat en colère.

Le public rit beaucoup, et jamais les Toinettes ne se font faute de ce comique, qui est si facile. J'avoue qu'il ne m'avait jamais beaucoup plu. Je ne le trouvais point en situation. Quelle que puisse être la familiarité de Toinette dans la maison, il est trop clair qu'elle ne doit pas aller, par derrière, tirer les cheveux d'une personne en visite chez ses maîtres. Passe encore pour sa première plaisanterie, qui s'explique après tout, et si on l'eût grondée pour l'avoir faite, elle était en fond d'excuses.

Mais là, elle passe évidemment les bornes; nous tombons de la comédie dans la farce.

Cette farce a un autre tort, qui est plus grave, à coup sûr. Elle empêche qu'on entende un seul mot du discours de M. Diafoirus père. Je sais bien que Molière a quelquefois escamoté une tirade ennuyeuse, mais nécessaire, en la couvrant d'un jeu de scène qui occupe ailleurs l'attention du public. Ainsi, l'*Avare* se termine par une double reconnaissance, et le récit d'où elle est tirée est d'une insupportable longueur. L'auteur craint qu'on ne s'ennuie à l'écouter, voilà Harpagon soufflant une des deux bougies qui brûlent sur la table : on la rallume par malice, il la souffle encore ; il finit par la mettre dans sa poche ; on la lui rallume jusque dans cette poche, et la salle rit tout entière de si bon cœur qu'elle oublie ce qui se dit à côté ! Le dénouement s'achève sans qu'elle y prenne garde.

Mais, ici, est-ce le cas ? Le morceau que Molière a mis dans la bouche de M. Diafoirus père est un des mieux écrits, des plus spirituels et des plus plaisants qui soient jamais sortis de sa plume. Il serait vraiment dommage qu'il fût perdu pour les spectateurs. Mlle Brohan en a jugé ainsi : elle s'abstient de ces petites niches qui distraient leur attention. Regardez-la, pourtant : vous pourrez suivre le discours de M. Diafoirus sur son visage, qui en est, en quelque sorte, le commentaire vivant. Elle l'écoute ; elle force les autres à l'écouter et à le comprendre.

Quand M. Diafoirus dit avec admiration de son fils, qu'on eut toutes les peines du monde à lui apprendre à lire, et qu'à l'âge de neuf ans il ne connaissait pas encore ses lettres, vous verrez éclater, sur le visage de Mlle Augustine Brohan, un ravissement qui est des plus comiques ; et quand il ajoute : « Il est ferme dans la dispute, fort comme un Turc sur les principes, » etc., elle se penche vers sa jeune maîtresse, comme pour lui dire, avec des manières de compliments : « Allez-vous être heureuse ?... Un mari qui est fort comme un Turc sur les principes... »

L'actrice, au lieu de tirer le public à soi, le ramène sans cesse à l'acteur qui parle, ou plutôt à Molière. Elle sait accompagner, mérite bien rare au théâtre, où les artistes, excellents d'ailleurs, ont le jeu peu discret, se mettent sans cesse en avant, troublent la situation par leur turbulence inquiète, et ne sont satisfaits que s'ils ont arraché à contre-temps aux spectateurs un rire de mauvais aloi.

27 juillet 1863.

IV

ANGÉLIQUE

Mlle Baretta a très gentiment joué, avec son charme tendre et pénétrant, le rôle d'Angélique. Elle a fort bien dit la scène où la jeune fille se prend de pique avec sa belle-mère ; c'est au dernier acte que je me permettrai de faire une observation qui vise plus loin que Mlle Baretta, et dont la portée est plus générale.

Vous savez qu'Argan, pour éprouver les sentiments que lui porte sa famille, contrefait le mort. Angélique arrive, elle trouve Toinette en pleurs, qui, lui montrant son père étendu tout de son long dans le fauteuil, lui apprend la fatale nouvelle. Molière a mis à ce moment, dans la bouche de la jeune fille, un morceau fort touchant, qui est interrompu par le cri d'Argan, ravi d'avoir une fille si aimante.

Mlle Baretta a cru devoir jouer la scène avec tout le pathétique que comporte la situation. Elle a failli se trouver mal, au coup qui lui était porté. Elle est restée un instant sans souffle, puis, sa douleur se faisant jour, elle a donné au texte de Molière toute l'intensité de douleur dont elle est capable. En un mot, elle a joué la scène comme s'il s'agissait d'un père vraiment mort, et d'une fille qui fût réduite à le pleurer, comme disent les écoliers, pour de bon.

J'avoue qu'au fond elle a de bonnes raisons à alléguer pour le prendre ainsi. C'est la situation qui le veut. Angélique ignore que c'est là une épreuve ; elle y va bon jeu, bon argent ; son chagrin est sincère, il faut donc que l'actrice qui le traduit aux yeux le manifeste par les signes qui, dans la vie réelle, le caractérisent.

Voilà qui est fort bien raisonner. Mais en art, il y a une loi qui domine toutes les autres, c'est celle de l'harmonie. Il faut que toutes les parties d'une œuvre se fondent dans un ensemble général, et que le plaisir du public ne soit troublé par aucune dissonance.

Le *Malade imaginaire* est une comédie, et l'impression générale que le spectateur en doit emporter est une impression de comique. C'est Molière qui l'a voulu ainsi, et il a tourné toute sa fable (qui, en soi, est des plus tristes) vers ce but qu'il a atteint, de faire rire les honnêtes gens. Si donc il a mêlé quelques scènes dramatiques à la trame de son œuvre, il n'a pu le faire, et il ne l'a fait (vous pouvez vous en convaincre en relisant le texte) qu'avec une extrême discrétion de style, et il est revenu au plus vite au ton ordinaire de la comédie. Eh bien! l'artiste doit se conformer à ces indications; loin de forcer cette note dramatique, jetée à l'improviste à travers le rire, il fera mieux de l'atténuer, de n'en donner que ce qui est strictement nécessaire pour l'intelligence de la scène. Son mérite sera d'amortir cette nuance, afin qu'elle ne crie pas avec les couleurs qui l'entourent.

Les personnes familières avec nos théories verront aisément que ces réflexions rentrent dans un ordre d'idées que nous avons bien souvent exposées ici. C'est qu'au théâtre la vérité n'est rien, la vraisemblance est tout.

Il est très vrai qu'une fille sensible qui aime son père, et qui vient d'apprendre sa mort, a le droit de se répandre en sanglots, en larmes; les hoquets mêmes de la convulsion lui peuvent être permis. Cela, c'est la vérité.

Mais le vraisemblable, c'est, au théâtre, ce qui semble vrai à douze cents spectateurs réunis. L'auteur, poursuivant la vraisemblance, ne doit point s'occuper de ce qui serait vrai dans la réalité, sans paraître tel aux douze cents personnes à qui il s'adresse. C'est-à-dire qu'il prend son point de départ non dans la nature, mais dans la disposition d'esprit où se trouvent les douze cents personnes en question, au moment même où il leur parle.

Eh bien! moi, spectateur, qui viens d'écouter les trois actes du *Malade imaginaire*, les insanités d'Argan, les folles imaginations de Toinette, les jocrisseries fantaisistes de Thomas Diafoirus, les réjouissantes bêtises de M. Purgon, je ne suis pas trop d'humeur à prendre au sérieux la comédie de ce père qui se fait passer pour mort. Je vois d'avance le dénouement qui sera comique, et j'aime mieux ne pas perdre trop de temps à m'apitoyer sur le malheur imaginaire de cette jeune fille. Elle aura beau déployer des trésors de sensibilité; je n'en serai touché que médiocrement. Je n'irai pas me dire : « Après tout, cette pauvre fille, elle n'est pas au courant comme moi. Elle ne se doute pas que son père va se réveiller, l'embrasser, la marier. » Je penserai au contraire : « Allons! ne pleure pas trop ou dépêche-toi de pleurer, car tout cela, c'est de la farce! »

Tels sont mes sentiments à moi, public. J'imprime cette façon de voir, qui m'est personnelle, sur la vérité vraie, et je la change ainsi au gré de ma passion présente, et je veux que l'auteur se conforme à cette vérité nouvelle, et, à plus forte raison, l'artiste. C'est Molière lui-même qui m'a lancé dans cette direction; je la lui impose à mon tour, et, après lui, à ses interprètes.

5 juillet 1875.

REGNARD

REGNARD

LE « JOUEUR »

Le *Joueur* est un faux chef-d'œuvre, c'est un simple vaudeville qui a été, selon la mode du temps, coupé en cinq actes et écrit en vers. Il n'y a là d'étude ni de passions, ni de caractère, ni de milieu social. Mais vous avisez-vous jamais de rien demander de tel à une pièce du Palais-Royal ? Un jeune homme de bonne famille aime les cartes et sa fiancée ; quand il gagne au jeu, il oublie son Angélique ; il y revient quand il a perdu. C'est toute l'économie de la pièce. Ces revirements de passion donnent lieu à des scènes plaisantes, mais qui sont de convention, d'une convention tout aussi factice et infiniment plus surannée que celles de tel vaudeville de Labiche, ce Regnard du dix-neuvième siècle.

La pièce se sauve par le détail, qui est souvent d'une gaîté imprévue et charmante ; par le style, qui coule toujours d'une veine aisée et qui abonde en vers d'une sonorité légère, d'une grâce mousseuse et pétillante. Ce qui fait qu'on ne s'y amuse guère, c'est qu'on arrive, sur la foi de la renommée, comptant y rencontrer ce qui ne s'y trouve point, un brin d'observation et de vérité.

Jamais, sauf en sa nouveauté, le *Joueur* n'a eu de succès

véritable. Je ne veux parler que de ce que j'ai vu. Le soi-disant chef-d'œuvre de Regnard a été repris à ma connaissance en 1861, en 1866, en 1877 : en 1861, c'était Samson qui jouait Hector; Leroux faisait Valère et Mⁿᵉ Riquier Angélique. En 1866, Got a remplacé Samson, c'est toujours Leroux qui fait Valère. En 1877, je ne sais quel accident m'a empêché d'assister à la reprise que M. Perrin fit du *Joueur*. Elle n'eut qu'une représentation. M. Perrin, qui affichait l'horreur de Regnard, avait remonté la pièce sans y croire et profita d'une indisposition de Delaunay pour la retirer après une seule épreuve. Je puis affirmer, et mes souvenirs sont ici confirmés par mes feuilletons, qu'en 1866 comme en 1861 le *Joueur* ne fit qu'un médiocre plaisir, que les représentations en furent peu nombreuses et peu suivies.

Il faut que les artistes se mettent bien dans la tête qu'ils ne jouent pas un chef-d'œuvre classique, mais un simple vaudeville, et il faut qu'ils le jouent avec la désinvolture aisée et fantaisiste qu'exige le vaudeville. Ainsi, tenez! voilà M. Baillet qui nous fait Valère après Leroux et Delaunay. Il prend le joueur au sérieux; il tâche de nous rendre, et par l'expression de la physionomie, et par le geste, et par la voix, les fureurs et les désespoirs d'un homme qui a perdu au jeu. Tout cela serait bon s'il s'agissait d'une comédie de Molière, parce que, en effet, Molière aurait creusé et fouillé les abîmes de la passion et, qu'à travers le comique qu'il en eût infailliblement tiré, on aurait pu deviner des rages sincères et des larmes vraies. Mais Regnard s'arrête aux superficies.

Il y a dans chaque siècle une façon générale de sentir et de parler, comme de s'habiller. Ainsi, de notre temps (à Paris, tout au moins), les sentiments les plus vrais, les plus profonds, les plus terribles, revêtent la forme de la blague. On use, pour exprimer le désespoir le plus réel, de formules d'une gouaillerie exaspérée et âpre, comme si l'on raillait sa propre souffrance. C'est là ce que j'appelle une façon générale de sentir, parce que, en effet, le sentiment, outre qu'il en est quelque peu dévié dans son essence, ne se traduit que sous cette forme ironique qui est celle qu'impose la mode.

Sous cette forme, un homme de génie, un Molière, ira chercher le sentiment vrai et l'en dégagera ; un homme de talent, un Regnard, s'amusera et nous amusera de cette surface brillante, sans s'inquiéter de la passion vraie qu'elle couvre et dissimule.

De même au dix-septième siècle. Il y avait dans la bonne société d'alors un *habitus corporis et animi* fait de légèreté insoucieuse dans le sentiment, de grâce spirituelle et brillante dans l'expression, qui était comme la forme générale, la superficie de cette société. Molière ne s'y arrête pas : il va par là-dessous chercher l'humanité vraie et profonde ; il l'en fait jaillir à flots si abondants que ce mince glacis craque de toutes parts. Regnard glisse légèrement par-dessus.

C'est ce qui fait que Molière et Regnard comportent des interprétations très différentes. Vous pouvez fouiller tant qu'il vous plaira un personnage de Molière et en tirer toute l'ardeur des passions modernes, parce qu'il a vu et peint, sous le personnage à perruque du siècle de Louis XIV, l'homme en son fond éternel. Mais avec Regnard c'est trahir l'auteur que de vouloir montrer dans le *Joueur* un vrai joueur. Point du tout ; c'est un marquis fort riche, bien que sans argent, mais il ne s'en soucie guère, qui s'amuse de sa double passion pour le jeu et pour sa maîtresse et qui pirouettera toujours au-dessus, avec une aimable insouciance. C'est ce marquis-là qui, cent ans plus tard, sera jeté à la Force et ira à l'échafaud poudré et souriant, débitant des galanteries et des madrigaux à sa voisine sur la charrette fatale.

Eh bien, c'est ce dessus de frivolité qu'il faut que nous montre aujourd'hui l'artiste qui nous joue Valère.

Et, prenez bien garde : on ne doit pas le prendre au sérieux ; sans quoi, il n'y a plus de pièce. Si l'on peut soupçonner un instant que ce Valère sent les pointes dont sont déchirés les grands joueurs du temps présent, tout le monde s'écrie aussitôt : « Mais ce n'est pas ça du tout ! mais ça n'est pas étudié ! »

Pas étudié ! parbleu, je le crois bien ! Est-ce que Regnard étudiait, creusait, fouillait ? Il s'amusait et ne prétendait qu'amuser son public. Il ne voyait que la superficie des choses. Ne me montrez donc, vous son interprète, que cette superficie. N'arrivez pas sombre, le visage contracté, comme Frédérick Lemaître dans *Trente ans*. Il faut que dans votre contenance, dans votre air, dans votre voix, il y ait quelque chose qui avertisse le public et lui dise : Vous savez, tout ça n'est pas sérieux ; je suis marquis, d'une autre essence que le reste des hommes. De l'argent, mon Dieu ! j'en trouverai toujours. Tout s'arrangera ; tout s'arrange toujours quand on est gentilhomme et qu'on assiste au petit coucher.

10 août 1891.

LES « MÉNECHMES »

I

L'annonce des *Ménechmes* avait excité une curiosité extrême. Aucun de nous, si vieux qu'il fût, n'avait vu jouer les *Ménechmes*. J'ai lu dans un journal que M. Ballande, au cours de ses matinées, en avait donné une représentation. Je ne conteste pas le fait, tout ce que je puis dire, c'est je n'y avais pas assisté et je n'ai rencontré dans la salle personne qui s'en souvînt plus que moi. Les *Ménechmes* étaient donc pour nous tous un ouvrage absolument nouveau ; nous ne les connaissions que par la lecture, et les pièces, c'est, comme disaient nos pères, aux chandelles qu'il faut les voir.

Les *Ménechmes* ont subi glorieusement cette épreuve ; le succès a été énorme et j'aurais souhaité que M. Perrin fût dans la salle. Il a un préjugé contre ce pauvre Regnard, il ne restait de lui au répertoire courant de la Comédie-Française que deux ou trois pièces : *le Joueur*, *le Légataire universel* et *les Folies amoureuses* ; elles ont l'une après l'autre disparu de l'affiche. C'est à peine si nous avons, sous son long principat, vu deux ou trois représentations du *Joueur* ; on a beaucoup parlé de la reprise du *Légataire universel*, elle ne s'est jamais faite. Je crois que M. Perrin cède trop aisément en cette affaire aux préventions d'un goût personnel. J'espère que le succès des *Ménechmes* lui ouvrira les yeux.

Savez-vous bien que les *Ménechmes* avaient été forcés de faire antichambre chez messieurs les comédiens? Ils avaient refusé deux fois la pièce, et ce n'est qu'à la troisième lecture qu'ils se laissèrent persuader. Vous voyez qu'en ce temps-là c'était déjà comme du nôtre, et peut-être trouverez-vous la chose encore plus extraordinaire quand vous saurez qu'à l'époque où ces messieurs du comité faisaient ainsi croquer le marmot à Regnard, il avait déjà donné sur leur scène et le *Joueur*, et le *Distrait*, et *Démocrite*, et les *Folies amoureuses* et le *Retour imprévu*, et *Attendez-moi sous l'orme*.

Voyez-vous ce pauvre Regnard forcé, lui aussi, d'attendre sous l'orme? Les comédiens cédèrent enfin, et l'événement fit voir qu'ils avaient eu raison de se montrer bons princes. La pièce eut en sa nouveauté seize représentations d'affilée.

C'est comme qui dirait cent aujourd'hui. Elle était dédiée à M. Boileau-Despréaux, avec qui Regnard, ainsi qu'on le sait, avait eu souvent maille à partir. La dédicace est écrite d'un style courant où se trouvent quelques-uns de ces vers délicieux comme il en échappe sans cesse à la muse facile de Regnard :

> Qui connaît mieux que toi le cœur et ses travers !
> Le bon sens est toujours à son aise en tes vers.

Ce dernier vers n'est-il pas charmant? Il me semble qu'on aurait pu le donner comme épigraphe aux poésies de Nicolas.

> Le bon sens est toujours à son aise en tes vers !

Je donnerais même pour ce vers-là toutes ses satires et les trois quarts de ses épîtres.

Ce qui nous a charmés et charmés au delà de toute expression dans cette pièce de Regnard, c'est précisément la grâce aisée, libre et souriante de ce style, un des plus français que l'on ait jamais écrits.

La pièce en soi, mon Dieu, n'est pas meilleure que tant d'autres : c'est un simple quiproquo qui, d'acte en acte, est présenté sous de nouvelles formes, avec une certaine habileté et un certain sens du théâtre que je ne méconnais pas. Mais, sur ce point, nos vaudevillistes modernes sont plus roués que n'a jamais pu l'être Regnard, qui pratiquait alors un art encore dans son enfance. Si l'un de nos vaudevillistes à la mode osait encore reprendre cette donnée, de deux frères jumeaux se ressemblant assez de visage pour qu'on les prît l'un pour l'autre, les quiproquos qu'il en ferait jaillir seraient sans aucun doute mieux amenés, plus nombreux, plus imprévus ; la pièce, au lieu de s'épandre en cinq actes, n'en aurait que trois, car c'est là une donnée qui ne fournit évidemment pas à cinq actes !

Regnard ne s'embarrassait guère de toutes ces règles ; l'habitude était en ce temps-là d'écrire des pièces en cinq actes et en vers quelle que fût la donnée ; il écrivait ses cinq actes sans débrider et ne s'inquiétait point trop de ce qu'il y verserait, il se sauvait par la bonne humeur du dialogue et par le style surtout ; il n'en est pas de plus aisé, de plus vif, de plus français que celui de Regnard. Dès le premier acte, il y a le récit d'un songe qui, par sa légèreté d'allure, par sa vivacité de langue, a enchanté tout le public :

> Je me suis figuré, dans mon premier sommeil,
> Etre dans un jardin au lever du soleil,

> Que l'aurore vermeille avec ses doigts de rose
> Avait semé de fleurs nouvellement écloses;
> Là sur les bords charmants d'un superbe canal,
> Qui reçoit dans son sein un torrent de cristal,
> Où cent flots écumant et tombant en cascades
> Semblaient être poussés par autant de naïades;
> Là, dis-je, reposant sur un lit de roseaux,
> Je vous vois sur un char sortir du fond des eaux;
> Vous aviez de Vénus et l'habit et la mine;
> Cent mille amours poussaient une conque marine;
> Et les zéphyrs badins, volant de toutes parts,
> Faisaient au gré des airs flotter des étendards.

Et comme Araminthe, à ce récit, demande :

> De grâce, dites-moi, parlant sincèrement,
> Sous l'habit de Vénus, avais-je l'air charmant?
> Le port noble et divin?

le chevalier répond :

> Le plus divin du monde,
> Vous sentiez la déesse une lieue à la ronde.

Vous dire l'effet de ce morceau, cela n'est pas possible; non, rien ne vous donnera une idée du ravissement du public; ce public, je vous en ai bien souvent parlé, il est composé de journalistes, d'étudiants, d'hommes qui ont fait leurs études, de femmes qui en sont frottées; quelle joie pour tout ce monde d'entendre ces vers merveilleux!

Regnard abonde en traits imprévus qui ont tous été saisis au vol; Valentin, le valet du chevalier, lui dit qu'il faut changer de costume,

> Prendre d'un héritier l'habit et la figure,
> L'air entre triste et gai. Le deuil vous sied-il bien?

Et le chevalier répond :

> Si c'est comme héritier, ma foi, je n'en sais rien,
> Jamais succession ne m'est encor venue.

On parle d'un héritage ; Valentin demande à son maître si la succession est pour lui seul : Assurément, lui dit-il.

> La guerre m'a défait d'un frère, heureusement.
> Depuis près de vingt ans, à la fleur de son âge,
> Il a de l'autre monde entrepris le voyage
> Et n'est point revenu.

On demande à Ménechme ce qu'il a l'intention de faire, s'il prendra charge à la cour ou à l'armée.

Et il répond avec bonhomie :

> Mon âme dans ce choix est indéterminée.
> La cour aurait pour moi d'assez puissants appas,
> Si la sujétion ne me fatiguait pas.
> La guerre me ferait d'ailleurs assez d'envie,
> Si des gens bien versés en l'art d'astrologie
> Ne m'avaient assuré que je vivrais cent ans.
> Or, comme les guerriers vont peu jusqu'à ce temps,
> Quoique mon nom fameux pût voler dans l'Europe,
> Je veux, si je le puis, remplir mon horoscope.
> Oh ! j'aime à vivre, moi...

Je ne parle pas du fameux mot qui est resté célèbre :

> Que feriez-vous, monsieur, du nez d'un marguillier?

Mais que de jolis couplets, prestes, rapides, étincelants ! Valentin dit à Finette qu'il veut se mettre dans les affaires :

> .... Devant qu'il soit deux ans,
> Je veux que l'on me voie avec des airs fendants,
> Dans un char magnifique, allant à la campagne,
> Ebranler les pavés sous six chevaux d'Espagne.
> Un suisse à barbe torse, et nombre de valets,
> Intendants, cuisiniers rempliront mon palais :
> Mon buffet ne sera qu'or et que porcelaine ;
> Le vin y coulera comme l'eau dans la Seine ;
> Table ouverte à dîner ; et les jours libertins,
> Quand je voudrai donner des soupers clandestins,

> J'aurai, vers le rempart, quelque réduit commode
> Où je régalerai les beautés à la mode,
> Un jour l'une, un jour l'autre; et je veux à ton tour,
> Et devant qu'il soit peu, t'y régaler un jour.

Comme ces vers sont pleins et sonores, mais d'une sonorité spirituelle et gaie; ces vers-là pétillent chez Regnard. Finette dit à Ménechme, qui vient de lui dire des insolences :

> Ah! ma foi! si jamais chez nous vous revenez,
> Je vous fais de la porte un masque sur le nez.

Et Ménechme répond :

> Quand j'irai, je consens, pour punir ma folie,
> Que la porte sur moi se brise et m'estropie.

La rime n'est pas riche, d'accord; il y manque la consonne d'appui; à la bonne heure. Mais comme le vers est franc et ferme; c'est le vers de Régnier avec quelque chose de plus aisé, de plus cavalier et qui sent mieux son homme du monde.

C'est un ravissement que cette langue.

Les *Ménechmes* ont été joués avec beaucoup d'entrain par la jeune troupe de l'Odéon. Il faut tout d'abord mettre à part Mme Crosnier, qui n'est pas précisément de la jeune troupe, mais elle a fait l'office de capitaine; elle a, en tortillant sa barbiche, mené les jeunes recrues au feu. Elle a joué Araminthe comme Araminthe ne serait jouée nulle part, pas même à la Comédie-Française. Les jeunes artistes me demandent quelquefois ce que j'entends par ce jeu large que je leur recommande toujours; allez voir Mme Crosnier dans Araminthe, quelle ampleur de gestes et de diction! Comme chaque mot sonne dans sa bouche qui est rompue au maniement de l'alexandrin! C'est une merveille de voir jouer ainsi un rôle de l'ancien répertoire par une femme qui en possède toutes les traditions et qui, de plus, est une comédienne excellente. Elle a été applaudie, acclamée, et j'ai vu le moment où elle serait obligée de revenir en scène pour saluer le public avant que le rideau fût tombé. Mais elle est de la vieille roche et elle s'est dérobée à ce triomphe. Elle a été la joie de cette comédie.

A côté d'elle, nous avons vu deux jeunes débutantes : Mlle Lynnès, une jeune fille que nous ne connaissions pas et qui, je pense, paraît pour la première fois sur un théâtre parisien. Elle jouait Finette; elle a le visage éveillé et fripon d'une soubrette de l'ancien répertoire; la diction est nette, juste et vive : c'est un très heureux début.

L'autre est Mlle Yahne, une toute jeune fille de seize ans à peine, qui tremblait comme la feuille. Elle est jolie, la voix est harmonieuse et douce; nous verrons ce qu'elle deviendra plus tard.

J'aurais souhaité que ces jeunes gens à qui l'on a donné la charge de nous restituer Regnard y eussent apporté moins de soucis de correction, plus de verve et de diable au corps. Si les *Ménechmes* sont joués avec trop de soin et trop de froideur, la pièce est si vilaine de fond et de mœurs, si parfaitement cynique qu'elle risque de faire horreur.

Il n'y a pas à dire : le héros de Regnard est le dernier des hommes. Il se fait entretenir par les femmes et il en tire vanité; il escroque un héritage; il se laisse, par intermédiaire il est vrai, traiter de lâche; il trouve fort bon qu'un autre paye ses dettes, et s'applaudit du bon tour qu'on a joué à la dupe; il commet un faux en écriture publique; et n'en est que plus gaillard.

Regnard ne s'en fait pas scrupule, car il n'y songe pas, mais il faut que nous aussi nous n'ayons pas le loisir d'y songer.

Il faut que tout cela soit couvert, excusé, par une légèreté d'allures, par une vivacité de débit, par un je ne sais quoi d'évaporé et de plaisant qui fasse illusion au public et l'enlève. Il faut que nous nous sentions nager en plein dans les régions sacrées de la fantaisie. Si nous touchons terre un instant, cet instant suffit pour nous gâter le plaisir de ces inventions comiques.

Tous ces jeunes gens ont quelque peine à rompre avec le goût contemporain qui les pousse à la recherche de la vérité vraie, laquelle est toujours la vérité triste. Amaury joue très gentiment le chevalier, il n'y est pas assez ouvert, assez pimpant, assez dix-huitième siècle. Et de même, Rameau, l'autre Ménechme ; je voudrais qu'il fût moins froid et moins correct dans sa froideur ; je voudrais qu'il eût des soubresauts de colère, des effarements de surprise, qu'il donnât à son personnage cette ampleur de grotesque que nous admirons chez Mme Crosnier ; il reste grand jeune premier, et grand jeune premier de comédie moderne ; le rôle est un second comique, et un second comique du temps passé.

15 décembre 1884.

II

Vous vous souvenez peut-être que dans mon dernier article j'avais reproché aux deux artistes chargés des deux rôles des frères Ménechmes d'avoir été pour ainsi dire engoncés dans leurs personnages, de ne s'être livrés ni l'un ni l'autre, et d'avoir éteint, comme de parti pris, tous les effets de contraste comique que le poëte leur avait préparés.

C'était en effet, je l'ai su depuis, un parti pris chez eux :

— Nous devons nous ressembler, m'ont-ils dit; c'est même sur cette ressemblance qu'est fondée toute la pièce. Il nous était impossible de nous donner absolument le même visage et la même voix, nous avons tâché tout au moins d'être, autant que cela était possible, semblables par le costume, par l'extérieur, par les manières. Où eût été, je vous prie, l'illusion pour les spectateurs si celui de nous qui faisait le marquis eût affecté des airs légers, pimpants, évaporés, s'il eût été de bonne compagnie dans la mauvaise, tandis que l'autre se fût montré grossier, balourd et parfaitement ridicule? Nous avons donc cherché à rapprocher nos jeux l'un de l'autre, nous avons marqué de notre mieux et rendu sensible cette ressemblance sur laquelle Regnard a fondé sa pièce.

Je suis bien aise de saisir cette nouvelle occasion qui m'est offerte de montrer, par un exemple plus frappant peut-être que beaucoup d'autres, combien est inutile et dangereuse au théâtre la recherche de la vérité matérielle, de la vérité de fait, de la réalité comme disent les naturalistes.

Les deux frères se ressemblent de visage, voilà la vérité matérielle, voilà la réalité; mais supposez que tous deux se ressemblent de mœurs, d'allures, de caractère, de tempérament, de langage, comme il se ressemblent d'extérieur, qu'ils soient en quelque sorte deux exemplaires du même individu, copiés et calqués l'un sur l'autre; il est certain que dans la vie ordinaire on les prendra l'un pour l'autre, et que cette confusion pourra amener quelques quiproquos assez plaisants, mais ces quiproquos ne mèneront pas fort loin, et le comique qu'ils comportent ne tardera pas à être épuisé.

Où est le comique dans la pièce, telle que l'a comprise Regnard? Le comique de la situation, c'est que les deux frères étant semblables de figure et de voix, sont très différents, au contraire, par tout le reste. L'un est charmant et aimable; il a toujours vécu à la cour, il en a les manières aisées et libres; il en a le langage poli, il en a aussi, il faut bien le dire, les mœurs équivoques. C'est un honnête homme, comme on disait au temps passé, dont la conduite, à nous, nous paraîtrait malhonnête. Mais il sauve tout, à force d'esprit et de grâce.

L'autre est tout l'opposé; il a été élevé dans une petite ville; il en a l'honnêteté compacte, les manières brusques, le parler brutal. Il apporte à Paris toutes les naïvetés, tous les ridicules de la province.

C'est précisément dans ce contraste de deux hommes très dissemblables au fond, quand la forme se ressemble, qu'est et que doit être la source du comique dans la pièce de Regnard.

Il y a donc pour les acteurs chargés de ces deux rôles deux tâches à remplir : la première, c'est d'obtenir, s'il se peut, cette ressemblance de forme qui est un des éléments du comique; la seconde, c'est de marquer cette dissemblance de caractères qui en est l'autre élément. En d'autres termes, c'est d'observer la vérité matérielle, qui est la ressemblance physique; et la vérité morale, qui est la dissemblance de mœurs. Si l'on pouvait les réunir toutes les deux, il est certain que l'illusion serait plus parfaite; mais nous nous trouvons ici en présence d'une impossibilité de fait; vous pourrez vous y prendre de toutes les manières, jamais vous ne ferez qu'Amaury ressemble à Rameau, de figure et de voix; vous pouvez les costumer exactement de même; quant à leur donner les mêmes traits et le même organe, il n'y faut pas penser; vous serez donc toujours obligé de demander à la complaisance du spectateur d'être complice de la violence que vous faites à ses yeux. Que lui importe à lui spectateur qui sait fort bien, en tout état de cause, qu'Amaury ne ressemble point à Rameau, si cette dissemblance est plus ou moins grande ; il en a, dès l'avance, pris son parti.

L'auteur lui a dit au début de sa pièce :

— Faisons une convention ensemble : je suppose qu'il y a deux jumeaux, deux frères Lionnet qui sont si exactement semblables d'extérieur qu'on les prend l'un pour l'autre. Vous pensez bien qu'à moins de prendre les frères Lionnet eux-mêmes je ne peux pas, au théâtre, réaliser cette ressemblance parfaite : admettez-la néanmoins comme réalisée ; c'est un pacte que nous concluons ensemble. Est-ce convenu ?

Si le public regimbe, s'il refuse de signer, ah ! pour le coup, il n'y a plus de pièce ; voilà qui est entendu, car, toutes les fois que le public n'accepte pas la donnée, la pièce est perdue d'avance, et il est impossible de bâtir un édifice sur une base croulante.

Mais le public a signé ; il a dit :

—C'est bien ; je m'engage à prendre pour exactement semblables les deux acteurs chargés de représenter vos deux jumeaux ; je m'engage à récuser le témoignage de mes yeux ou plutôt je m'engage à ne pas porter leur attention sur ce détail ; le point est acquis : les deux jumeaux se ressemblent, n'en parlons plus. Et maintenant, marchez !

— En avant ! dit le poète.

Et tout aussitôt il met chacun des frères aux prises avec les mêmes situations et il les rend plus piquantes par le contraste des deux caractères.

C'est ce contraste que le poète cherche à faire saillir ; c'est de ce contraste qu'il tire tous ses effets de comique ; c'est donc ce contraste que les acteurs doivent accuser. Là est la vérité morale ; la ressemblance physique, ce n'est qu'une vérité de fait, une vérité matérielle.

MM. Amaury et Rameau ont eu le plus grand tort de

préférer la seconde à la première. Est-ce que jamais, au Théâtre-Français, on s'est inquiété de savoir si, dans *Amphitryon*, l'acteur qui représente Sosie était de même taille ou de même visage que celui qui fait Mercure ? Il est entendu entre le poëte et le spectateur que la ressemblance entre l'un et l'autre est absolument complète, et l'on passe.

Vous vous rappelez que, dans *Mademoiselle de Belle-Isle*, le duc de Richelieu doit, dans un moment bien délicat, se tromper et prendre la marquise de Prie pour Mlle de Belle-Isle. S'est-on jamais occupé de choisir, pour jouer les deux rôles, deux femmes qui eussent la même taille et qui rendissent l'erreur vraisemblable ? Pas le moins du monde. La ressemblance physique, c'était une vérité matérielle et de fait dont on a toujours cru ne pas avoir à se soucier ; on a tâché, au contraire, de mettre au plein vent la dissemblance morale, et cette dissemblance se traduit toujours au théâtre par des différences de visage, de taille et de voix. Il est certain que Mlle de Belle-Isle doit être une jeune personne élancée, au regard mélancolique, tandis que Mme de Prie, la maîtresse du duc de Bourbon, ne peut être qu'une forte femme, déjà sur le retour, grasse, superbe, bien en chair et forte en couleurs.

Nous avons vu Mlle Sarah Bernhardt jouer Mlle de Belle-Isle, tandis que Mme Édile Riquier faisait la marquise de Prie. Vous avouerez que l'erreur du duc de Richelieu devenait inexcusable et incompréhensible. Mais personne n'y prenait garde, la convention avait été ainsi établie et signée.

Et si vous me dites : Convention, tant que vous voudrez ; moi, je ne la signe pas, votre convention. Il me déplaît de voir le duc de Richelieu s'imaginer qu'il converse familièrement avec Mlle de Belle-Isle, cette personnification de la virginité maigre, quand il a sous la main la plantureuse Mme de Prie, ce type du vice, florissant d'embonpoint.

— C'est votre droit, mon ami, vous avez en effet toujours le droit de ne pas admettre une convention; tout ce qui en résulte, c'est qu'il n'y a plus de pièce. Si tout le monde avait été d'aussi méchante composition que vous, la comédie d'Alexandre Dumas eût été culbutée le premier soir et je vous avouerai même que ce jour-là le danger a été grand; il y a eu chez les spectateurs de la première représentation un moment de stupeur, puis de révolte; la violence qu'on leur faisait était trop grande, le caillou que l'on avait mis dans l'ornière où roulait la voiture était trop gros. La roue a fait un saut terrible, elle est retombée du bon côté, et le voyage s'est achevé sans secousse. Vous ne voulez pas être dans le train? Libre à vous; descendez, mon ami, mais reconnaissez qu'alors même que l'on eût pris pour jouer les deux rôles deux actrices à peu près semblables de formes, l'invraisemblance de l'erreur n'aurait pas été moins choquante pour nous.

La pièce y eût au contraire beaucoup perdu pour le reste du public, qui a pris son parti de cette invraisemblance, car le meilleur de la comédie est dans le contraste piquant que forme cette intrigante de Mme de Prie avec l'aimable et chaste Mlle de Belle-Isle, le duc de Richelieu entre les deux.

Les pièces où l'on a mis à profit cette ressemblance de deux personnages pour en tirer des effets de larmes ou de rire sont nombreuses au théâtre; il n'y a que trois moyens d'en sauver l'invraisemblance aux yeux du spectateur: le premier est celui qui a dû venir tout d'abord à l'esprit des auteurs dramatiques, c'est de faire jouer les deux rôles par le même acteur; c'est ainsi que, dans la *Bouquetière des Innocents*, Mme Marie Laurent est tour à tour une marchande à la Halle et la femme du maréchal d'Ancre, Léonora Galigaï.

Remarquez que dans cette dernière pièce l'intérêt vient, comme dans les *Ménechmes*, de la dissemblance morale se joignant à la ressemblance physique. Vous voyez Mᵐᵉ Marie Laurent, femme du peuple, ronde d'allures, tendre de cœur, gaie de langage, aux petits soins pour l'être souffreteux qui lui sert de mari; puis tout à coup vous la retrouvez sous les traits de la parvenue italienne : fière, sombre, farouche, emplissant de ses noires fureurs l'âme de son époux.

Les pièces taillées sur ce modèle seront toujours rares, parce qu'il faut pour les jouer un artiste qui puisse également bien rendre deux personnages très différents, et qui ait assez de souplesse pour opérer à tout instant, sur sa physionomie et sur son jeu, les transformations que réclame le drame. Ajoutez que ces rôles sont très lourds, car l'acteur est toujours en scène, puisqu'il représente à la fois deux personnages, dont chacun mène une partie de l'action. Il a fallu, pour résister à la fatigue de ce double rôle dans la *Bouquetière des Innocents*, le tempérament de fer et la voix d'airain de Mᵐᵉ Marie Laurent, une des plus vaillantes comédiennes de ce temps.

Le second moyen, ou, si vous aimez mieux, le second truc, dont les auteurs se sont servis, est infiniment plus simple; vous le trouverez employé dans *Prosper et Vincent*, un des plus jolis vaudevilles de Duvert et Lauzanne. Prosper et Vincent sont deux frères jumeaux, comme l'exige le thème. Mais on ne voit absolument que Vincent; Prosper reste, comme nous disons dans l'argot de coulisse, à la cantonade; il est sans cesse question de lui, mais il ne paraît pas. Ce n'est qu'au dernier acte, à l'heure du dénouement, quand la toile tombe, que Prosper entre par le fond; Vincent se jette dans ses bras, le cache au public, qui serait bien en peine de dire si les deux frères ont même visage, car il n'en a jamais vu qu'un. La pièce, ainsi faite, se prive volontairement d'une foule de scènes très réjouissantes, elle gagne moins en vraisemblance qu'on ne pourrait croire, car Prosper nous est représenté comme un jeune officier plein de bonne grâce et de séduction, un casse-cœur qui a enlevé une jolie Anglaise ; Vincent est un apprenti herboriste que nous voyons, lourd et pataud, se démener comme une grosse mouche à travers les incidents que lui suscite sa ressemblance avec ce frère que nous n'avons pas vu et qu'il ne connaît pas lui-même.

Pour peu que nous réfléchissions, nous ne saurions admettre que la jeune Anglaise enlevée par le brillant officier se jette au cou de l'apprenti herboriste. C'est une convention ; il en faut toujours revenir là ; qu'elle soit plus ou moins forte, il n'importe guère ; du moment qu'elle est admise, elle fait office de vérité.

Mieux vaut donc (et c'est le troisième moyen) la proposer franchement, mettre sous nos yeux les deux frères et nous dire : Ils se ressemblent ; c'est une supposition qui m'est nécessaire, passez-la-moi. L'invraisemblance vous paraîtra criante, je l'avoue, puisque vous aurez sous les yeux deux acteurs qui ne se ressemblent pas, mais c'est une invraisemblance de fait et au théâtre le fait ne compte pas. En art, la vérité matérielle ne doit point préoccuper, il ne faut s'attacher qu'à la vérité morale, et, dans l'espèce, cette vérité résulte du contraste des caractères.

Voilà bien des raisonnements pour établir un point qui probablement vous avait paru, du premier abord, indiscutable. Vous le voyez pourtant, voilà deux comédiens très intelligents, mis en scène par un homme qui est le théâtre en personne ; ils étudient avec soin deux rôles d'où ils espèrent tirer grand honneur et tous deux se laissent prendre à cette vue fausse, tous deux s'entendent pour négliger la vérité artistique, idéale, la vraie vérité, la grande, pour s'attacher à la vérité physique et matérielle, la vérité de fait, l'inutile et mesquine vérité.

— Eh! mais, disais-je à Rameau, savez-vous bien que si j'avais eu sous la main Dailly, oui Dailly, le Dailly du Palais-Royal, pour jouer le rôle du Ménechme provincial, je l'aurais pris tout de suite, et j'aurais donné le rôle de l'autre Ménechme à Bressant s'il avait encore été de ce monde, ou, à son défaut, à Delaunay.

— Mais ils ne se ressembleront plus du tout! s'écriait l'acteur déconcerté.

— Mais, puisque l'auteur a voulu qu'ils ne se ressemblassent pas ou plutôt que, se ressemblant de figure, ils fussent dissemblables de caractère et de langage, ils sont dissemblables, voilà la vérité vraie; c'est celle-là que vous devez traduire, et l'autre, elle n'existe que par hypothèse.

Je n'ai pas eu le loisir d'aller revoir une des deux représentations qui ont suivi la première; on m'assure que Rameau et Amaury ont tenu compte tous deux de ces observations et qu'ils ont très franchement accusé cette dissemblance qu'ils s'étaient efforcés d'atténuer le premier soir; on m'assure encore que la pièce a beaucoup gagné à cette interprétation nouvelle.

Pour moi, je ne regrette pas de m'être arrêté si longtemps à un détail qui paraîtra sans doute de médiocre importance à quelques-uns de mes lecteurs, mais il s'agit là d'un point de doctrine, et vous savez que ce feuilleton se pique avant tout d'esthétique.

22 décembre 1884.

LE « LÉGATAIRE UNIVERSEL »

Il faut qu'enfin je tienne ma promesse et que je parle du *Légataire universel*, de Regnard. J'avais promis de donner la lettre que m'a écrite à ce sujet M. Th. Reinach. Je le fais d'autant plus volontiers que vous y trouverez rassemblées toutes les critiques que l'on ait jamais faites de l'ouvrage de Regnard.

Voilà la lettre :

Cher monsieur,

Vous trouvez le *Légataire universel* admirable, vous l'avez écrit l'autre jour, dimanche prochain vous le prouverez sans doute. Permettrez-vous à un de vos lecteurs les plus fidèles de vous dire que tel n'a pas été l'avis d'une bonne partie du public et d'en chercher la raison ?

Ne parlons pas de la moralité de la pièce ; on ne parle que de ce qui existe. Un neveu intrigant et escroc, une servante friponne, un valet faussaire, qui sont les héros de la comédie et qui finissent par avoir partie gagnée, tandis que le vieillard qu'ils ont dupé, bafoué, bousculé, volé, à moitié tué — s'il n'est pas mort, il n'en vaut guère mieux — voilà ce qui vous ôte le goût de parler morale. Quand Molière met en scène des coquins de cette force, Dorante et Dorimène du *Bourgeois gentilhomme*, Tartuffe, il se garde bien de leur témoigner sa sympathie et il les met dehors au dernier acte ; quant à ses valets les plus fripons, leurs fourberies sont des plaisanteries innocentes en comparaison de celles de Crispin. Mais, encore une fois, mettons qu'à la comédie la morale soit du luxe ; voyons le nécessaire.

Le nécessaire, vous nous l'accorderez (avec Molière, qui s'y connaissait), c'est de faire rire les « honnêtes gens ». Est-ce que le *Légataire* fait rire les honnêtes gens? Les fait-il rire, du moins, de ce rire franc, sain, sans réticence, qui épanouit les sens et rafraîchit l'âme? J'en doute. Oubliez un moment le jeu « admirable » de Coquelin et de Jeanne Samary, oubliez quelques scènes de grosse bouffonnerie qui ne tiennent nullement à la trame de la pièce, que reste-t-il, en somme, pour sujet? Un vieillard cacochyme, moribond, un peu serré, mais bonhomme au fond — et dont tout le monde désire la mort et le bien : son neveu le cajole et le vole, sa servante le persifle, un laquais le brutalise au point de le faire tomber en syncope, et cela fait, au lieu de tâcher de le ranimer, on le laisse pour mort, dans un coin, comme un chien, et on le parodie dans la chambre à côté. Et vous voulez que nous trouvions cela drôle? C'est lugubre.

Ni la mort, ni la maladie avec tout son cortège d'infirmités et d'ordures, ne sont des sujets comiques; Regnard a beau appuyer lourdement sur les plaisanteries d'ordre digestif, la répugnance est aujourd'hui trop forte chez le public « honnête » et, franchement, je la crois légitime ; si les « honnêtes gens » de 1701 riaient de cela, tant pis pour eux. Est-il bien sûr, d'ailleurs, qu'ils en riaient? Vous me direz que Regnard n'était pas seul à traiter de pareils sujets; Molière, avant lui, avait écrit le *Malade imaginaire*. Mais pourquoi rions-nous aujourd'hui encore au *Malade imaginaire*? Parce qu'il est imaginaire... Dans le *Légataire*, rien de semblable. Dès le premier acte, Géronte est vraiment gravement malade; sa paralysie, sa colique, sa toux, son air d'ombre, tout cela n'est pas de la fantaisie, et l'excellent Clerh le prend fort au sérieux; aussi est-on choqué de voir la désinvolture, la brutalité avec laquelle on mène ce moribond; quand, à force de tracasser ses nerfs, on l'a mis en syncope, nous le croyons, de très bonne foi, mort ou mourant, et malgré la gaieté de quelques détails, nous ne rions que d'un rire équivoque, malsain, de cette bouffonnerie qui se joue dans une maison où la Mort vient de passer.

Molière, je le répète, n'aurait pas commis cette faute de goût. Le seul passage analogue qu'on puisse citer est celui de l'*Avare* où Frosine assure aux enfants d'Harpagon que leur père n'a pas six mois à vivre ; eh bien, j'affirme que les « honnêtes gens » n'entendent pas cette tirade sans gêne, sans dégoût, et qu'elle est une de celles qui empêchent l'*Avare* de compter au nombre des chefs-d'œuvre de premier rang.

Pour faire pardonner ce vice capital de la pièce, le côté lugubre du sujet, il faudrait une action étoffée, une fantaisie brillante dans les détails, des caractères bien définis, un style savoureux, une versification amusante. Est-ce que ces qualités se rencontrent dans le *Légataire*?

L'intrigue? Mais la pièce, la vraie pièce ne commence qu'à la fin du troisième acte, quand on apprend la mort de Géronte. Toute la première moitié est de l'exposition, du remplissage plus ou moins spirituel, des épisodes inutiles, comme la scène de l'apothicaire (qu'on retranche à la représentation), ou nuisibles comme le projet de mariage de Géronte avec Isabelle, qui jette le public sur une fausse piste. Même la véritable action, dont la scène du testament est le nœud, ne mène à rien; l'escamotage est mis à néant par la résurrection du bonhomme, et Regnard ne se tire d'affaire que par un dénouement d'une faiblesse pitoyable, à côté duquel celui de l'*Étourdi* est un chef-d'œuvre.

Les caractères? Mais en est-il un seul qui ait une physionomie vraiment originale, qui soit autre chose qu'une copie tirée d'un moule usé, archi-usé, dès 1701 et qui nous paraît, à nous, superlativement vieilli et vieillot?

Enfin le style, en admettant qu'il ait de la verve et quelquefois de l'esprit, n'est-il pas trop souvent mou, lâche, impropre, incorrect? Est-ce que Regnard n'abuse pas singulièrement de sa « facilité »? Est-ce que sa versification n'abonde pas en chevilles énormes, en enjambements lourds et traînants, en vers inutilement tragiques, en rimes incroyables (*Caen* avec *Normand*, *souvent* avec *an*, *grosse part* avec *quote-part!!*)?

J'arrive enfin au grand, au principal grief : c'est l'incessant, le fatigant plagiat de Molière. Le *Légataire* est fait comme les comédies de Plaute et de Térence, qui *contaminaient*, c'est-à-dire fondaient en une seule deux pièces de Ménandre ou de Philémon. Il n'est pas un caractère de la comédie qui ne puisse être ainsi décomposé mathématiquement en deux autres dont Molière a fourni tout, type général, détails, costume : Crispin, c'est Mascarille et Scapin; Lisette, c'est Dorine et Zerbinette; Éraste, c'est Dorante du *Bourgeois* et Valère de l'*Avare*; Géronte, c'est Argan du *Malade* et Harpagon...

Même procédé pour les situations, « les scènes à faire » ou à « refaire ». L'amour de Géronte pour Isabelle, c'est de l'*Avare*; la scène avec l'apothicaire Clistorel est du mauvais Purgon; jusqu'à l'ignoble chantage des billets dérobés au dernier acte qui rappellent la *cassette* de Molière!

Et les vers! Que de vieux amis qu'on salue au passage, sans être un grand clerc!

Ceci de l'*Avare* :

> Un petit cadeau
> Qui coûtât peu d'argent et qui parût nouveau.
>
> (*Le Légataire*, acte II, scène III.)

Ceci d'*Andromaque*:
> Nos affaires vont prendre une place nouvelle.
>
> (*Le Légataire*, II, VII.)

Des *Précieuses*:
> Les gens d'esprit n'ont point besoin de précepteur.
>
> (II, VIII.)

Des *Plaideurs*:
> Du bien?
> Je t'en ferai, pourvu qu'il ne m'en coûte rien.
>
> (II, VIII.)

De l'*Étourdi*:
> Pour un sou, d'une ardeur héroïque,
> Vous vous feriez fesser dans la place publique.
>
> (III, II.)

De *Tartuffe*:
> C'est à vous de sortir et de passer la porte,
> La maison m'appartient.
>
> (III, II.)

De *Britannicus*:
> Je ne sais pas, monsieur, farder la vérité
> Et dis ce que je pense avecque liberté.
>
> (III, IV.)

Du *Misanthrope*:
> Est-ce à moi, s'il vous plaît, que ce discours s'adresse?
>
> (III, VIII.)

Des *Femmes savantes*:
> Peste soit l'animal avec sa vision!
>
> (IV, II.)

J'en passe, et des meilleurs...

En résumé, que reste-t-il à l'actif de Regnard? De l'entrain, quelques vers spirituels, deux ou trois scènes gaies, mais d'une gaieté gênante et parfois triviale, enfin un « mot à répétition » justement célèbre — *C'est votre léthargie.* — En voilà plus qu'il n'en faut pour vivre dans les anthologies classiques, à côté des deux scènes fameuses de *Démocrite,* mais pas assez, ce me semble, pour rentrer d'une façon durable au répertoire de la Comédie. C'est Voltaire qui a dit, je crois, que celui qui ne se plaît pas avec Regnard n'est pas digne d'admirer Molière. Voltaire, auteur dramatique, avait de bonnes raisons pour être indulgent envers les copistes; nous dirions plus volontiers : « Celui qui admire sincèrement Molière ne se plaira que médiocrement avec Regnard. » *Imitatores servum pecus* — à moins qu'ils n'imitent comme imitait Molière, avec le coup de patte du génie. Laissons le temps faire son œuvre pour les autres, et ne cherchons pas à galvaniser ce qui est mort, plus mort que Géronte, et, si nous voulons à toute force d'une pièce de Regnard au répertoire, prenons le *Joueur* ; là il y a au moins un effort sincère et sérieux pour créer un nouveau type, pour sortir de l'ornière battue. Le *Légataire* s'y entraîne, et il y enfoncera.

Pardonnez-moi ce bavardage ; j'ai la conviction de n'avoir pas soutenu un paradoxe, d'avoir simplement dit tout haut ce que beaucoup pensent tout bas et n'osent pas avouer. Démontrez à ceux qui partagent mon goût qu'ils ont tort ; je suis sûr qu'ils ne demandent pas mieux. Les plaisirs de l'esprit sont trop rares pour qu'on s'en retranche de gaîté de cœur.

Votre dévoué et affectueux,
Théodore REINACH.

Voilà l'acte d'accusation.

Le hasard fait que dimanche dernier, mon confrère et ami Weiss, qui est peut-être avec moi l'admirateur le plus fervent de notre vieille littérature, a répondu par avance dans un des feuilletons les plus étincelants qu'il ait écrits à ces critiques qu'il n'avait pu lire encore.

M. Reinach est jeune ; il s'imagine sans doute qu'il a été le premier à s'apercevoir de l'immoralité du *Légataire universel* : il ne fait que rééditer ce qu'avait déjà dit Jean-Jacques.

Mais ni Jean-Jacques, ni Paul de Saint-Victor, qui l'a paraphrasé dans un article d'une extraordinaire éloquence, ni M. Reinach, qui enfourche après eux le même dada, ne se sont aperçus que toutes ces coquineries ne tirent à pas conséquence, par la simple raison qu'elles se passent dans ces régions sacrées de la fantaisie pure, où Polichinelle rosse le commissaire, où Colombine trompe le vieux Pantalon, où Scapin et Mascarille se font gloire de mériter les galères, où la jeunesse et l'amour ont le droit de triompher insolemment et de se jouer de la vieillesse, de la maladie, de la mort, de toutes les misères de la pauvre nature humaine.

Regnard a marqué fortement ce dédain qu'il fait de la réalité. Crispin arrive déguisé en veuve. Géronte la console :

> Votre époux, vous laissant mère et veuve à vingt ans,
> N'a pas dû vous laisser, je crois, beaucoup d'enfants.

Et Crispin répond :

> Rien que neuf ; mais, le cœur tout gonflé d'amertume,
> Deux ans encore après j'accouchai d'un posthume.

Rien que neuf! A prendre les choses au pied de la lettre, rien de plus absurde que cette réponse, qui suffirait à trahir le déguisement. Mais nous nageons en pleine fantaisie.

Plus tard, Crispin, sous les habits, sous les traits et sous le nom de Géronte, dicte le testament dudit Géronte :

— Je veux d'abord, dicte-t-il aux notaires, que l'on paye mes dettes.

Et il ajoute :

> Je dois quatre cents francs à mon marchand de vin,
> Un fripon qui demeure au cabaret voisin.

Ce serait une bêtise amère, si nous vivions ici en pleine réalité. Car il suffirait de cette plaisanterie saugrenue pour découvrir au notaire le pot aux roses. Mais Crispin s'amuse de ses propres extravagances, et Lisette, et Éraste, et les notaires, et le public ! Tout le monde sait qu'il ne faut rien prendre de tout cela au sérieux. Il n'y a plus dans les régions sublunaires où ont lieu ces sortes d'aventures ni bien, ni mal, ni morale, ni pudeur, ni convenances ; il n'y a rien que le rire, et pourvu qu'il éclate, peu importe d'où qu'il vienne.

J'aime moins le *Joueur* que le *Légataire* et j'ai été très heureux en retrouvant cette opinion dans le feuilleton de Weiss. Savez-vous pourquoi, mon cher Reinach ? C'est précisément parce que le *Joueur* affecte des allures de grande comédie, de comédie de caractères, et qu'il y a disproportion entre le sujet proposé et le génie de Regnard. Parlez-moi des *Ménechmes !* du *Distrait !* et surtout de ce merveilleux vaudeville de Labiche, les *Folies amoureuses !* Voilà où Regnard est lui-même !

Voilà ce que je voudrais voir reprendre à la Comédie-Française. Le *Joueur*, jamais de la vie ! Je l'ai vu représenter pour ma part une douzaine de fois, sous la direction de M. Thierry et sous celle de M. Perrin. Jamais il n'a (en dehors de deux scènes), amusé le public. Le style de Regnard y a même perdu de son aisance, de sa verve et de sa grâce.

Le style de Regnard ! mais c'est un des plus français qu'il y ait jamais eus ! Il abonde en vers pleins, sonores, pittoresques, qui passent la rampe, qui éveillent l'imagination et qui la réjouissent ! Je ne puis que plaindre un homme qui n'en goûte pas la grâce savoureuse et piquante. Je ne saurais lui en ouvrir l'intelligence.

On rejouera sans doute plus d'une fois le *Légataire* de Regnard ; je supplie M. Reinach d'y retourner, sans ses arrière-pensées de méfiance, avec l'idée de s'abandonner tout entier au libre génie du poète. Il sera pris comme les autres. Et d'autant mieux que le *Légataire* est joué, rue Richelieu, avec une verve merveilleuse.

19 janvier 1885.

MARIVAUX

MARIVAUX

LE THÉATRE DE MARIVAUX

J'ai déjà fait remarquer à plusieurs reprises que Marivaux ne fut pas estimé de son temps à sa juste valeur, et j'ai donné les raisons de cette froideur des contemporains pour l'œuvre de cet aimable esprit. Ce que l'on sait moins, en général, c'est que les cinquante années qui suivirent ne le regardèrent pas d'un œil beaucoup plus favorable.

Je vois par les feuilletons que Geoffroy, le célèbre critique des *Débats*, consacre aux pièces de Marivaux, entre 1800 et 1810, en quel discrédit elles étaient restées. En 1801 il écrit, parlant des *Jeux de l'amour et du hasard :*

« Cette pièce qui court les petits théâtres paraît bien rarement sur la scène française. »

Et après l'avoir contée, comme si c'eût été une comédie inconnue, il ramasse contre elle toutes les critiques qui devaient, j'imagine, voltiger dans l'air à cette époque-là.

« Chez lui l'esprit et le mauvais goût sont continuellement aux prises; sans cesse il se tourmente pour se défigurer lui-même; sa manie la plus bizarre est de donner à la métaphysique un jargon populaire et grossier; de travestir la galanterie et la finesse en style bas et trivial, d'affubler ses madrigaux d'expressions bourgeoises et familières; ses pensées les plus belles sont revêtues de haillons. Il valait mieux les laisser toutes nues. »

En avez-vous assez? Il continue de pousser sa pointe, si tant est que ce style ait rien d'aiguisé :

« Un autre défaut insupportable de Marivaux, c'est sa malheureuse abondance, c'est son intarissable babil. Quand il fait parler une femme, on dirait qu'il ouvre un robinet; c'est un flux de paroles qui ne s'arrête point. Cette vérité de mœurs est pénible et fastidieuse. »

Il n'est pas tendre, comme vous voyez, le farouche critique. J'imagine qu'il disait tout haut, avec cette raideur pédantesque de style qui était le caractère de son talent, ce que beaucoup d'honnêtes gens et de lettrés pensaient vers 1800, du théâtre de Marivaux. Et cependant les jolis rôles de Sylvia et d'Araminte étaient joués par Mlle Contat, dont l'élégance et l'art de bien dire étaient célèbres. Il est vrai que Mlle Contat commençait elle-même, vers ce temps-là, à déchoir dans l'estime des contemporains. On sait qu'elle fut obligée de battre en retraite devant les attaques passionnées de Geoffroy. Elle donna sa démission. Mlle Mars était là, toute prête à recueillir l'héritage.

C'est à Mlle Mars qu'il faut attribuer l'honneur d'avoir fixé à nouveau les yeux du public sur les comédies oubliées ou démodées de Marivaux. Mais si je m'en rapporte aux conversations que j'ai pu avoir avec les hommes de ce temps, c'était plutôt l'actrice qui était goûtée dans ces rôles que les rôles ne faisaient de plaisir par eux-mêmes. J'ai eu l'occasion de causer plus d'une fois de Mlle Mars avec quelques vieux amateurs; il y en avait encore, habitués de l'orchestre, lorsque j'entrai dans la critique. Ils louaient Mlle Mars d'avoir été égale aux grands rôles de Célimène et d'Elmire. Mais lorsqu'il s'agissait de Sylvia et d'Araminte, c'était la comédienne qui accaparait tous les éloges. Il n'en restait plus pour l'écrivain, que l'on avait l'air de trouver fort heureux d'avoir rencontré une si incomparable interprète. Mlle Mars, qui était soutenue par Molière, protégeait Marivaux : on sent la nuance.

Le revirement se fit peu à peu. On sait qu'il y eut dans le public un retour du goût vers les peintres du dix-huitième siècle : Watteau, Lancret et autres; que le genre Pompadour revint à la mode; que l'on se passionna dans l'ameublement, dans le costume, dans le bibelot, pour ces merveilles d'un art qui était plus joli que grand, mais qui était si joli! si joli! Marivaux bénéficia de cet engouement qui rendait la vogue à ceux que l'on appelait les petits-maîtres du dix-huitième siècle. Il n'avait certes pas l'envergure des Voltaire, des Diderot, des Rousseau, des Montesquieu; mais il était de premier ordre dans le second; et l'on se mit à l'admirer comme un de ces peintres élégants et coquets que l'on se reprochait d'avoir oubliés trop longtemps.

Le mouvement romantique fut également favorable à la réputation de Marivaux. Non pas que l'école, à la tête de laquelle marchait Victor Hugo et derrière lui Théophile Gautier, s'occupât particulièrement de la réhabilitation de Marivaux; mais il y avait dans le choix des sujets de Marivaux, dans le tour d'esprit de ses personnages, dans le maniérisme de leur langage, quelque chose qui rappelait les comédies de Shakespeare.

« En écoutant cette charmante comédie des *Jeux de l'amour et du hasard*, écrivait Théophile Gautier, il nous semblait impossible que Marivaux n'eût pas connu Shakespeare. Marivaux, nous le savons, passe pour peindre au pastel dans un style léger et avec un coloris d'une fraîcheur un peu fardée des figures de convention prises à ce monde de marquis, de chevaliers, de comtesses, évanoui sans retour; et pourtant dans les *Jeux de l'amour et du hasard* respire comme un frais souffle de *Comme il vous plaira*.

« Croyez que Bénédict pourrait très bien soutenir la conversation avec Sylvia, que Mario trouverait dans Rosalinde une interlocutrice prompte à la riposte, et qu'Orlando ne le cède en rien au chevalier pour la galanterie et la fine analyse des sentiments. Hélène et Démétrius, Hermia et Lysandre tiennent dans la forêt magique du *Songe d'une nuit d'été* des propos aussi alambiqués qu'aucun couple de Marivaux, dans un salon à tapisseries et à trumeaux tarabiscotés, théâtre habituel de ces légères escarmouches de l'esprit et du cœur. Bourguignon dit à Lisette des choses qui ne diffèrent pas beaucoup des madrigaux de Falstaff à mistress Quilly. Cette veine romanesque de Shakespeare, si Marivaux n'y a pas puisé, il l'aura sans doute rencontrée dans la littérature italienne, comme le grand William. Ces concetti si brillants, ces ingéniosités si fines que le goût n'a pas le courage de les blâmer, ont une source pareille. »

L'avènement d'Alfred de Musset au théâtre fit aussi beaucoup pour acclimater à la Comédie-Française les comédies de Marivaux et pour les consacrer chefs-d'œuvre. Le public, en écoutant le *Caprice*, les *Caprices de Marianne*, *On ne badine pas avec l'amour*, *Il ne faut jurer de rien*, prit le goût de ces analyses délicates et subtiles de passions raffinées, sur lesquelles voltigeait un goût de poésie romanesque.

Musset était un si grand écrivain qu'il semblait que ses ouvrages eussent dû éclipser ceux de son illustre devancier et les faire rentrer dans l'ombre. Point du tout; ils en renouvelèrent l'éclat. On s'aperçut que Marivaux était, lui aussi, un maître; que s'il n'avait pas le coup d'aile de Musset et ses envolées de fantaisie, peut-être entendait-il mieux le théâtre et pénétrait-il d'une pointe plus fine dans les plus secrets replis de la coquetterie féminine.

Voilà vingt ans passés que je suis assidûment le théâtre. Je puis dire que j'ai vu la renommée de Marivaux croître peu à peu et s'établir sur une base de plus en plus solide. Tandis que trois ou quatre de ses pièces revenaient sans cesse sur l'affiche, notamment le *Legs,* qui était du répertoire courant, M. Thierry faisait de temps à autre des excursions dans les œuvres oubliées et en remettait quelqu'une à la scène. On l'écoutait avec recueillement et sympathie : cela n'était pas toujours amusant ; mais c'était du Marivaux.

Tout dernièrement (1880) l'Académie française a donné le dernier coup de pouce à cette renommée en proposant l'éloge de Marivaux pour son concours d'éloquence. Jamais peut-être concours d'Académie ne mit tant de plumes en mouvement, ce qui prouve bien que le sujet était dans le courant des préoccupations publiques. A peine le prix fût-il décerné, que ce fut dans les revues des avalanches d'études publiées l'une après l'autre par des concurrents malheureux. Quelques-uns poussèrent jusqu'au volume, M. Fleury, par exemple, et M. Gossot ; l'un étudiant Marivaux sous toutes les formes qu'il a revêtues, l'autre y cherchant plutôt le moraliste. M. Reinach a publié également dans une revue un morceau très étudié qui évidemment avant lui revenait de l'Académie. Ce sont les seuls travaux que j'aie lus ; mais il y en a eu beaucoup d'autres.

S'il nous reste quelque chose à apprendre sur Marivaux, ce ne sera pas certes la faute de ses historiens et de ses commentateurs. Et pourtant, le dirai-je ? il y a un point — un point essentiel pour moi — qu'ils n'ont pas mis en lumière, que Sainte-Beuve lui-même a touché à peine dans sa substantielle et curieuse notice, c'est celui qu'indiquait

Théophile Gautier d'une main légère dans le passage que j'ai cité tout à l'heure.

Marivaux a, dans la plupart de ses pièces, un côté romanesque. A la façon de Shakespeare? Cela, j'en doute. Mais je voudrais préciser ce que j'entends par ce mot; car c'est par cette qualité qu'il vivra toujours et que ses comédies pourront être revues avec plaisir, même alors que sera définitivement abolie la mémoire des mœurs qu'il a peintes.

Marivaux plaira toujours à la foule, non pas à la grosse foule, mais à la foule des instruits, et des honnêtes femmes, par un certain air merveilleux qu'il possède de donner une forme visible et pour ainsi dire un corps à ces rêves impossibles et charmants qui occupent les imaginations des jeunes filles et qui font battre mystérieusement leur cœur.

Tenez! prenez la *Mère confidente*.

Quelle est la jeune fille qui, à l'âge de dix-huit ans, émue d'un sentiment tendre pour un cousin ou pour l'ami d'un frère, n'ait senti le délicieux secret lui peser sur le cœur et n'ait cherché des yeux autour d'elle à qui s'en ouvrir et s'en soulager? Elle a bien à ses côtés la meilleure des amies celle à qui depuis sa première enfance elle a confié ses joies et ses chagrins : c'est sa mère. Mais une mère! comment la mettre de moitié dans ses hasardeuses confidences? Oh! si sa mère pouvait un instant renoncer à son rôle de mère et se résoudre à n'être que l'amie qu'elle a toujours été; comme elle irait se jeter dans ses bras, lui avouer son trouble, lui demander conseil!

Et la mère, elle, a bien remarqué l'inquiétude de sa fille, elle en a aisément deviné la cause et elle tremble! Comme elle voudrait savoir les pensées qui flottent derrière ce front blanc! Comme elle voudrait pénétrer dans ce cœur qui lui est fermé pour la première fois! Quels sages avis pourrait donner la mère si on voulait se confier à l'amie! Comme elle dirait volontiers à sa fille : « Allons, courage ! ne me cache rien, ta mère ne le saura pas, c'est ton amie qui te presse. »

Oui, ce rêve a dû se faire cent fois ! rêve délicieux comme tous les rêves, mais irréalisable ; car la vie réelle ignore l'art de ces détachements subtils ; une mère, si bonne mère qu'elle soit, demeure toujours la mère de sa fille, et la fille ne saurait, en lui parlant, oublier qu'elle est sa mère.

Marivaux a mis la main sur ce songe plus flottant qu'une vapeur blanchâtre qui s'évanouit aux premiers rayons du soleil. Il l'a éclairé du feu cru de la rampe, et on l'a vu marchant et parlant sur la scène. Quelle main ingénieuse, quel art discret ne fallait-il pas pour mener à bien une œuvre aussi délicate ! De jeter en pleine réalité de la vie domestique ces personnages éclos d'un rêve, il n'y avait pas à y songer ; il fallait, pour que le spectateur les admît sans peine, les montrer dans ce lointain vaporeux et rose de la fantaisie poétique. Ils devaient habiter ce monde imaginaire et féerique tout peuplé de costumes galants, de sentiments subtils, de phrases raffinées où dansent en habits de marquises les bergères de Watteau, et cependant il ne fallait pas qu'en les voyant la pensée fût emportée trop loin du monde réel où ils étaient censés vivre et dont ils exprimaient les passions.

Elle est bien maniérée, elle est bien fausse, cette mère qui, pour devenir la confidente de sa fille, lui dit : « Je ne serai que ton amie et ta mère ne saura rien de ce que tu vas me confier. » Mais qu'elle est aimable et comme on se sent prêt à l'aimer ! Les deux scènes où elle presse sa fille et lui tire l'aveu de la faute que cette aimable étourdie va commettre, sont les chefs-d'œuvre d'un esprit ingénieux et d'une imagination tendre.

Les *Fausses Confidences*, qu'est-ce autre chose que le roman d'un jeune homme pauvre, ce roman qu'ont rêvé toutes les imaginations délicates entre dix-huit et vingt-cinq ans ?

M. Octave Feuillet l'a récrit et lui a donné je ne sais quoi de plus sombre. Son jeune homme pauvre est fier, cassant et tombe parfois dans le mélodrame; sa jeune fille riche est agitée et nerveuse; leurs débats sont souvent violents et tristes. Le roman des *Fausses Confidences* se joue au contraire dans le pays lumineux des songes, et Dorante et Araminte charmeront encore les générations futures quand déjà il ne sera plus parlé du Maxime Odiot de M. Feuillet et de sa Marguerite Laroque.

Faut-il parler encore des *Jeux de l'amour et du hasard*? Tous les jeunes cœurs n'ont-ils pas fait ce rêve : être aimé pour soi-même, et, sous un déguisement, s'assurer qu'il en est bien ainsi? Où ce rêve fut-il jamais présenté sous une forme plus gracieuse et plus poétique? Non, ces marquis déguisés en valets, ces jeunes filles de grandes maisons éprises d'un domestique, ne sont pas absolument vrais de la vérité réelle et plate; ils appartiennent aux songes, et Marivaux, le plus aimable enchanteur du dix-huitième siècle, leur a laissé cette grâce capricieuse et flottante que donne la rêverie aux personnages qu'elle crée.

C'est là la meilleure et la plus séduisante part d'originalité de Marivaux : celle qu'il n'avait point cherchée, celle qu'il a rencontrée sans y prendre garde. Il a jeté ainsi dans le monde une foule de personnages qui ne sont pas, à vrai dire, marqués de traits bien précis, mais qui amusent l'imagination et semblent, comme dans le tableau de Watteau, s'embarquer pour une riante Cythère.

Pauvre Marivaux! lui qui se piquait d'être un moraliste et qui l'était à ses heures, voilà que nous le louons à présent pour son aimable fantaisie. Savait-il seulement le sens que nous donnerions à ce mot? Il serait injuste cependant de ne pas regarder en lui le peintre du cœur humain et l'analyste des passions féminines.

On a dit que Marivaux n'avait jamais écrit qu'une pièce — toujours la même — sous différents noms. Il y a dans ce jugement quelque exagération ; mais si l'on ne prend que ses chefs-d'œuvre, il est certain que l'on trouve en eux, malgré les diversités plus apparentes que réelles, un grand air de ressemblance. Il a dit de lui-même que son système était de faire sortir malgré eux *de leurs niches* les sentiments qui cherchaient à s'y dérober. Presque toutes ses pièces sont, en effet, fondées sur l'hésitation qu'un personnage sent à dire un oui qu'il brûle de prononcer et qu'il n'ose pourtant pas prononcer. Il faut tirer ce oui de sa niche. Quand une fois il en est sorti, la comédie est terminée.

« On a très bien remarqué, dit Sainte-Beuve, que dans ses comédies en général, il n'y a pas d'obstacles extérieurs, pas d'intrigue positive, ni d'aventure qui traverse la passion des amants ; ce sont des chicanes de cœur qu'ils se font ; c'est une guerre d'escarmouches morales ; les cœurs au fond étant à peu près d'accord dès le début et les dangers et les empêchements du dehors faisant défaut, Marivaux met la difficulté et le nœud dans le scrupule même, dans la curiosité, la timidité ou l'ignorance et dans l'amour-propre ou le point d'honneur piqué des amants. Souvent ce n'est qu'un simple malentendu qu'il file adroitement et qu'il prolonge ; ce nœud très léger qu'il agite et qu'il tourmente, il ne faudrait que s'y prendre d'une certaine manière pour le dénouer à l'instant ; il n'a garde de le faire ; et c'est ce manège, ce tatillonnage bien mené et semé d'accidents gracieux qui plaît à des esprits délicats.

— Vous y viendrez !
— Vous n'y viendrez pas !
— Je gage que oui !
— Je gage que non !

« C'est ce que toute l'action semble dire. »

Il est impossible de démonter plus spirituellement son mécanisme. Mais il est une remarque que Sainte-Beuve aurait ajoutée, s'il avait été un homme de théâtre; c'est que ce *tatillonnage,* pour me servir de son expression, ne se fait pas sur place. La distance entre le point de départ et le point d'arrivée est très faible; mais Marivaux nous y pousse par un progrès continu. Chaque scène est un pas en avant. Marivaux possède cette grande qualité sans laquelle il n'est point d'auteur dramatique : il a le mouvement; non le mouvement endiablé d'un Beaumarchais, qui a toujours l'air de courir, même alors qu'il piétine sous lui, mais un mouvement doux et lent, presque insensible, comme celui d'un bateau sur une rivière tranquille.

« Marton, dit l'Araminte des *Fausses Confidences,* quel est donc ce jeune homme qui vient de nous saluer si gracieusement sur la terrasse. Il a vraiment bonne façon ! »

C'est de là que part la pièce ; elle semble être bien proche du but. Et cependant Marivaux aura l'art de semer ce court espace d'une foule de petits accidents qu'il faudra qu'Araminte, en dépit qu'elle en ait, franchisse les uns après les autres. On aura la sensation qu'elle avance de scène en scène, elle l'aura elle-même.

« Aucun de ces deux hommes n'est à sa place ! » dit la Sylvia du *Jeu de l'amour et du hasard* comparant le faux Bourguignon et le faux Dorante.

De ce premier mot à celui qui termine la pièce : « Ah ! je vois donc enfin clair dans mon cœur ! » l'intervalle n'est pas grand ; c'est un saut de puce, comme disaient nos pères; le chemin se fait à petits pas, mais on le voit faire ; on voit le mouvement.

Sainte-Beuve, analysant la jolie pièce des *Sincères,* cite la dernière phrase de la marquise : « Ah ! ah ! s'écrie-t-elle

en riant, nous avons pris un plaisant détour pour arriver
là ! » Ce mot, ajoute l'éminent critique, pourrait servir
d'épigraphe à toutes les pièces de Marivaux.

C'est faire tort à Marivaux que de parler ainsi : il va au
but marqué, lentement, mais par la droite ligne. Ce but, il
le montre d'avance, et il le montre presque à portée de la
main. Mais il sait que le chemin de l'amour est semé d'une
foule de petits obstacles, chicanes de la vanité, du préjugé,
de la timidité, que sais-je ? par-dessus lesquels il faut sauter,
hop ! hop ! et la pièce reprend, jusqu'à la prochaine barrière,
son allure bénigne.

L'amour, et non pas l'amour-passion, mais l'amour mêlé
de galanterie, avec tout ce qu'il a de plus exquis et de plus
délicat, est donc le sujet ordinaire des pièces de Marivaux,
ce peintre raffiné des curiosités et des coquetteries féminines. Aussi n'ai-je pas vu sans un peu d'étonnement quelques-uns des nouveaux historiens de Marivaux, louer chez
lui ses aspirations révolutionnaires et en faire presque au
théâtre un précurseur de Beaumarchais.

Ils prennent plaisir à citer les pièces où Marivaux, comme
dans l'*Ile des Esclaves*, suppose une révolution entre les
classes, les maîtres devenus serviteurs, et *vice versa*. Ils
font remarquer qu'au XVIIe siècle aucun écrivain ne se
fût avisé de revêtir Dorante d'une souquenille de valet et
de le faire aimer sous cet habit. Ils en concluent que
Marivaux était un esprit libéral, un précurseur de 89.

Voilà bien des affaires. Marivaux a fait comme tous les
écrivains dramatiques : il a recueilli les préjugés de son
temps, il les a portés au théâtre et il en a usé. Il était beaucoup question autour de lui de l'égalité des hommes, il s'en
est servi comme d'un moyen dramatique, sans y entendre
malice ou se poser en réformateur. C'était d'ailleurs une
tradition à la scène que les valets ont toujours eu plus d'es-

prit que les maîtres. Les Scapins de Molière ont recueilli des Daves de l'antiquité cet héritage de prétention et n'y ont pas failli.

Il est évident que si Marivaux eût revêtu de la casaque du Bourguignon l'âme ardente et endolorie d'un Jean-Jacques, le jeu fût devenu terrible et cruel, mais il n'y a point songé; il ne s'est même pas douté des intentions qu'on lui prête.

Quand le procureur Rémy s'emportant contre la vieille marquise dans les *Fausses Confidences*, lui dit brutalement qu'un homme en vaut un autre, je crains bien que ce ne soit nous qui entendions sonner dans cette boutade les revendications du tiers état contre la noblesse. Boutade! oui, ce n'était qu'une boutade pour Marivaux, et une boutade qui n'avait pour les contemporains rien d'extraordinaire : mais le fonds d'idées et de sentiments d'où elle était sortie traînait dans tous les écrits et dans toutes les conversations du temps. Le seul mot de révolution eût effarouché singulièrement Marivaux.

Il est à remarquer que presque tous ses personnages sont de bonnes gens. Il faut être trop bon, dit l'un d'eux, pour l'être assez. Qu'y a-t-il de plus aimable que le père de Sylvia? et son frère, Mario, avec ses aimables taquineries, n'est-il pas charmant? Ne sent-on pas comme une impression de douceur et de gaîté à vivre dans cette famille? Et Sylvia, quel joli caractère de jeune fille, ouverte, primesautière, le cœur sur la main, un bon petit cœur de femme! Et dans les *Fausses Confidences*, il n'y aurait qu'un mot pour qualifier Araminte, s'il n'était pas trop roturier pour tant d'élégances : c'est une brave femme! elle n'a pas seulement l'esprit de fouler aux pieds les préjugés sociaux, elle est compatissante, elle est tendre :

« Nous avons ordre, dit Lubin, son jardinier, d'être honnêtes avec tout le monde. »

Elle-même est douce avec tous ceux qui l'approchent. Et Dorante pousse l'honnêteté jusqu'à s'accuser, au moment où la stratégie de Dubois a réussi, du tort qu'il a eu d'y prêter la main ; Rémy, le vieux procureur, est franc comme l'osier ; il a du cœur, et ce cœur il l'a sur la main. Je ne vois guère que la mère, Mᵐᵉ Argonte, dont la sévérité ait quelque chose d'âpre et de rude, mais c'est qu'elle est entêtée de fortune et de noblesse ; et Marivaux n'admet pas qu'avec ces préjugés on puisse être indulgent.

Sainte-Beuve a remarqué que les valets et les soubrettes de Marivaux ont un caractère à part entre les personnages de cette classe au théâtre. Les Scapin, les Crispin, les Mascarille de Molière et de Regnard sont ordinairement des gens de sac et de corde. Chez lui, les valets sont plus décents, ils se rapprochent davantage de leurs maîtres ; ils en peuvent jouer au besoin le rôle sans trop d'invraisemblance ; ils ont des airs de petits-maîtres et des façons de porter l'habit sans que l'inconvenance saute aux yeux.

Ajoutons qu'ils sont tous dévoués, et n'ourdissent leurs ruses que pour de bons motifs. Marivaux était, dit-on, d'un commerce difficile, mais c'est que la délicatesse de ses nerfs et la vanité souffrante de l'auteur incompris l'avaient rendu très susceptible : au fond, il avait l'indulgente bonté d'un moraliste. Sa physionomie, dit un de ses portraitistes, était fine, spirituelle, bienveillante, mais inquiète et travaillée. Bienveillante ! le mot est juste. Cette bienveillance se répand comme une huile parfumée sur tout l'œuvre de Marivaux, et elle en est un des charmes les plus exquis.

Il y a bien à dire sur le style de Marivaux. Sans doute, remarque Sainte-Beuve, le mot de marivaudage s'est fixé dans la langue à titre de défaut. Qui dit *marivaudage* dit plus ou moins badinage à froid, espièglerie compassée et prolongée, pétillement redoublé et prétentieux ; une sorte de pédantisme sémillant et joli. Mais l'écrivain, considéré dans l'ensemble, vaut mieux que la définition à laquelle il a fourni occasion et sujet.

Oserai-je dire même que dans son théâtre ce défaut est moins sensible que dans ses romans ? Je ne vois guère (sauf exception bien entendu) que les valets qui marivaudent, au mauvais sens du mot, et surtout les valets de la campagne. Mais peut-être y a-t-il là un trait d'observation plus exact que l'on ne croit. Ce ne sont pas les illettrés qui parlent la langue la plus simple. Au contraire, les gens les moins instruits, surtout s'ils se mettent en tête de faire de l'esprit, trouvent naturellement les tours de langage les moins naturels, les expressions les plus contournées, les plus tirées.

Partout ailleurs, Marivaux a des phrases beaucoup moins précieuses qu'on ne s'est plu à le dire. Chacun, après tout, a sa façon de s'exprimer qui vient de sa façon de sentir ; et c'est lui-même qui a dit quelque part : « Penser naturellement, c'est rester dans la singularité d'esprit qui nous est échue. »

Il s'exprimait donc au gré d'une âme singulière et fine, et il rencontrait plutôt qu'il ne les cherchait des expressions raffinées et piquantes, qui lui étaient nécessaires pour rendre sensibles des nuances de passion ou des délicatesses de galanteries non encore aperçues. Il y a des gens qui sont, comme M. Jourdain, très naturellement vulgaires et plats. Il était naturellement maniéré, parce qu'il avait naturellement une manière.

Et quand même il y aurait eu de la manière dans sa manière ! Je ne puis résister au plaisir de citer, à ce propos, le joli apologue de Jules Janin :

« Un jeune homme à l'humeur douce, aux tendres manières, aimait une jeune demoiselle pour sa beauté et sa sagesse ; ce qui charmait surtout notre amoureux, c'était l'abandon et la naïveté de cette belle fille. Elle n'avait aucun souci de plaire, elle était belle sans y prendre garde. Assise ou debout, elle était charmante, et semblait n'y entendre aucune finesse. Notre jeune homme s'estimait bien heureux d'être aimé d'un objet si innocent et si aimable.

« Malheureusement, un jour, le galant venant de quitter sa belle, s'aperçut qu'il avait oublié son gant, et il revint sur ses pas. O surprise! L'innocente fille était occupée à se regarder dans un miroir; elle s'y représentait elle-même à elle-même, parlant et souriant à sa personne, dans les mêmes postures tendres et naïves qu'elle avait tout à l'heure avec son amant.

« Dans ces airs étudiés avec tant de soin, la dame en adoptait quelques-uns, en rejetait quelques autres; c'étaient de petites façons qu'on aurait pu noter, et apprendre comme on apprend un air de musique.

« Que fit notre galant?

« Il s'en tira comme un sot, par la fuite.

« Il ne vit dans cette perfection qu'un tour de gibecière. Il eut peur d'être une dupe.

« Eh! malheureux! c'était cette aimable fille qui était une dupe de se donner tant de peine pour te retenir dans ses bras. »

Qu'importe la peine et le soin de l'artiste si l'on ne sent plus le travail? Pourquoi lui savoir mauvais gré de s'être donné tant de mal pour nous plaire? N'y a-t-il pas vingt sortes de naturels? Marivaux a le sien, et la preuve, c'est qu'au théâtre, s'il est le régal des plus connaisseurs, il plaît encore au grand public; c'est que le *Jeu de l'amour et du hasard*, le *Legs* et les *Fausses Confidences* se sont joués chez nous dans des théâtres de genre, aux matinées du dimanche, devant la grosse foule avec autant de succès que le soir, à la Comédie-Française, devant l'élite des amateurs.

4 avril 1881.

LE « JEU DE L'AMOUR ET DU HASARD »

I

L'INTERPRÉTATION DE MARIVAUX

A propos de la reprise du *Jeu de l'amour et du hasard*, je m'étais engagé à examiner avec nos lecteurs une question de doctrine théâtrale, qui ne laisse pas d'avoir quelque intérêt.

Voici comment la chose était venue :

Les journaux qui se piquent de donner sur notre mouvement dramatique des renseignements exacts et quotidiens avaient annoncé, non sans quelque fracas, *urbi et orbi*, que pour cette reprise M. Perrin avait jugé à propos de reprendre le texte authentique de Marivaux et d'en retrancher les lazzi et jeux de scène que la tradition y avait ajoutés.

J'avoue que ce respect, un peu inattendu, de la prose de Marivaux, m'avait étonné chez un directeur qui coupe à tort et à travers dans les chefs-d'œuvre de Molière, pour épargner un frisson aux chastes oreilles de ses publics du mardi.

Ce soin m'avait paru quelque peu puéril ; car ces additions au texte primitif sont peu nombreuses, consacrées par une longue tradition et la plupart sont fort plaisantes.

Le hasard fit qu'après le premier acte je rencontrai dans le foyer un de mes jeunes camarades de l'Université, M. Larroumet, que je connaissais pour avoir donné quelques éditions classiques excellentes des chefs-d'œuvre de notre vieux théâtre, et qui, je le savais également, préparc en ce moment une thèse de doctorat sur les ouvrages de Marivaux.

Nous nous mîmes à causer, et naturellement la conversation tomba sur le *Jeu de l'amour et du hasard*. Je ne lui cachais pas combien j'étais peu touché de cette restitution intégrale du texte primitif, dont on menait si grand bruit. Mon vieil ami Benoit, l'illustre éditeur du *Virgile* de Hachette, me paraissait être de mon avis, m'approuvant d'un signe de tête.

M. Larroumet n'en était pas; il commençait à développer avec chaleur son idée sur ce point particulier d'esthétique, quand la sonnette du théâtre rompit notre entretien. Il fallut nous séparer, sans avoir achevé de vider la discussion.

Quelques jours après, je recevais la lettre, je ferais peut-être mieux de dire le petit mémoire qui suit.

Je le donne tout entier, parce qu'il est plein de vues nouvelles, de détails curieux, et part de la main d'un homme qui sait ce dont il parle et ne parle que de ce qu'il sait.

Je crois que vous aurez plaisir à lire ce morceau de critique. Vous y trouverez sur Marivaux beaucoup de choses qui n'avaient pas encore été dites, ou du moins qui ne l'avaient pas été si fortement.

Voici donc cette lettre *in extenso* :

Monsieur et cher maître,

J'aurais bien désiré lundi dernier, à la Comédie-Française, poursuivre la conversation commencée avec vous et votre camarade, M. Benoit, le célèbre professeur de la Sorbonne, sur le *Jeu de l'amour et du hasard*. Je n'ai pu vous reprendre à l'entr'acte suivant.

Permettez-moi de revenir sur une ou deux des idées que je voulais vous soumettre.

Vous estimez que M. Perrin a eu tort de supprimer les lazzis et les jeux de scène consacrés par la tradition, et qui remontent jusqu'à la création des rôles par les Italiens de 1730.

Pour ma part, une longue étude de Marivaux m'a prouvé que lazzis et jeux de scène n'étaient nullement le fait des premiers interprètes qui jouèrent sous la direction de l'auteur, mais bien des troupes de petits théâtres qui, après la disparition de la comédie italienne, en 1782, recueillirent plusieurs pièces de Marivaux et les jouèrent un peu partout, jusqu'à ce que Mlle Contat les fit entrer, vers 1794 et 1796, au Théâtre de la République.

De 1782 à 1794, l'interprétation avait certainement perdu son caractère primitif.

Les héritiers des Italiens en prenaient fort à leur aise avec le texte de la pièce et les jeux de scène marqués par l'auteur. Ils altérèrent celui-là, changèrent ceux-ci, les tournèrent au gros comique, et finalement créèrent une tradition nouvelle, que la Comédie-Française épura en la recueillant, mais qui n'en resta pas moins assez différente de ce qu'elle aurait dû être, et surtout de ce que Marivaux l'eût souhaitée.

Cette tradition exige que le *Jeu* et les *Fausses Confidences* soient rendus avec beaucoup de finesse, beaucoup de nuances et de sous-entendus, avec un art très raffiné et compliqué pour les rôles de femmes, avec une verve brillante et une gaîté très en dehors pour les rôles d'hommes. Ce n'est pas là ce que voulait Marivaux. Nous avons son témoignage. Il ne cessait, nous apprend d'Alembert, de recommander à ses interprètes le naturel et la simplicité, je dirai presque la naïveté.

« Il faut, disait-il, que les acteurs, dans mes pièces, ne paraissent jamais sentir la valeur de ce qu'ils disent et qu'en même temps les spectateurs la sentent et la démêlent. » Les comédiens résistaient ; ils voulaient, à tout prix, se montrer spirituels ; Marivaux ajoutait donc, avec dépit : « J'ai beau le leur répéter, la fureur de montrer de l'esprit est plus forte que mes très humbles remontrances ; ils aiment mieux commettre dans leur jeu un contre-sens perpétuel qui flatte leur amour propre que de ne pas paraître entendre finesse à leurs rôles. »

En parlant ainsi, il avait surtout en vue les comédiens français ; quant aux Italiens, il les trouvait plus dociles. Vous savez que son actrice favorite était Silvia Balletti; il l'avait formée lui-même, et il ne parlait de son élève qu'avec admiration. Or, quelles étaient les qualités de Silvia? « Son caractère, dit un contemporain, Sticotti, son caractère était la naïveté, et les grâces, tout son art. » « Tout en elle était nature, dit un autre, et l'art qui la perfectionnait restait toujours caché. Elle jouait sans détailler, « avec une brillante et abondante volubilité », qu'elle avait apprise de Marivaux lui-même. »

En revanche, celui-ci ne pouvait souffrir le jeu à prétentions, fatigant par le maniéré de Flaminia, la première amoureuse de la troupe. Il évitait le plus possible de lui confier des rôles importants, dont elle enrageait.

Les rôles d'amoureux étaient tenus par Louis Riccoboni (Lélio) et Maximilien Balletti (Mario). Riccoboni était simple, naturel, un peu froid, quant à Balletti qui, à la ville, « battait outrageusement » la pauvre Silvia, sa femme, c'était à la scène le type du galant homme. Il plaisait surtout par l'aisance et l'absence d'affectation.

Pour les valets, l'un d'eux, Vicentini, a laissé une grande réputation. Il n'avait pas le genre de comique dont le seul nom de son emploi, l'Arlequin, éveille l'idée; son talent était spirituel et gai, mais discret, mesuré, avec une pointe de sensibilité larmoyante. Vous savez que l'Arlequin de Marivaux n'est pas du tout l'effronté mauvais drôle de Ruzzani et de Gherardi; il est espiègle, naïf et bon : voyez-le surtout dans la *Double Inconstance* et dans l'*Ile des Esclaves*.

Je suis persuadé qu'avec ces divers artistes (joignez-y Alborghetti et Motterazzi pour les pères, et Margarita Rusca pour les soubrettes) la première représentation du *Jeu de l'amour et du hasard*, qui fut un des rares triomphes de Marivaux, ne vit pas ces intentions et ces finesses, ni surtout ces lazzis et ces gambades qui sont aujourd'hui la tradition.

On objecterait en vain les usages de la comédie italienne, les costumes bariolés, le masque, etc... tout ce qui appartient au dix-septième siècle beaucoup plus qu'au dix-huitième. C'était à l'époque des pièces à canevas, où l'improvisation, les lazzis et les jeux de scène tenaient une large place. A partir de la réouverture de 1716, les canevas deviennent très rares, comme aussi les pièces mêlées d'italien et de français; les pièces entièrement écrites en français leur succèdent; dans celles-ci, l'improvisation n'a plus aucune place. Comparez le texte des éditions originales du *Jeu* et des *Fausses Confidences* avec celui que l'on récite encore aujourd'hui : c'est absolument le même. Quant aux costumes, les pièces de Marivaux furent jouées en habit français, au moins le plus grand nombre ; les costumes italiens ne servaient plus qu'aux pièces féeriques ou fantaisistes, et Marivaux n'en composa que quelques-unes, par exemple *Arlequin poli par l'amour*, son premier succès.

S'il fut assez souvent heureux à la Comédie Italienne, malgré les cabales acharnées contre lui, il le fut beaucoup moins au Théâtre-Français. C'est qu'on l'y jouait tout autrement qu'il n'eût voulu. Il y trouvait comme première amoureuse, Mlle Lecouvreur. Or, celle-ci fit tomber deux de ses pièces, la seconde *Surprise de l'amour* et les *Serments indiscrets*. Pourquoi ? parce qu'elle mettait de « l'esprit et des intentions partout ». Aux premières représentations, stylée par son auteur, elle « prenait assez bien l'esprit de ses rôles », nous disent les contemporains, mais aux suivantes, « les applaudissements l'encourageaient à faire encore mieux, si c'était possible, et, à force de mieux faire, elle devenait précieuse et maniérée ».

De dépit, elle abandonne ces rôles. Ils sont repris par Mlle Grandval, actrice bien inférieure à Mlle Lecouvreur, mais simple et naturelle ; aussitôt les deux pièces se relèvent. Pour les rôles d'amoureux, Marivaux avait à lutter contre les prétentions de Quinault-Dufresne, vrai type du fat, malgré son grand talent, contre celles de Préville, trop fin et spirituel. Il trouvait plus de docilité chez Quinault aîné, chez Mlle Quinault cadette, chez Mlle Gaussin ; mais, en général, il dut se résigner, comme il le constatait lui-même, à un système d'interprétation qui gâtait ses pièces.

Joue-t-on maintenant les pièces de Marivaux avec assez de naturel et de simplicité ? Je ne le crois pas.

La tradition présente est l'héritage de trois grandes actrices, Mmes Contat, Mars et Plessy. Or, toutes les trois, avec des qualités admirables, furent plus ou moins apprêtées et maniérées.

Rien, il est vrai, ne sentait l'effort chez Mme Mars. Mais que de travail et de complications dans cette coquetterie ravissante ! De même pour Mme Plessy, qui nous semblait être l'incarnation de Silvia et d'Araminthe comme de Célimène.

Pour les rôles d'amoureux, le défaut était moins sensible ; mais il existait encore. Quant aux valets, Got et Coquelin les ont joués avec une verve irrésistible ; un peu de naïveté n'eût pas nui.

Dans la représentation d'il y a lundi quinze jours, la Comédie-Française semble avoir voulu revenir à la simplicité de l'interprétation primitive, et je crois qu'elle a eu raison.

Plusieurs jeux de scène, quelques phrases parasites, des lazzis ont disparu ; je ne les regrette pas, et je suis sûr que, si Marivaux revenait au monde, il demanderait à ses interprètes encore plus de naturel et de sobriété dans le jeu.

Si Mlle Broizat a pu succéder très honorablement à Mme Plessy, si Prudhon, quoique un peu lourd et froid, est en somme très suffisant dans le rôle de Dorante, ils le doivent en grande partie à leur simplicité.

Mais Truffier! celui-là m'a fait réellement souffrir. Malgré toute son intelligence, il a trouvé le moyen de rendre insupportable le rôle si amusant du valet. Got et Coquelin, ses prédécesseurs, brûlaient les planches; mais ni l'un ni l'autre n'étalaient cette déplorable agilité, ce luxe de cabrioles et de pirouettes, ces déhanchements, ces torticolis, ces cambrures prodigieuses. Truffier a fait de Pasquin, non pas un Mascarille ou un Jodelet, non pas un Arlequin, mais une manière de Hanlon-Lee.

On l'aurait vu, au lieu de sortir par la porte, s'esquiver en enfonçant l'imposte, qu'on n'eût pas été trop étonné. Est-ce là l'esprit du rôle? Le comique de Pasquin me semble consister dans le contraste entre la grossièreté du valet, qui ne peut être qu'un chevalier d'antichambre, et la distinction forcée du pseudo-marquis. Naïvement, il se croit un modèle de goût et de bon genre; il le dit à son maître. Traité en charge le personnages devient invraisemblable : M. Orgon ne se prêtera pas deux minutes à la plaisanterie et mettra mon Pasquin à la porte.

Pardon, mon cher maître, de cette longue lettre. J'aime beaucoup Marivaux, et je me laisse entraîner à parler de lui avec celui de nos critiques dramatiques qui connaît le mieux ce charmant auteur. J'ai vu, dans la représentation de lundi, en dépit des contre-sens accumulés par Truffier, une tentative intéressante, qui a pour elle la vérité historique et littéraire. Je crois que, plus le Marivaux sera joué simplement, plus il y gagnera. Il n'est déjà que trop maniéré par lui-même. Si l'acteur accentue cette manière au lieu de l'atténuer, adieu le charme de l'auteur! Marivaux était précieux le plus naturellement du monde; ses interprètes ne devraient jamais l'oublier.

J'aurais voulu appuyer de preuves empruntées aux documents originaux ce que je viens de vous dire; ma lettre est déjà beaucoup trop longue. Vous les trouverez dans le gros livre auquel je travaille depuis de longues années et auquel vous avez bien voulu vous intéresser. Il est imprimé; je n'attends plus que de l'avoir soutenu à la Sorbonne pour vous l'apporter. Ce sera, j'espère, pour le mois de novembre.

Croyez, mon cher maître, à mes sincères sentiments de reconnaissance et de dévouement.

G. LARROUMET,
Professeur au lycée de Vanves.

P.-S. — Tout cela est écrit au courant de la plume. Excusez-moi, et laissez-moi vous présenter encore à l'appui de ma thèse un nouvel argument que j'avais oublié ; c'est que Marivaux non seulement n'abandonnait rien au caprice de l'acteur pour le jeu de ses pièces, mais encore exigeait une grande fidélité dans la reproduction orale de sa prose. J'ai collationné deux copies, l'une du *Legs*, l'autre du *Préjugé vaincu* qui se trouvent aux archives de la Comédie-Française : elles portent de très nombreuses corrections de sa main, des remaniements de scène et des *béquets* en abondance.

Or, ces corrections portent le plus souvent sur de petits mots, insignifiants en apparence, mais auxquels Marivaux tenait et qu'il rétablissait à la représentation même, car la plupart de ces corrections, d'une écriture irrégulière et rapide, ont été faites au crayon, sur la scène même. On l'eût fort désobligé si l'on se fût permis de broder sur sa prose.

A vous de nouveau.

Il y a vraiment plaisir à causer de Marivaux avec un homme qui le connaît si bien.

Je ferai tout d'abord remarquer à M. Larroumet que ces additions (lazzis et jeux de scène) n'ont jamais porté que sur un rôle, celui d'Arlequin, qui depuis a changé de nom et s'est appelé Pasquin à la Comédie-Française.

Arlequin jouait sous le masque et avec un costume de tradition. C'était donc là un personnage absolument conventionnel. Dans les pièces où il était mêlé, si régulières et si correctes qu'elles fussent d'ailleurs, il devait nécessairement garder quelques-unes des allures que lui imposait, ou, si vous aimez mieux, qu'autorisait chez lui la tradition de ce costume et de ce masque.

Et de fait, bien que son rôle soit écrit avec infiniment de soin par Marivaux, il y a dans la pièce une ou deux scènes qui me paraissent être ce que nos anciens vaudevillistes appelaient des *scènes ad libitum* et qui ne sont que des restes, des souvenirs de l'antique *Comédia dell' Arte*. Une des plus célèbres de ces scènes est celle « *du lit* » dans le *Sourd ou l'Auberge pleine.* Je ne crois pas que le texte en ait jamais été imprimé. Elle était abandonnée à la fantaisie de l'acteur. Une fois la situation donnée, c'était à lui de l'égayer par les saillies et jeux de scène, nous dirions, à cette heure, par les *cascades* qu'elle comporte.

Eh bien ! pour ne citer dans le *Jeu de l'amour et du hasard* qu'une de ces scènes, prenez celle qui termine le premier acte. Pasquin a fait son entrée et il est fort content de sa petite personne ; Orgon arrive ; et Pasquin va recommencer une nouvelle série de sottises, tandis que son maître, déguisé en valet, tâche de les arrêter ou de les raccommoder.

Il est clair qu'ici Marivaux a fourni le canevas ; il a, comme Meilhac, dans certaines scènes de ces opérettes et de ses vaudevilles, écrit les plus saillantes des répliques ; je suis convaincu que sur cette donnée, l'acteur qui jouait Arlequin brodait de nouvelles impertinences dont la tradition s'est conservée jusqu'à nous.

— Bourguignon, dit M. Orgon en se tournant vers Dorante, ayez soin de vous, mon garçon.

Pasquin, qui vient, lui, d'accepter pour son compte de se rafraîchir, s'écrie en clignant de l'œil :

— Le gaillard est gourmet ; il boira du meilleur.

— Qu'il ne l'épargne pas, répond M. Orgon.

Et le rideau tombe. C'est là le texte : on ajoutait autrefois :

— Le gaillard est gourmet ; il boira du meilleur ; il en a l'habitude ; ce n'est pas comme...

Et Pasquin s'arrêtait brusquement, voyant qu'il allait se trahir.

M. Orgon, qui est au courant de la supercherie, feignait d'attendre et répétait :

— Ce n'est pas comme ?...

Pasquin demeurait embarrassé et reprenait tout à coup :

— Ce n'est pas comme ceux qui n'en ont pas l'habitude.

— Ah! bien! bien! disait M. Orgon en riant.

Puis, c'étaient à la porte de grands compliments entre M. Orgon et Pasquin, à qui céderait le pas à l'autre. Orgon finissait par se rendre et passait; mais au même instant Pasquin, prenant son parti, voulait passer également et bousculait son beau-père.

Vraiment, je ne vois pas ce que la pièce gagne à ces retranchements. Mais à ce compte, si l'on enlevait ainsi tout ce qui n'est pas indiqué dans le texte primitif, il faudrait supprimer le célèbre coup de pied du second acte. J'ai une édition du temps, il n'y est pas fait mention de ce coup de pied.

M. Perrin n'a pourtant pas cru devoir retrancher un jeu de scène si amusant et qui termine la scène d'une façon si brillante. Il n'a enlevé que la fameuse réplique, que Samson, que Regnier, que Coquelin ont tous dite tour à tour, et si drôlement :

— Je n'aime pas qu'on me manque.

Mais si vous enlevez cette demi-ligne, parce qu'elle n'est pas de Marivaux, il faudrait retrancher de même le coup de pied, qui n'est pas davantage de Marivaux.

Retrancher ce coup de pied, ce serait un meurtre! Je l'ai vu recevoir aux comédiens les plus illustres, et il excitait un merveilleux effet de rire. Je me souviens de l'impassibilité de Samson; il était droit comme un I, immobile, se carrant. Le coup de pied lui arrivait juste à destination; il ne bougeait pas; mais un nuage passait sur sa figure, et après un grand *temps :* « Je n'aime pas qu'on me manque, disait-il d'un air capable. »

M. Larroumet a l'air de croire que Pasquin fut joué à l'origine avec ces manières de petit maître sémillant, qu'éveille le nom d'Arlequin. Mais point du tout. Pasquin a été joué en balourd, et, comme le dit Marivaux lui-même, en butor. Molière écrit au féminin butor*de* (comtesse d'Escarbagnas), dont les façons ordinaires de parler sont sottes et triviales.

C'est ainsi que Regnier et Coquelin comprennent ce rôle. Et je ne puis me tromper à cela, car la première fois que j'y vis Regnier, il y a déjà de longues années, je fus très frappé et en même temps un peu étonné de cette interprétation. Je lui demandai d'où elle venait, et il me fit l'honneur de me dire qu'elle était de tradition. Pasquin est une manière de jocrisse qui ne dit et ne fait que des balourdises, et qui est toujours content de lui :

— Mon entrée a été si gentille! s'écriait-il en réponse aux reproches de son maître.

Il était ravi de s'en être si bien tiré! c'est un étonnement de nigaud. Et c'est ce qui fait que moi non plus je n'avais pas été bien satisfait de Truffier. Il a pris le contre-pied de la tradition et de la vérité. Il a fait de Pasquin une sorte de petit maître, exagérant la désinvolture des jeunes seigneurs qu'il est accoutumé de servir, sautillant et faisant des grâces. Ce n'est pas cela du tout. Pasquin est un naïf ; Coquelin, après Regnier, avait marqué ce caractère de traits inoubliables. Il n'y avait pas de raison pour changer une interprétation qui doit remonter à Marivaux à lui-même.

Je suis beaucoup moins touché d'un argument que M. Larroumet a laissé tomber de sa plume en passant : c'est que Pasquin, poussé à la charge comme il l'est par Truffier, devient invraisemblable, et que M. Orgon ne se prêterait pas une minute à cette plaisanterie.

Hélas! il faut bien que M. Larroumet en prenne son parti : le personnage de Pasquin ne sera jamais vraisemblable, que ce soit Coquelin ou que ce soit Truffier qui le joue. C'est un personnage de convention, et, au théâtre, il faut toujours se prêter de bonne grâce à la convention, lorsqu'elle est admise. Il est absurde d'imaginer qu'une fille d'esprit, comme Lisette, ne voie pas du premier coup d'œil, qu'elle a affaire à un imbécile de valet; mais si elle s'en aperçoit trop tôt, il n'y a plus de pièce, et ce serait dommage.

Les comédies de Marivaux se passent dans un milieu fantaisiste, où l'on n'a qu'un médiocre souci de la vraisemblance. Il ne faut pas serrer de trop près ces thèmes ingénieux, où se joue l'imagination aimable de l'auteur. Acceptons-les, comme on regarde une bergerie de Watteau. Toutes les attitudes sont justes, toutes les expressions de visage sont vraies, et cependant on se sent dans un monde tout autre que le monde réel.

J'ai été bien aise d'apprendre que le rôle de Silvia avait été joué vite « avec une brillante et abondante volubilité », dit M. Larroumet, d'après un contemporain.

C'est ainsi que j'avais compris le personnage, et d'ailleurs, il traîne encore dans le jeu de nos comédiennes des lambeaux de cette interprétation primitive. Il y a trois ou quatre couplets dont il est de tradition de précipiter le débit; on les jette tout d'une haleine, bien qu'ils soient formés de phrases courtes et détachées. C'est ainsi qu'on les enseigne au Conservatoire, et que je les ai, pour mon malheur, entendu répéter non pas vingt fois, mais cent fois. Je sais, hélas! l'intonation donnée à chaque mot, et je la sais si bien, qu'il m'est devenu pour ma part impossible de lire tout haut le *Jeu de l'amour et du hasard*. Je n'ai plus la sincérité d'expression qu'il faudrait, et je ne saurais plus la ressaisir.

Et, pour le dire en passant, c'est ce qui explique à M. Larroumet pourquoi cette comédie, non plus que tant d'autres de l'ancien répertoire, ne sera plus jouée avec la naïveté inconsciente et bon enfant qu'y ont portée jadis les créateurs des divers rôles.

Ils étaient bien à leur aise.

Eh, oui ! je le sais, et nos artistes contemporains le savent également : Silvia est une bonne petite fille, très gaie, très pétulante, toute d'instinct et de premier mouvement, un oiseau qui jase; de la vivacité et du charme, il n'en faut pas davantage pour un rôle. Mais quoi ! Ce rôle, il a été, depuis Marivaux, étudié, fouillé, dans tous les sens. Les grandes comédiennes qui se le sont repassé en ont fait saillir des mots auxquels l'auteur n'avait point pris garde, y ont découvert des effets inattendus. Il n'y a plus moyen aujourd'hui de ne pas tenir compte de ce travail d'un siècle. On ne peut plus jouer naïf; il faut jouer savant.

Supposez, mon cher Larroumet, — c'est une hypothèse fort invraisemblable — mais enfin, supposez une jeune fille du monde qui aurait ces dons inestimables de la grâce et du charme. Elle est prise d'une belle passion pour le théâtre ; au lieu de demander à ses maîtres le sens de Marivaux, elle le lit, et s'aperçoit que tous ces sentiments, elle les a éprouvés ; que ces conversations, elle les a tenues, et sans chercher midi à quatorze heures, guidée par un heureux naturel, elle les dit à la bonne franquette, vivement, gaîment, gentiment, comme une enfant heureuse de vivre. Ce serait délicieux, croyez-vous ! — Eh bien ! pas le moins du monde. Ça n'irait pas avec l'allure et le ton des autres qui tirent derrière eux, quoi qu'ils en aient, la chaîne d'une longue tradition.

Pour le vieux répertoire, vous aurez beau faire et beau dire, il n'y aura jamais moyen de le jouer franchement. Mais vous-même, est-ce que vous le voyez tel qu'il fut dans sa simplicité native ? Eh ! non, il ne vous arrive qu'à travers une atmosphère de commentaires et d'admirations qui le déforment. Il faut bien que le comédien tienne compte de vos préjugés, puisque c'est à vous, public, qu'il veut plaire. Il est donc obligé de faire une moyenne entre le sens primitif de l'œuvre, les diverses façons dont on l'a comprise depuis, son interprétation personnelle, le goût et les tendances du jour ; tous ces éléments doivent entrer et ils entrent à son insu dans la composition de son jeu. Vous ne rendrez pas plus à une œuvre du répertoire l'interprétation de ses premiers jours que vous ne retrouverez, vous, homme mûr, les grâces naïves de l'enfance.

C'est cet art composite et savant que nous admirions chez Mme Plessy. Peut-être y avait-il un peu de manière dans son jeu, mais elle n'était pas trop libre de n'en point avoir. Je ne parle pas de Mlle Mars que je n'ai jamais vue, même en mon enfance. Je n'imagine pas non plus que le rôle de Mario eût pu jamais être mieux joué par aucun acteur du temps passé qu'il ne l'a été par Delaunay, qui restait jeune, naturel et gai, tout en donnant à chaque mot sa valeur, qui alliait une simplicité charmante à des qualités sévères de merveilleux diseur. Ce pauvre Davrigny ne s'en doute pas.

Et de cette longue conversation, que conclure? Mon Dieu! tout ce qu'il vous plaira. Nous causons ; chacun expose ses idées, fait ses remarques ; il est possible qu'au bout du compte nous n'arrivions pas à un résultat qui se puisse précisément formuler. Le résultat, ce sera, si vous le voulez bien, de mieux connaître et de mieux goûter Marivaux, de l'écouter avec plus de plaisir, chaque fois que M. Perrin consentira à nous le rendre à la Comédie-Française.

14 août 1882.

II

SYLVIA

Il y a deux ou trois mois, quand Mlle Bartet se hasarda dans la Sylvia du *Jeu de l'amour et du hasard*, tout en rendant justice à la supériorité de son talent, je fis des réserves sur la façon dont elle avait compris et rendu le personnage : je m'engageai alors à expliquer comment il me semblait que le rôle dût être interprété.

Faisons ce qu'on devrait toujours faire, à ce qu'il me paraît, quand on entreprend une étude de ce genre. Effaçons de notre mémoire tout ce qu'ont dit, et de Marivaux et de Sylvia, tant de critiques qui s'en sont passionnément occupés ; j'oublie de parti pris ce qu'ont écrit et Janin, et Gautier, et Sainte-Beuve, et Brunetière, et Larroumet, et Jules Lemaître, et moi-même, hélas! Non, je viens au spectacle pour voir une pièce qui m'est absolument nouvelle, dont je ne sais rien.

Le rideau se lève. Voici une jeune fille qui entre en scène avec sa suivante, je dirais aujourd'hui avec sa bonne. Elle a dix-huit ans à peu près ; de quoi cause-t-elle ? Eh! mon Dieu! de ce qui occupe toutes les imaginations de jeunes filles. Elle sait qu'on va la marier, et elle se demande ce que sera le mari qu'on lui destine, si elle fera bien de l'épouser. La pauvre enfant! elle ne connaît rien du monde ; mais elle a fait tout de même ses petites observations, et avec un joli babil d'échappée de couvent, qui, pour deux remarques prises à la volée, tranche du La Rochefoucauld, la voilà qui, gentiment, bavarde sur le mariage, ou plutôt sur les idées qu'elle s'en est formée :

— Oh! ma chère Lisette, tu ne sais pas, l'autre jour, j'entre chez un monsieur : il venait de faire une querelle à sa femme; elle avait les yeux rouges, je l'ai parfaitement vu. Eh bien! il est venu à moi tout souriant, l'air dégagé. Voilà les hommes! Et puis, moi, si on me marie, j'aurai les yeux rouges, et tout le monde dira que mon mari est charmant. Si tu crois que ça m'amuse!

Ainsi va sa langue, à bride abattue, comme la plume de Mme de Sévigné; rieuse à travers sa grave philosophie de surface et ses jolies bouderies d'enfant gâté. Je vois du premier coup que c'est un bon petit cœur, qu'elle est à la fois naïve et étourdie, que la jeunesse, une jeunesse ingénue et spirituelle, pétille dans tous ses propos. Ah! l'aimable fille! comme on sent tout de suite qu'elle a été élevée dans un milieu d'honnêteté bourgeoise, par un père indulgent, qu'elle est habituée à dire librement et avec le tour vif d'une imagination toujours en mouvement tout ce qui lui passe par la tête, car il n'y passe rien que de juste, de loyal et de gentil.

Oh! que j'en voudrais à l'actrice chargée de me rendre cette conversation, si elle allait s'imaginer que la scène est le pendant de la grande scène des portraits dans le *Misanthrope*, si elle appuyait sur chacun des traits qui composent cette peinture : « Fiez-vous-y à cette physionomie si douce, si prévenante, qui disparaît un quart d'heure après pour faire place à un visage sombre, brutal, farouche, qui devient l'effroi de toute une maison. Ergaste s'est marié; sa femme, ses enfants, son domestique ne lui connaissent encore que ce visage là, tandis qu'il promène partout ailleurs cette physionomie si aimable que nous lui voyons et qui n'est qu'un masque qu'il prend au sortir de chez lui. » Oh! que je haïrais la comédienne qui ferait un sort à chacun de ces mots.

Mais, petite malheureuse, Sylvia n'est pas Célimène, Sylvin n'est pas La Bruyère. Sa langue est un battant de cloche toujours en branle, et elle est étourdie comme le premier coup de matines. Ses dix-huit ans lui montent au cerveau comme une mousse de champagne ; elle a de l'imagination et de la sensibilité, elle voit encore ce dont elle parle et elle en est émue, et voilà pourquoi elle trouve ingénument des mots qui peignent ; elle les jette avec une vivacité d'oiseau sans presque y prendre garde.

Marivaux disait... Allons bon ! Je m'étais promis d'apporter à la représentation un esprit vierge de tout souvenir, et voilà que je vais invoquer le témoignage de Marivaux. C'est que je ne peux vraiment pas : notre esprit, à nous autres, critiques, ressemble à un palimpseste, tout chargé et croisé de commentaires, hiéroglyphiques, se superposant les uns aux autres. Qu'est-ce que je ne donnerais pas pour apporter au théâtre une page blanche ! pour voir une comédie de Molière comme si c'était le *Prince d'Aurec !* Ces abstractions sont impossibles.

Prenons-en notre parti ; je vous disais donc que Marivaux avait ainsi conçu le rôle. Il ne cessait, nous apprend d'Alembert, de recommander à ses interprètes le naturel et la simplicité, je dirais presque la naïveté.

De la naïveté, tout est là ! la naïveté d'une jeune fille très vive, et qui abonde en saillies d'imagination. Son père arrive qui lui parle du futur qu'on lui destine.

— Ah ! une idée, s'écrie-t-elle, si je pouvais l'examiner sans qu'il me connût.

Et elle est ravie de son invention, et elle bat des mains, et elle saute de joie. Quand on pense que certaines actrices me disent posément :

— Si j'osais, je vous proposerais, mon père, sur une idée qui me vient, de m'accorder une grâce qui me tranquilliserait tout à fait !

Mais non ; c'est un coup de gaieté folle ! Ce déguisement, dont ce caprice lui a soudain poussé en cervelle, l'enchante et l'amuse. Elle a dix-huit ans ! elle est neuve à toutes les impressions, et elles sont toutes, chez elles, vives et fortes.

Et la voilà qui, tout de suite, essaye son rôle de suivante, se donne à elle-même et à son père une répétition de cette scène de carnaval, et qui rit follement, et qui se sauve légère, émoustillée, pour son changement de costume.

Elle revient en soubrette ; elle pétille de joie, comme une enfant de six ans qui a mis un masque pour faire peur à sa maman. Elle y trouve aussi son avantage ; car la pauvre petite, et c'est un charme de plus, se croit philosophe ; elle observera Dorante. Ah ! va-t-on s'amuser !

— Et si son valet te faisait la cour ; car il serait ton égal.

— Oh ! il n'osera pas. On a un certain air !...

La vérité est qu'elle n'a point pensé à cette éventualité. Et puis quand même ! Eh bien ! elle se laissera faire la cour, ce sera plus drôle ! Va-t-on s'amuser, mon Dieu, va-t-on s'amuser.

Et Dorante arrive sous l'habit de Bourguignon ! Le père et le frère, par taquinerie, se divertissent à forcer Bourguignon à tutoyer Sylvia ; elle s'en choque un peu d'abord, mais elle y vient sans trop de peine :

— Fais comme tu voudras, Bourguignon ! lui dit-elle.
Et de rire !

Vous sentez bien que j'ai mes raisons pour insister de la sorte sur ce qu'il y a de gai et de brillant dans le rôle de Sylvia ; c'est qu'on nous en fait parfois une jeune femme presque sérieuse et dont la sensibilité, très affinée, touche à la mélancolie. Sylvia a la gaîté de l'enfant dont on dit qu'il rit aux anges. Cette gaîté a, comme celle des héroïnes de Shakespeare, un tour piquant de romanesque. Romanesque, Sylvia l'est assurément; c'est la cousine des Rosalinde, des Hermia, des Béatrix, qui se déguisaient, elles aussi, pour courir les aventures amoureuses. Mme Judith, qui, comme toutes les jeunes premières de la Comédie-Française, s'est essayée dans le rôle de Sylvia, avait mis de préférence en plein vent ce côté du personnage; on aurait cru en regardant cette actrice, qui, plus tard, nous joua *Hamlet*, et qui était toute imprégnée de Shakespeare, voir une héroïne de ses comédies romanesques errer dans les forêts et les jardins où le grand poète aime à les égarer.

Si la Sylvia de Marivaux n'aimait pas quelque peu le roman, est-ce qu'elle aurait eu l'idée de ce déguisement romanesque ? Est-ce que l'action où elle se met évoluerait dans un milieu, qui, pour avoir l'aspect de salon bourgeois, n'en est pas moins aussi idéal que les forêts de Shakespeare ? Je ne sais en France que les personnages de Musset qui nagent ainsi dans le bleu. Peut-être ceux de Marivaux évoluent-ils dans un bleu, comment dirai-je cela ? plus abstrait, comme ces chimères qui, suivant l'expression de Rabelais, bombicinent dans le vide, tandis que ceux de Musset et surtout ceux de Shakespeare portent en quelque sorte avec eux leur paysage et marchent entourés de leur atmosphère.

On a laissé Sylvia aux prises avec Dorante. Nos comédiennes mettent trop de sensibilité dans cette scène; il n'y a encore que l'étonnement chez Sylvia, un étonnement mêlé de rêverie. Elle est surprise du tour que prennent les choses : « Je voudrais bien savoir comment il se fait que j'aie la bonté de t'écouter; car, en vérité, cela est singulier... »

Elle n'y voit pas autre chose pour le moment; et il faut qu'elle s'en tienne là, d'abord parce que c'est une étourdie, et puis parce que, si elle se doute seulement qu'elle va aimer, la pièce sera tout de suite finie. De cet étonnement à l'amour vrai, le chemin est court; Marivaux ne saurait l'abréger encore sans brûler une des étapes par où sa comédie doit passer.

Le premier mot par où se marque l'évolution qui va se faire dans le cœur de Sylvia est celui qu'elle laisse tomber, après avoir écouté les balourdises de Pasquin :

— Que le sort est bizarre! aucun de ces deux hommes n'est à sa place!

Oh! de quel ton de regret étonné et fâché Mme Plessy laissait tomber cette phrase! Comme elle traduisait éloquemment le « C'est dommage! » des bonnes âmes. Sylvia pour l'instant ne dit pas autre chose : C'est dommage! C'est vraiment dommage! Elle n'a pas l'idée qu'elle pourra jamais aimer et épouser un valet; et elle sent avec tristesse qu'elle ne pourra jamais se résoudre à être la femme de l'homme qu'on lui propose.

Mais voilà que peu à peu l'amour se lève dans ce cœur ingénu, qui ne sait pas ce que c'est que l'amour. Si elle se rendait compte sérieusement de ce qu'elle éprouve, il n'y aurait bientôt plus de pièce, car elle casserait les vitres. Mais non : elle est agacée et contre Bourguignon, et contre Lisette, et contre elle-même; c'est un moineau mutin qui ne comprend rien à ce qui lui arrive et qui donne des coups de bec à tort et à travers; elle s'en prend à tout le monde de ce qu'elle éprouve; elle s'en veut à elle-même des mots tendres qui lui échappent quand même; Bourguignon tombe à ses pieds; le père et le frère (Orgon et Mario) les surprennent tous deux dans cette posture, l'un aux genoux de la jeune fille, l'autre lui disant : « Je ne te hais point, mais relève-toi. »

Comme la scène qui suit marque bien le caractère de Sylvia, tel que j'ai essayé de le peindre! Point de grands éclats de colère! Non, elle boude comme un enfant pris en flagrant délit de vol de confitures. Son frère l'agace, et elle lui répond d'un joli petit air dépité qui est d'une gaîté délicieuse. Avez-vous jamais vu deux jeunes chiens se provoquer, aboyer l'un contre l'autre, se mordre en jouant, mêler leurs gambades; vous avez la scène de Sylvia et de Mario, à laquelle M. Orgon se mêle avec un sourire de complaisante indulgence. Non, rien ne peut vous donner l'idée de ce qu'était Delaunay dans cette scène exquise. Ah! qu'il était jeune, qu'il était gentil et malicieux! Comme on sentait que ces deux êtres charmants, frère et sœur, s'étaient roulés ensemble sur les tapis, tandis qu'ils étaient enfants!

Ils s'étaient égratignés, battus, et la petite fille avait maintes fois crié: « Maman, Mario me donne des coups! » Plus de maman aujourd'hui. Il n'y a plus qu'un père et qu'un père, qui, par malice donne raison à Mario. Elle étouffe, la pauvre Sylvia, elle étouffe de honte et de colère. Car, chez elle, tous les sentiments sont d'une vivacité extrême; elle n'a jamais su se contraindre, ni se modérer; c'est un pierrot, un joli pierrot, mais un pierrot prompt aux coups de bec!

On l'a bien vu tout le long de cet acte! Avec quel dépit ne s'est-elle point emportée contre sa soubrette!

« Moi, j'y entends finesse! Moi, je vous querelle pour lui! Moi, j'ai bonne opinion de lui. Vous me manquez de respect jusque-là! Bonne opinion, juste ciel, bonne opinion! Que faut-il que je réponde à cela? Qu'est-ce que cela veut dire? A qui parlez-vous! Qui est-ce qui est à l'abri de ce qui m'arrive? Où en sommes-nous? »

Pour l'amour de Dieu, ne mettez pas trop de sérieux à ces emportements et à ces colères. D'abord, vous sortiriez du ton de la comédie de Marivaux; mais ce n'est pas seulement cela. Quand je vous dis que Sylvia est un moineau franc, une soupe au lait, un gentil petit cœur ingénument ouvert à tous les sentiments. Elle s'échappe, elle part ; n'y prenez pas garde ; ses dépits n'ont point de profondeur.

Ne vous attardez pas à mettre chacune de ces petites phrases en valeur ; mieux vaut les lancer d'un train rapide, à coups pressés de piston. Ce n'est pas, prenez-y bien garde, vous, mes amis, qui êtes élèves au Conservatoire, ce n'est pas que la hâte du débit soit absolument nécessaire pour donner au public l'illusion de la rapidité. On peut parler lentement au théâtre et faire croire au spectateur que l'on va très vite.

Le temps au théâtre comme dans la vie, se mesure au nombre de sensations éprouvées dans un laps déterminé. Supposez que vous jetiez vingt-cinq vers ou lignes d'affilée, sans prendre haleine, avec une précipitation extraordinaire, le morceau me pourra néanmoins paraître long, car je n'ai éprouvé qu'une seule sensation très diffuse : je la compare aux deux ou trois minutes pendant lesquelles j'ai écouté, et je me dis naturellement : Oh ! qu'il a été long ! Il n'est pas allé assez vite. Supposez en revanche qu'au lieu de prendre deux minutes pour ces vingt-cinq lignes un acteur en ait mis cinq ou même dix, mais que durant ces dix minutes, grâce à la variété de sa diction, grâce à la valeur qu'il a donnée à certaines syllabes, y appuyant davantage, il ait multiplié le nombre des sensations éprouvées par le public, on a l'illusion de la rapidité, et tout au théâtre est illusion. C'est cette illusion que Delaunay excellait à donner, bien qu'il eût en général, même dans les endroits passionnés, une diction exprès ralentie.

On peut donc à volonté dire d'un train ou rapide ou ralenti les tirades de cette scène de dépit ; mais il faut absolument qu'on donne au public la sensation d'un dépit irrité, saccadé, se traduisant par des mouvements brusques.

Sylvia n'est pas une traînarde, ni une mélancolique. Elle est tout le temps enragée et heureuse de ce qui lui arrive et où elle ne comprend rien.

Elle n'y comprend rien, jusqu'au moment exquis où, Bourguignon lui ayant avoué qu'il est Dorante, elle voit clair dans son cœur.

Mais cette joie imprévue, est-ce qu'elle en meurt, est-ce qu'elle s'évanouit ? est-ce qu'elle en est frappée au cœur comme une héroïne du drame moderne ? Eh ! non, c'est un transport d'allégresse : — Ah ! quel bonheur ! quelle joie ! je ne m'étais pas trompée ! C'était un honnête homme digne d'être aimé par moi !

Elle ne se pâme point ; il ne lui faut pas des sels. Elle est inondée de tendresse, elle triomphe ! et aussitôt comme sa langue retrouve son caquet ! Comme cette aimable jeune et spirituelle Rosalinde rebondit aux délices de la mystification ! Elle s'enfuit comme un tourbillon ; elle rencontre son frère ; elle lui jette des paroles incohérentes, d'une gaîté folle !

— Il me vient de nouvelles idées, lui dit-elle...

Et il y a des actrices qui disent cela d'un ton composé et précieux ! mais elle exulte, mais elle pétille, mais elle est folle ! et avec quelle exubérance de joie, elle entend savourer son triomphe !

— Tu veux, lui dit son père, que Dorante sente toute l'étendue de l'impertinence qu'il croira faire !

C'est cela qu'elle veut, en effet, et elle en bouillonne ; les phrases coulent à torrent de ses lèvres :

« Dorante ne pourra jamais se rappeler notre histoire sans m'aimer ; je n'y songerai jamais sans que je l'aime. Vous avez, mon père, fondé notre bonheur pour la vie en me laissant faire. C'est un mariage unique ; c'est une aventure dont le seul récit est attendrissant ; c'est le coup du hasard le plus singulier, le plus heureux, le plus... »

Quel caquet! Oh! pour cette fois, il n'y a pas à dire : Allez vite! Ne me fourrez pas de mélancolie là dedans, sous prétexte que le récit de cette aventure est attendrissant. C'est la jeunesse qui s'extravase, c'est l'amour qui éclate, c'est la fantaisie qui pétille! Il faut qu'en écoutant l'actrice, tout le monde s'écrie à part soi : Ah! que c'est gentil d'avoir dix-huit ans! et que le vers délicieux de Molière remonte à la mémoire des vieux de l'orchestre :

Et je me ressouviens de mes jeunes amours!

Il faut que cette plénitude de tendresse et de joie se marque avec allégresse dans la scène finale : Sylvia est sûre de son captif; elle se plaît à l'éprouver pour s'offrir à elle-même le régal charmant de le voir s'agenouiller vaincu.

— Enfin, j'en suis venue à bout! s'écrie-t-elle.

Mais ce mot, il faut tout le long de la scène qu'on l'attende et qu'on le voie venir. Ce n'est pas le mot d'une coquette émérite, d'une femme sentimentale ; c'est le mot d'une jeune fille, en qui surabonde la joie de vivre et d'aimer. Voilà le rôle ; il est tout le temps en dehors, et je laisse à Mlle Bartet elle-même, qui est une si intelligente et si parfaite actrice, le soin de démêler si c'est là le personnage qu'elle nous a rendu.

Elle pourra me répondre ce que disait jadis Théophile Gautier et précisément à propos de ce rôle de Sylvia.

Théophile Gautier exposait cette thèse, que c'est un droit pour chaque comédien d'apporter aux œuvres du passé une interprétation personnelle.

« Il y met, disait-il, ou le rêve de son âme ou l'esprit de son temps. Si l'on pouvait remonter le cours des âges et transporter les existences, nous sommes sûrs que Marivaux eût été fort surpris de la manière dont Mlle Mars comprenait et rendait sa Sylvia et son Araminte. Il aurait vu, dans le jeu si parfait et si conforme en apparence au type, toutes les idées et toutes les passions du dix-neuvième siècle. »

C'est là une théorie que j'ai exposée et soutenue bien souvent. Je la crois donc vraie. Il n'en est pas moins certain qu'une pièce du vieux temps gagnera toujours à être jouée dans le mouvement original. Elle y gagnera surtout si elle n'est pas un chef-d'œuvre. Cette assertion peut paraître bizarre ; mais réfléchissez.

Dans les chefs-d'œuvre de nos grands classiques, la part de l'humanité est énorme. On peut aisément transporter Tartuffe, Célimène, Alceste et tant d'autres dans notre milieu ; ils restent toujours ce qu'ils sont. Mais quand une œuvre de théâtre tire la meilleure part de son mérite de la fidélité avec laquelle elle reproduit l'idéal du temps particulier où elle s'est produite, il n'en reste pas grand'chose, si plus tard, on veut l'accommoder aux mœurs d'une autre époque. On fera plus tard ce qu'on voudra des personnages d'Augier ; on sera obligé de jouer ceux de Meilhac dans les costumes qu'ils ont porté à l'origine.

20 juin 1892.

L' « ÉCOLE DES MÈRES »

L'Odéon vient de reprendre une pièce de Marivaux qui n'avait pas été jouée depuis un demi-siècle, l'*École des Mères*. Le nom en surnageait seul ; il n'était guère d'année où nous ne la vissions sur le programme des concours du Conservatoire ; car il s'y trouve deux scènes brillantes, très propres à faire valoir la grâce piquante d'une ingénue de théâtre.

Cette année même, on nous avait servi un de ces deux fragments. Le concours, qui avait duré six heures d'horloge, tirait à sa fin ; tout le monde, jury et public, était horriblement harassé ; on ne songeait qu'à prendre son chapeau et à partir ; on donnait au diable la dernière concurrente, qui avait choisi pour morceau de concours une des deux scènes de l'*École des Mères*. Elle arrive : très gentille de figure et tout à fait avenante. Elle commence ; et voilà dès les premiers mots tout le monde sous le charme. Nous sommes tout enlevés par le petit ton de bouderie enfantine de cette fillette de quatorze ans. Rien de plus naturel et de plus piquant. On l'applaudit à tout rompre, et le jury lui-même se déride.

On eût souhaité de la garder un an de plus au Conservatoire. Mais M. Duquesnel usa du droit que l'Odéon a de réclamer pour sa troupe les seconds prix de Conservatoire ;

il l'engagea et se dit, que pour son rôle de début il ne trouverait rien de mieux à lui offrir que ce rôle d'Angélique dont elle avait si agréablement joué une scène.

C'est ainsi que l'*École des Mères* a été reprise à l'Odéon. Je l'ai vue avec plaisir ; mais il faut bien l'avouer, c'est une des moindres œuvres de Marivaux. Notre confrère en critique théâtrale, M. Édouard Fournier, qui a mis en tête de l'édition Laplace et Sanchez une excellente étude sur Marivaux, constate qu'elle eut en son temps quelque succès, mais qu'on n'y vit qu'une lointaine et pâle réduction de l'*École des Femmes*, de Molière.

Au fond, dans l'une et l'autre pièce, la donnée est la même. Il s'agit d'une jeune fille d'un bon naturel, sur laquelle a pesé une éducation étroite et inintelligente. La mère d'Angélique a voulu que sa fille ne sût rien de rien, tout comme Arnolphe s'est évertué à rendre Agnès idiote autant qu'il se pourrait. Tous deux sont trompés dans leurs calculs ; l'amour, qui est un grand maître, éveille l'imagination d'Angélique tout comme celle d'Agnès et leur ouvre l'esprit à toutes deux.

Mais c'est là qu'on peut se donner le plaisir de voir la différence qu'il y a d'un homme de beaucoup d'esprit à un homme de génie, d'un Marivaux à un Molière. Il est clair que je ne vais pas m'amuser à comparer par le menu l'agréable pochade de Marivaux avec le grand tableau de mœurs de Molière ; je me contenterai d'une simple remarque.

Ecoutez parler l'Angélique de Marivaux : elle est naïve sans doute ; mais elle sait qu'elle l'est ; elle analyse elle-même sa naïveté, elle raffine sur ce thème avec une délicatesse subtile :

— Tu as raison, dit-elle à Lisette. Mais quand ma mère me parle, je n'ai plus d'esprit. Cependant je sens que j'en ai assurément, et j'en aurais bien davantage, si elle avait voulu. Mais n'être jamais qu'avec elle, n'entendre que des préceptes qui me blessent, ne faire que des lectures qui m'ennuient, est-ce là le moyen d'avoir de l'esprit? Qu'est-ce que cela apprend? Il y a des petites filles de sept ans qui sont plus avancées que moi. Cela n'est-il pas ridicule? Je n'ose pas seulement ouvrir une fenêtre. Voyez, je vous prie, de quel air on m'habille! Suis-je vêtue con... un autre? Regardez comme me voilà faite! Mère appelle cela un habit modeste. Il n'y a donc de la modestie nulle part qu'ici ; car je ne vois que moi d'enveloppée comme cela. Aussi suis-je d'une enfance, d'une curiosité! Je ne porte point de rubans ; mais qu'est-ce que ma mère y gagne? Que je suis émue, quand j'en aperçois. Elle ne me laisse voir personne, et avant que je connusse Eraste, le cœur me battait quand j'étais regardée par un jeune homme.

Voilà ce qui m'est arrivé.

— Votre naïveté me fait rire, interrompt Lisette.

Eh, eh! pas si naïve que cela! Comme elle fait la leçon à sa mère! Comme elle remarque à propos que ces sortes d'éducation vont directement contre le but qu'elles se proposent! Comme nous sommes loin de cette brave Agnès qui dit avec simplicité :

> Vous avez là dedans bien opéré vraiment
> Et m'avez fait en tout instruire joliment!
> Croit-on que je me flatte, et qu'enfin dans ma tête
> Je ne juge pas bien que je suis une bête?
> Moi-même j'en ai honte, et dans l'âge où je suis,
> Je ne veux plus passer pour sotte, si je puis.

C'est la même chose, et ce n'est pas la même chose. L'Angélique de Marivaux raisonne, analyse, discute, juge. L'Agnès de Molière exhale des plaintes, que lui arrache la douloureuse situation où elle se trouve.

Cette différence se trouve encore bien mieux marquée dans ce qui suit. A l'exclamation de Lisette : *Votre naïveté me fait rire*, Angélique répond :

Mais est-ce que je n'ai pas raison? serait-ce de même si j'avais joui d'une liberté honnête? en vérité, si je n'avais pas le cœur bon, tiens, je crois que je haïrais ma mère d'être cause que j'ai des émotions pour des choses dont je suis sûre que je ne me soucierais pas si je les avais.

Voilà qui est vrai, mais d'une vérité subtile et raffinée. Combien plus naïve et plus tendre en même temps l'Agnès de Molière quand elle dit ces vers délicieux :

> Il disait qu'il m'aimait d'un amour sans seconde ;
> Il me disait des mots les plus gentils du monde,
> Des choses que jamais rien ne peut égaler,
> Et dont, toutes les fois que je l'entends parler,
> La douceur me chatouille, et là dedans remue
> Certain je ne sais quoi dont je suis tout émue.

C'est la passion qui parle là toute pure, passion naïve et telle en effet qu'elle peut jaillir d'un cœur de seize ans. L'autre est philosophe ; elle s'examine, elle s'étudie.

Ces réflexions n'empêchent point qu'on ne goûte un réel et vif plaisir à écouter ces fines et subtiles analyses du cœur féminin, par un homme qui a été l'un des plus ingénieux moralistes de ce temps.

23 décembre 1878.

LES « FAUSSES CONFIDENCES »

Oui, c'est un plaisir de voir les *Fausses Confidences*, et c'est aussi un plaisir d'en parler. Voulez-vous que nous en causions ensemble? non de la pièce en elle-même, mais de la façon dont elle a été interprétée. J'ai eu précisément cette semaine l'occasion de voir Dupuis, l'excellent comédien du Vaudeville, celui-là même que M. Perrin s'est obstinément refusé à engager à son retour de Russie. Dupuis, vous le savez sans doute, est fils de Mme Dupuis qui a été longtemps l'une des jeunes premières les plus estimées de la Comédie-Française, et qui se fût fait peut-être un nom considérable, si elle n'avait pas eu pour chef de file Mlle Mars. Mais comment lutter avec Mlle Mars? On était bien obligé, lorsqu'on jouait le même emploi, de rester dans son ombre.

Dupuis est donc né en quelque sorte dans les coulisses. Il a eu le bonheur de voir tout jeune l'actrice incomparable, et il en a emporté, dans l'imagination et dans les yeux, comme un éblouissement. Il a gardé très présents tous les souvenirs de cette époque, et il nous disait tandis que nous l'écoutions, une douzaine, rangés autour de lui, il nous disait avec sa verve juvénile, combien Mlle Mars l'emportait sur tous les comédiens et comédiennes qui avaient occupé l'attention du public.

— Talma! nous disait-il! oui, Talma, ma mère avait l'adoration de ce génie. Mais ce n'était pas Mlle Mars; Mlle Mars la perfection, l'idéal. Jamais on ne retrouvera ni une Célimène, ni une Elmire, ni une Araminte, ni une Sylvia, comme la Sylvia, l'Araminte, l'Elmire et la Célimène que nous avons vue.

— Cependant, Mme Plessy.... interrompais-je.

— Ah! Mme Plessy! Beaucoup de talent, Mme Plessy! merveilleuse, Mme Plessy! mais pas pour ceux qui ont vu Mlle Mars.

Et alors Dupuis, avec le talent d'imitation qui est un de ses mérites, essayait de reprendre quelques-unes des phrases de Mlle Mars, et de nous en reproduire l'intonation juste.

Et moi, tandis que j'écoutais de toutes mes oreilles cette leçon improvisée de déclamation, je me disais tout bas :

On a sans doute longtemps écrasé les héritières de Mlle Mars, avec son souvenir, et il est probable que Mme Plessy elle-même a souffert de la comparaison. Et peut-être avons-nous été nous-mêmes et sommes-nous encore injustes envers les jeunes personnes qui essaient de recueillir la succession de Mme Plessy. Qui sait même ? s'il nous était possible de remonter plus haut, si nous remettions la main sur des documents de l'époque, peut-être trouverions-nous que Mlle Mars a eu d'abord à subir d'injustes rapprochements avec Mlle Contat, dont les admirateurs étaient nombreux encore, lorsqu'elle débutait à la Comédie-Française.

Il n'est pas bien commode d'avoir, au bout de trois quarts de siècle, des renseignements précis sur le jeu de tel ou tel acteur, et surtout sur l'opinion qu'en avait le public. Les journaux n'entraient pas dans tous ces détails ; j'ai à la maison les feuilletons de Geoffroy, le critique des *Débats*. C'est à peine si de loin en loin on trouve quelque appréciation sommaire sur les comédiens du temps. Il n'y a pas un mot sur ceux qui ont joué Marivaux. Mais si nous descendons aux jours où Mlle Mars, déjà vieille, tenait encore d'une main défaillante le sceptre de la comédie, que l'âge devait l'obliger bientôt à remettre en d'autres mains, nous trouvons des détails sur l'émotion qu'éprouvèrent les vieux amateurs, à cette idée que les rôles, que l'éminente comédienne avait marqués de son empreinte, pourraient être sans profanation, sans sacrilège, repris par d'autres :

« Nous aimons Marivaux, disait Janin, parce que les beaux rôles de Sylvia et d'Araminte ont été ressuscités par Mlle Mars, et parce que, même absente, on la retrouve en ces mièvreries. C'est une expérience, à coup sûr, celle-ci. Si vous voulez revoir Mlle Mars, vous qui l'avez vue, allez voir jouer par une autre comédienne les *Fausses Confidences* ou le *Jeu de l'amour et du hasard*. Aussitôt l'ombre évoquée arrive à vos regards charmés ; soudain vous retrouverez la magicienne, aussi bien dans l'inexpérience de cette petite fille qui débute que dans la grande habitude du chef d'emploi, qui veut toucher, avant de mourir, à ces rôles qu'elle appelle *des rôles de son emploi*.

Les rôles de l'emploi de Mlle Mars ! Ainsi nous avons vu par hasard et *pour de rire*, comme disent les enfants, une comédienne intelligente, à coup sûr, habile et bien posée, aborder le rôle de Sylvia. Mlle Anaïs était cette comédienne habile. En vain, elle se cachait sous les habits de Sylvia ; en vain sous les habits de Lisette ; la supercherie était évidente ; un bout de ruban, un coin du sourire, un accent de la voix, un geste, un mot, que sais-je ? et la ruse aussitôt sautait aux yeux des spectateurs les moins prévenus. »

Et Jules Janin, poursuivant sur ce ton, imaginait un dialogue plaisant entre Mlle Anaïs, chef d'emploi, et Mme Plessy, alors jeune débutante.

— Chère enfant, lui dit M{ⁱˡᵉ} Anaïs, je t'ai fait un beau pont. Tu pourras jouer maintenant ces grands rôles, etc.

Les années passent; le souvenir de M{ˡˡᵉ} Mars pâlit et s'efface. M{ᵐᵉ} Allan est revenue de Russie et a pris possession de la Comédie-Française. Nous sommes en 1848. La fantaisie lui vient de jouer à son tour Araminte, et Théophile Gautier écrit le lendemain :

« On a repris les *Fausses Confidences* qu'on n'avait pas jouées depuis la mort de M{ˡˡᵉ} Mars. Et d'abord les regretteurs du temps passé, se formant en chœur, ont fait leurs évocations sur le thymélé, et chanté leur tristesse en strophes, antistrophes et épodes, à la manière des tragédies antiques, bien qu'il s'agisse ici de comédie. On crie au sacrilège, à la profanation, à l'audace insensée.

« Certes, M{ˡˡᵉ} Mars déployait dans le rôle d'Araminte une finesse, un esprit, une grâce inimitables; mais puisque l'illustre comédienne a laissé tomber pour jamais le masque au doux incarnat qu'elle semblait tenir de la main même de Thalie, faut-il renoncer à une pièce charmante, à un diamant dont toutes les facettes lancent une étincelle? Chaque acteur célèbre, en rentrant dans l'ombre de la retraite ou de la mort, doit-il emporter avec lui les pièces du répertoire où il a brillé. A ce compte, on finirait par ne plus avoir de répertoire du tout.

« Il y a, de la part de M{ᵐᵉ} Allan, non pas outrecuidance mais résignation. Au Théâtre-Français, tel qu'il est constitué maintenant, personne n'eût mieux joué Araminte qu'elle; on doit donc lui savoir gré de nous conserver ce chef-d'œuvre de Marivaux, et on le peut sans manquer au culte des souvenirs, culte que nous approuvons quand il n'a pas pour but de nuire aux individualités vivantes. »

C'est une des théories que nous avons le plus souvent soutenues par toutes sortes d'arguments : les chefs-d'œuvre sont des urnes ciselées où chaque génération verse son esprit. Le vase est toujours le même, mais la liqueur change. C'est un spectacle éminemment philosophique et curieux de suivre ces interprétations diverses d'une seule et même pensée. A travers l'œuvre ancienne, le caractère de l'époque moderne où on la représente se fait jour malgré tout.

Des parties s'illuminent, d'autres rentrent dans l'ombre; l'admiration se déplace comme les airs que le rythme, ralenti ou pressé, rend mélancoliques ou joyeux et qui excitent à volonté les larmes ou le rire; les tirades ont un sens tout différent, suivant l'acteur qui les débite. Là où nos pères riaient, nous nous attendrissons, comme il est facile de le voir par l'exemple d'Arnolphe dans l'*École des Femmes*. Là où ils ne voyaient que de l'esprit, nous découvrons de l'âme; ce qui ne leur semblait que charmant nous paraît poétique.

Et pour ne pas sortir de Marivaux, prenons encore un exemple. M{}^{lle} Judith venait de reprendre le *Jeu de l'amour et du hasard* à la Comédie-Française. Écoutons Théophile Gautier, qui, en ce temps-là surtout où il s'occupait passionnément de théâtre, était un fort bon juge:

« M{}^{lle} Mars jouait le *Jeu de l'amour et du hasard* et tout le répertoire de Marivaux avec cette netteté étincelante, cette grâce mesurée et juste, ce goût toujours sûr de lui-même et cette verve railleuse qui n'appartenaient qu'à elle. Mais s'il est permis à la critique de trouver un défaut à une comédienne si parfaite, saluée par les bravos de plusieurs générations, il nous a semblé qu'elle manquait dans ses rôles à la fois si maniérés et si vrais, de l'élément aventureux et romanesque encore plutôt que poétique, qui leur donne une couleur à part.

« Les héroïnes de Marivaux ont une secrète parenté avec les femmes des comédies de Shakespeare; elles sont cousines des Rosalinde, des Hermia, des Perdita, des Béatrix, bien qu'inférieures ; car elles manquent, ainsi que tous les personnages des tragédies et des comédies françaises, de cet admirable sentiment des choses de la nature, du ciel clair ou troublé, de l'eau qui court, du vent qui murmure, du feuillage qui pousse, de la fleur qui s'épanouit, dont sont doués leurs illustres prototypes. Chaque être créé par le divin poète anglais porte avec lui son paysage et marche entouré de son atmosphère. Les personnages de notre répertoire se meuvent dans un milieu abstrait comme « ces chimères qui bombicinent dans le vide », suivant l'expression de Rabelais. »

Cette façon de comprendre les héroïnes de Marivaux est-elle vraie ? Ce n'est pas mon dessein pour le moment de traiter cette question. J'y reviendrai un de ces jours, car je fais à cette heure une étude particulière de Marivaux. Mais tout ce que je prétends induire de cet argument, c'est qu'il est possible à une actrice nouvelle de donner une nouvelle physionomie à un rôle où sa devancière a été incomparable en l'interprétant selon la tradition acceptée, ou selon un goût personnel :

« Mlle Judith, ajoute Théophile Gautier, a très bien fait ressortir la partie fantastique, romanesque et rêveuse du rôle. Si elle n'est pas aussi preste à ce jeu de raquettes du dialogue que son illustre devancière, elle a une certaine grâce chaste, un débit intelligent, un ton de sensibilité vraie... »

La sensibilité ! il paraît que c'est en effet ce qui manquait à Mlle Mars, et peut-être aussi à Mme Plessy. La pièce le *Jeu de l'amour et du hasard* peut, à un certain point de vue, être considérée comme sérieuse. L'idée qu'un valet, un Bourguignon pût être amoureux — et qui pis est — aimé de Sylvia ne fût pas venue aux gens du dix-huitième siècle. Mettez le cœur de Jean-Jacques Rousseau sous la livrée que

Bourguignon échange contre l'habit à paillettes de son maître, quel jeu terrible et cruel !

N'ai-je pas vu moi-même le rôle d'Araminte repris par une aimable comédienne qui avait ce mérite d'y garder sa personnalité, et d'y réussir, parce qu'elle restait elle-même sans imiter Mme Plessy.

C'était Mme Madeleine Brohan.

Elle n'avait ni les grandes manières, ni la fière tournure, ni les grâces souveraines de Mme Arnould-Plessy. Mais elle portait dans ce rôle le laisser-aller de son indolente et aimable nature. Elle avait un air si bon enfant ! On sentait si bien qu'elle n'était pas faite pour la résistance ! qu'elle se laisserait séduire aux ruses de ce coquin de Dubois et aux protestations d'amour du jeune homme ! que la seule chose qui lui pût coûter, c'était de prendre un parti ! Elle avait conscience qu'il lui faudrait bien y venir, et cette nécessité lui pesait par avance.

Il y a dans la pièce, au troisième acte, un moment où Araminte est excédée de tout ce qui lui arrive. Toutes sortes d'incidents, accumulés par l'ingénieux Dubois, ont l'un après l'autre fondu sur elle, et l'ont forcée à s'avancer plus qu'elle n'eût voulu. Elle s'est déclarée presque ; elle en a quelque honte et regret, bien qu'au fond de l'âme elle sente comme un léger chatouillement de plaisir. Elle ne voit pas clair dans son cœur, et tout ce tracas la fatigue et l'irrite.

C'est là-dessus qu'entre sa femme de chambre qu'elle a un peu maltraitée de paroles. Lisette arrive, pleurant, et, après avoir expliqué à sa maîtresse qu'elle voit bien que ses services ne conviennent plus à madame :

— Je viens demander mon congé, dit-elle en terminant.

— Je vous le donne, répond Araminte.

Ce *je vous le donne* est célèbre. Mme Plessy le jette d'un ton indifférent et bref, comme si elle disait : C'est bien !

n'en parlons plus ! J'ai d'autres ennuis et de plus graves ; laissez-moi la paix. Vous voulez votre congé; allons ! le voilà !

Il paraît que c'est la tradition de Mlle Mars, et elle va très bien à l'air de Mme Plessy, à la physionomie qu'elle imprime au rôle. Mais l'Araminte que nous présente Mme Brohan n'est pas cette personne hautaine et impatiente. — Je vous le donne, dit-elle d'un ton languissant, et l'on entend là-dessous : Encore un chagrin ! Après tout, la coupe est déjà pleine ! Celui-là de plus ou de moins qu'importe ! Je suis bien malheureuse ! Quelle existence !

Sentez-vous la différence des deux interprétations ? Ce n'est rien là qu'un assez mince détail; mais c'est par ces nuances fines que se marque un caractère. Mme Madeleine Brohan répandait sur tout le rôle une teinte quelque peu uniforme de bienveillance souriante. J'aimais mieux à coup sûr l'interprétation de Mme Arnould-Plessy, bien plus riche en intonations fines et délicates. Je ne veux que montrer par cet exemple comme les rôles de l'ancien répertoire peuvent sans cesse être renouvelés par de nouvelles façons de les comprendre, de les sentir et de les rendre.

14 mars 1881.

BEAUMARCHAIS

BEAUMARCHAIS

LE DIALOGUE DE BEAUMARCHAIS

Je recevais, il y a quelques jours, deux jolis volumes de la nouvelle bibliothèque classique de Jouaust. Ce sont les *Œuvres choisies de Chamfort*, publiées avec préface et notes de M. de Lescure. Le grand avantage pour nous autres de ces réimpressions, si utiles même au grand public, c'est que le jour où les volumes nous arrivent, encore imprégnés de cette bonne et fraîche senteur de papier mouillé qui est familière à tous les journalistes, on les ouvre, on lit au hasard, on retrouve et ses souvenirs de jeunesse et ses sensations d'autrefois; on renoue connaissance avec des chefs-d'œuvre qui étaient en grande partie tombés de la mémoire.

C'est ce que je fis en recevant les deux volumes de Jouaust, et comme je relisais quelques-unes de ces pages étincelantes, j'en arrivai à celles où Chamfort parle de la facilité avec laquelle les gens médiocres arrivent aux plus hauts emplois.

Permettez-moi de citer ce passage qui est étincelant d'esprit :

« Que trouve un jeune homme, en entrant dans le monde? Des gens qui veulent le protéger, prétendre l'honorer, le gouverner, le conseiller : je ne parle point de ceux qui veulent l'écarter, lui nuire ou le tromper. S'il est d'un caractère assez élevé pour vouloir n'être protégé que par ses mœurs, ne s'honorer de rien, ni de personne, se gouverner par ses principes, se conseiller par ses lumières, par son caractère et d'après sa position qu'il connaît mieux que personne, on ne manque pas de dire qu'il est singulier, original, indomptable. Mais s'il a peu d'élévation, peu de principes ; s'il ne s'aperçoit pas qu'on le protège, qu'on le veut gouverner ; s'il est l'instrument des gens qui s'en emparent, on le trouve charmant, et c'est, comme on dit, le meilleur enfant du monde. »

Et tandis que je relisais cette page, je me disais à moi-même : Chamfort, qui est un moraliste à la façon de La Bruyère et qui se pique de concentration, a évidemment ramassé là, dans une goutte d'essence, une vérité qui a dû jadis être développée et étendue dans une foule de traités de philosophie ou de romans : je suis sûr que si je fouillais Mme de Motteville ou Saint-Simon, d'un côté ; Nicole ou Bourdaloue de l'autre, je trouverais les mêmes idées s'épanchant avec abondance, dans un style ou familier, ou sévère, ou magnifique. Chamfort, lui, affecte de les réduire à leur forme la plus brève et la plus expressive.

Et cependant, essayez, je vous prie, de transporter au théâtre la tirade qui commence par ces mots : « Que trouve un jeune homme en entrant dans le monde ? » Elle paraîtra longue, incolore. Elle n'a pas le style du théâtre. Ce n'est pas une idée qui frappe les yeux comme un coup de lumière.

Écoutez Beaumarchais : le comte Almaviva cause avec Figaro :

— Avec du caractère, et de l'esprit, dit le grand seigneur à son valet, tu pourrais un jour t'avancer dans les bureaux.

— De l'esprit, pour s'avancer, s'écrie Figaro ; monseigneur se rit du mien ; médiocre et rampant, et l'on arrive à tout.

Voilà le trait. Mais comprenez-le bien : pour que ce trait porte, pour qu'il éblouisse à la fois les yeux de tout un public, il faut que la vérité dont il est le résumé, le ramasse étincelant, ait été longtemps trituré par tous les modes de publicité possible ; il faut qu'elle soit devenue lieu commun, il faut qu'elle ait passé en quelque sorte dans le sang de la génération qui la comprend et l'applaudit.

Je suppose un instant que cet axiome : *médiocre et rampant, et l'on arrive à tout*, eût été l'expression d'une vérité originale, un axiome individuel, quelque chose comme a été par exemple (toutes proportions gardées, bien entendu) la fameuse phrase de Proudhon : *La propriété, c'est le vol*. Vous imaginez-vous par hasard que le mot eût obtenu le moindre succès ? Non, sans doute, il aurait étonné ou révolté le public de ce temps-là.

S'il lui a plu, c'est que depuis tantôt soixante ans, que dis-je ? depuis un siècle et demi, les philosophes, les prédicateurs, les romanciers avaient commenté, exposé, expliqué, cette vérité morale ; c'est que les courtisans et les femmes l'avaient tournée et retournée sous toutes ses faces dans leurs conversations quotidiennes ; c'est que tous ceux qui pensaient en France avaient ratiociné sur ce thème ; c'est qu'il ne s'agissait plus que de trouver à cette idée une formule dramatique, et c'est ce qu'a fait Beaumarchais.

Oui, c'est Beaumarchais qui a trouvé, pour exprimer ce lieu commun, le mot qui le résume et l'aiguise et l'enflamme : *De l'esprit pour arriver ! monseigneur se rit du mien ; médiocre et rampant, et on arrive à tout.*

Beaumarchais n'est point un révolutionnaire. On l'a bien vu quand la Révolution l'a surpris et déconcerté. C'était un homme de beaucoup d'esprit, qui avait en un degré éminent ce qu'au théâtre j'appelle le don.

Il est difficile d'écrire plus mal que ce Beaumarchais. Quelle langue prétentieuse et souvent entortillée !

— Fi donc ! répond Suzanne à Figaro qui lui a promis de dire sa vérité la plus vraie, fi donc ! en a-t-on plusieurs ?

Et Figaro part :

— Oh ! que oui ! depuis qu'on a remarqué qu'avec le temps vieilles folies deviennent sagesse et qu'avec le temps petits mensonges assez mal plantés ont produit de grosses, grosses vérités, on en a de mille espèces. Et celles qu'on sait, sans oser les divulguer, car toutes vérités ne sont pas bonnes à dire ; et celle qu'on vante sans y ajouter foi ; car toutes vérités ne sont pas bonnes à croire, et les serments passionnés et les menaces des mères, et les protestations des buveurs, et les promesses des gens en place, et le dernier mot de nos marchands ; cela ne finit pas. Il n'y a que mon amour pour Suzanne qui soit une vérité de bon aloi. »

Quel charabias ! J'avoue que le morceau est sur le public d'un effet infaillible, surtout Coquelin le disant. C'est que ce diable d'homme (je parle de Beaumarchais) a le mouvement ; il a plus encore : c'est de la trépidation.

Il s'agite si bien, qu'alors même que c'est sur place, il a l'air d'avancer. Oui, ce méchant écrivain, cet écrivain de si peu de goût, il a, par cela seul qu'il était né homme de théâtre, il a le mouvement d'abord, et puis, surtout dans le *Mariage de Figaro*, le ramassé flamboyant.

Toutes les vérités qui avaient cours de son temps, il les a recueillies, il les a aiguisées en flèches, il les a barbelées de plumes étincelantes ; mais il n'en a pas inventé une ; et bien lui en a pris ; car, s'il eût prêché un Évangile nouveau, il eût été obligé de commenter, d'expliquer, de faire ce qui est l'office des moralistes, des pamphlétaires, des publicistes, des philosophes, des gens du monde, de la conversation quotidienne; et alors il eût provoqué chez son auditoire, des résistances, des rébellions ; on aurait senti l'envie de discuter, au lieu de se laisser tout bonnement émouvoir et prendre par les entrailles.

L'écrivain de théâtre ne doit apprendre à ses contemporains que ce qu'ils savent; son métier est de le leur rendre plus sensible. Villemain, parlant de Beaumarchais, en son cours de littérature sur le dix-huitième siècle, a dit assez finement que, dans son *Mariage de Figaro,* Beaumarchais a mis les adresses aux lettres qu'avaient écrites Voltaire, Montesquieu et Diderot.

Il y a beaucoup de vrai là dedans. Prenez tous ces mots qui ont fait la fortune du *Mariage de Figaro* de son temps, et qui le font encore écouter avec plaisir, vous verrez que chacun d'eux résume tout un siècle de discussions sur le sujet d'où ils semblent avoir spontanément jailli.

Brid'oison entre suivi de Marceline qui essaie en vain d'expliquer son procès à cet imbécile, gonflé de son importance.

BRID'OISON.
— Croyez-vous que je ne l'entende pas, ce procès ?
MARCELINE.
— Non, monsieur, et où en sommes-nous?
Quoi ! c'est vous qui nous jugerez ?
BRID'OISON.
Est-ce que j'ai acheté une charge pour autre chose ?
MARCELINE.
C'est un grand abus que de les vendre.
BRID'OISON.
Oui, l'on ferait bien mieux de nous les donner pour rien.

Que de choses dans ce dialogue ! Mais notez-le, s'il vous plaît, que de choses déjà sues, admises, consacrées ! Quand Marceline s'écrie : « C'est un grand abus que de les vendre », un mot si plaisant dans sa bouche et adressé à un tel homme, elle rassemble dans une courte phrase quatre-vingts ans d'études sur ce sujet, qui a préoccupé tout le dix-huitième siècle : la vente des charges de judicature.

Il y avait du pour et du contre. Voltaire si l'on s'en souvient, examinant la question à sa manière, avait, dans la *Vision de Babouc*, montré que ces magistrats, qui avaient dû, soit à leur naissance, soit à leur argent, l'obtention de leur charge, n'en jugeaient pas moins parfois avec beaucoup d'impartialité et de bon sens ; et que, s'il y avait des inconvénients à vendre le droit de juger, il n'y en aurait peut-être pas moins à le conférer, comme une des attributions salariées du gouvernement.

Aussi les deux points de vue se trouvent-ils en antithèse dans le dialogue de Beaumarchais :

— Oui, répond Brid'oison, on ferait bien mieux de nous les donner pour rien.

Quel mot, et comme il est profond ! Comment ne pas se dire, en l'écoutant, que si l'on avait donné pour rien à Brid'oison le droit de prononcer sur la vie et la fortune de ses concitoyens, ce triple sot n'en serait pas moins le dernier des imbéciles, un Brid'oison !

Vous voyez, par cet exemple fort probant, que Beaumarchais a ramassé en deux lignes — mais en deux lignes de théâtre — toute une discussion avec laquelle étaient familiers les esprits de ses contemporains.

— Ah ! c'est un grand abus que de les vendre ! s'écriait Marceline.

Et aussitôt toute la salle transportée de joie applaudissait à une vérité, qu'on lui avait démontrée cent fois, qu'elle tenait pour absolument certaine, qui lui faisait l'effet d'un axiome de mathématiques.

— Oui, l'on ferait bien mieux de nous les donner pour

rien, répondait Brid'oison, et ce même public battait encore des mains, d'abord parce que le mot est spirituel, parce qu'il est taillé à facettes, parce qu'il est à effet, mais surtout parce qu'il répondait à un autre ordre de préoccupations, depuis longtemps soulevées dans la foule.

Là, Beaumarchais n'innovait point, il n'était pas révolutionnaire, au vrai sens du mot. Il était homme de théâtre. Il prenait des mains de tout le monde l'or en fusion des vérités philosophiques, sociales et morales, et il le frappait à une effigie qui en faisait une monnaie reluisante et sonore, qui en faisait surtout une monnaie courante.

Prenez l'un après l'autre tous les mots dont cette pièce étrange étincelle :

— Ici, dit le comte, les domestiques mettent plus de temps à s'habiller que les maîtres.

Et Figaro répond :

— C'est qu'ils n'ont pas de valets pour les y aider.

N'examinons le mot qu'au point de vue de la vérité. Il est absurde ; oncques valet (s'appelât-il Figaro) ne répondit de la sorte à son maître. Sur cette phrase impertinente, Almaviva aurait dû donner son compte à mon Figaro.

Oui, mais que d'idées sous ce mot, et, j'en reviens toujours là, que d'idées qui étaient universellement reçues, qui avaient cours, dont l'expression devait faire tressaillir tout un public !

Analysez ce mot, qu'y trouvez-vous ?

Eh ! mais, monsieur le comte, tous les hommes sont égaux : vous n'êtes pas plus adroit ni plus vif que moi ; si vous allez plus vite à faire n'importe quoi, c'est que je suis là pour vous y aider. A votre place, si j'avais à ma disposition un valet tel que je suis, je me ferais fort d'aller aussi vite que vous. Que dis-je. J'irais plus vite. Car vous, après tout... *vous vous êtes donné la peine de naître, tandis que moi, morbleu!*

Pour vous rendre bien compte de ce que je veux vous faire entendre, essayez de transporter par la pensée cette riposte de Figaro dans une comédie du dix-septième siècle. Vous n'y réussirez pas; et si, par aventure, elle y eût été hasardée, vous pouvez être assurés qu'elle eût soulevé dans l'auditoire un étonnement mêlé d'indignation.

Eût-elle été moins vraie? Non; mais elle eût été plus nouvelle. Elle eût surpris des spectateurs, pliés depuis plusieurs générations au respect des hiérarchies sociales. Elle fût tombée sur leur tête comme un coup de foudre éclatant dans un ciel bleu.

— Une réputation détestable! dit le comte à Figaro.
— Et si je vaux mieux qu'elle! Y a-t-il beaucoup de seigneurs qui puissent en dire autant?

Et plus loin :

— Au tribunal, le magistrat s'oublie et ne voit plus que la loi!
— La loi! répond Figaro, indulgente aux grands, dure aux petits.

Mais je n'en finirais pas à reprendre ainsi les mots dont pétille le *Mariage de Figaro*. Vous les trouverez tous marqués de ce caractère qui leur est commun; ils formulent, en style de théâtre, une vérité, qui était déjà, grâce à un lent travail du siècle, un lieu commun de politique ou de morale. Beaumarchais n'est point le colonel du régiment qui a monté à l'assaut du vieux régime : il en est tout au plus le fifre.

12 janvier 1880.

LE « BARBIER DE SÉVILLE »

I

Vous ne devineriez jamais, vous qui êtes habitués à voir la moindre de nos inepties contemporaines durer trois mois de suite sur l'affiche, vous ne devineriez jamais ce que le *Barbier de Séville* eut de représentations dans sa nouveauté : trente-deux ! Et encore fallut-il deux ans pour arriver à ce beau résultat.

La première fut donnée le 23 février 1775, et la trente-deuxième le lundi 30 décembre 1776. La trente-troisième n'eut lieu ensuite qu'au mois de février 1777. Le chiffre des recettes oscille entre 1.800 francs et 2.500. Une seule passe ce chiffre : c'est la première, qui rapporta 3.367 francs, somme énorme pour l'époque. Une pièce qui réussit aujourd'hui fait aisément 5.200, et monte même par aventure jusqu'à 6.000.

Il ne faut pas croire que le *Barbier de Séville* ait emporté de prime abord la place que devait lui attribuer la postérité. Je ne parle point de la première représentation, où la pièce tomba à plat, mais même des suivantes, où elle fit un plaisir très vif. Personne ne se douta que Beaumarchais apportait au théâtre une nouvelle manière, qu'il faisait une révolution. On regarda sa pièce comme sans conséquence.

Quelques-uns, parmi les meilleurs juges, déclarèrent que ce n'était qu'une pochade sans esprit : ceux qui crurent lui faire plus d'honneur dirent que cela était un peu vieux, mais fort gai.

MM. Georges d'Heilly et Marescot ont recueilli quelques-uns de ces témoignages. Tous sont fort curieux, et doivent nous inspirer, à nous autres critiques, une bien grande défiance de nos jugements. Qui sait si nous n'avons pas traité légèrement et du haut en bas quelqu'un des chefs-d'œuvre de l'avenir.

Une femme des plus spirituelles, du meilleur ton et du meilleur monde, et dont le goût faisait loi, Mme du Deffant, écrivait, le lundi 27 février 1775 à Horace Walpole, son correspondant :

« L'ambassadeur vint hier chez moi ; il ne me trouva pas. J'étais à la comédie de Beaumarchais, qu'on représentait pour la seconde fois. A la première, elle fut sifflée. Pour hier, elle eut un succès extravagant ; elle fut portée aux nues et applaudie à tout rompre, et rien ne peut être plus ridicule. CETTE PIÈCE EST DÉTESTABLE. Vos parents regrettaient beaucoup de ne pas l'entendre, ils peuvent se consoler. Le goût est ici entièrement perdu. Ce Beaumarchais, dont les mémoires sont si jolis, est déplorable dans le *Barbier de Séville*. »

Voilà pourtant comme, avec beaucoup de goût et d'esprit, on se trompe sur les œuvres d'art, quand on ne les juge pas à distance. Les critiques de profession ne sont pas exposés à des erreurs si grossières, parce qu'ils apportent ordinairement plus de mesure dans leurs appréciations. Ceux du *Barbier de Séville* furent en général très froids. Ils en parlèrent avec ce détachement que nous avons nous-mêmes, quand il s'agit d'une farce de quelque Labiche.

« Cette pièce, disait Fiévée, produit un effet assez agréa-

ble quand elle est jouée avec ensemble. » — Et Pablot :
« Il y a de l'invraisemblance, mais de la nouveauté dans l'intrigue, et ce dernier avantage suffit ordinairement pour le succès. »

Écoutez la Harpe, qui jugeait longtemps après. Il rend justice à l'ingéniosité des combinaisons, à la vivacité du dialogue ; et conclut par cet éloge « qu'une pièce ainsi faite suppose beaucoup d'adresse chez l'auteur ».

Grimm, l'homme judicieux par excellence, est celui qui a le plus vite et le mieux senti l'extrême mérite de l'œuvre. « Le *Barbier de Séville* est non seulement plein de gaieté et de verve, mais le rôle de la petite fille est d'une candeur et d'un intérêt charmants. Il y a des nuances de délicatesse et d'honnêteté dans le rôle du comte et dans celui de Rosine, qui sont vraiment délicieuses, et que notre parterre est loin de pouvoir sentir et apprécier. »

C'est beaucoup déjà d'avoir compris, à cette époque, ce qui nous semble si clair aujourd'hui, l'originalité singulière de Rosine, cette jeune fille si espiègle ensemble et si tendre, et d'une vivacité d'impression et d'une délicatesse de sentiments si charmantes.

Et cependant, si l'on était venu dire à Grimm : Vous voyez bien cette scène du troisième acte, où Basile revient chez le docteur, pour s'en faire mettre à la porte, avec cette fameuse phrase que lui répète chacun des personnages : « Allez vous coucher ! » Eh bien ! de cette scène, comme d'une source nouvelle, coulera tout un théâtre, qui charmera les Français durant deux siècles. Il eût, à coup sûr, haussé les épaules, et pourtant rien n'est plus vrai.

C'est très souvent le malheur des œuvres absolument originales de ne pas être prisées à leur juste valeur. Tenez ! justement à propos de ce *Barbier de Séville*, je m'amusais cette semaine à feuilleter la correspondance de Grimm et de Diderot dont je viens de détacher ce passage, et je tombai sur l'article de Grimm consacré au *Candide* que Voltaire venait de publier sans nom d'auteur.

C'était alors une assez vive discussion parmi les beaux esprits de savoir si le volume était réellement de Voltaire ou d'un de ses imitateurs. Beaucoup l'attribuaient à quelque copiste, et leur grande raison était que l'œuvre leur paraissait indigne du patriarche. Il faut rendre cette justice à Grimm, il ne s'y trompe pas. A de certains traits, il reconnaît évidemment la touche du maître.

Mais il regarde comme une de ces plus faibles productions ce *Candide*, en qui se résume pour nous son génie et son cœur. Il entasse critique sur critique, et l'on ne peut méconnaître que quelques-unes ne soient justes. Mais le mérite souverain, mais la haute originalité du livre, ce brûlant amour de l'humanité qui échauffe toutes les pages de ce roman, il n'a rien vu de tout cela ! Il estime davantage ou *Zaïre* ou *Mérope* ou le *Siècle de Louis XIV*. La postérité vient, qui remet chaque chose à sa vraie place.

C'est elle qui a fait et consacré le succès du *Barbier de Séville*. Aucun ouvrage ne prouve mieux cette vérité, qui a l'air d'un paradoxe : c'est que, dans tout chef-d'œuvre, s'il y a la part du génie et du travail, il y a aussi une part, et très considérable, qui doit être accordée au hasard.

L'homme supérieur commence un chef-d'œuvre ; les circonstances y travaillent avec lui et l'achèvent. J'ajoute pourtant que cela est plus vrai, ou tout au moins plus sensiblement vrai pour les chefs-d'œuvre dont les auteurs ne sont pas des génies de premier ordre.

Le *Barbier de Séville* n'est pas sorti d'un seul jet de la cervelle de son auteur. Beaumarchais a longtemps tâtonné autour de son idée. Ce qu'il y a de plus singulier, c'est qu'il en avait d'abord fait un opéra-comique, dont il avait composé la musique lui-même.

Est-ce au refus des Italiens, est-ce sur le conseil de quelques amis judicieux, comme le comte Gudin, qu'il refit la pièce et la porta aux Français? ce point n'est pas nettement éclairé. Ce qu'il y a de certain, c'est que ce *Barbier de Séville*, qui devait, un siècle plus tard, devenir un délicieux opéra, ne fit, par cette transformation, que retourner à son origine.

Le *Barbier de Séville*, reçu à la Comédie-Française, attendit des années dans les cartons, et là, à mesure que les événements apportaient à Beaumarchais de nouveaux abus à signaler, de nouvelles victimes à percer de traits, il ajoutait de nouvelles scènes à sa malheureuse pièce, il en chargeait le dialogue de nouvelles plaisanteries. Il la faisait, la défaisait tant et si bien qu'elle tomba le premier soir sous les huées.

Un autre se fût brisé à cette chute. Beaumarchais se ramassa gaillardement, retrancha toutes les additions, coupa un cinquième acte qui faisait longueur : « Mon Figaro, dit-il, s'est mis en quatre pour vous plaire ». Et en vingt-quatre heures, de cette œuvre sifflée, jaillit la pièce charmante et applaudie que nous connaissons.

Quand il la donna à l'impression, il la fit précéder d'une préface, qui est un pamphlet étincelant de verve et d'esprit. Quelqu'un reprochait à la pièce de ressembler à un opéra-comique de Sedaine, qui a pour titre : *On ne s'avise pas de tout*.

— Comment! lui ressembler? dit Beaumarchais. Je soutiens que ma pièce est : *On ne s'avise pas de tout* lui-même.

— Comment cela?

— C'est qu'on ne s'était jamais avisé de ma pièce.

Et comme l'objection était faite par un homme qui ne s'était jamais avisé de rien, vous pensez si l'on riait.

31 janvier 1870.

II

La Comédie-Française vient de remettre à la scène le *Barbier de Séville* de Beaumarchais.

Cette reprise a fait au public des mardis et des jeudis un plaisir extrême. La pièce a été remarquablement bien jouée. Febvre est trop galant pour m'en vouloir si je donne le pas cette fois à Mᵐᵉ Barretta-Worms. C'est dans le rôle difficile de Rosine la perfection même, c'est l'idéal.

Les ingénues s'imaginent toujours que Rosine est une fille très maligne et très délurée, qui est ravie de faire pièce à son tuteur, qui lui joue des tours pendables avec une joie perverse. Elles appuient sur les rouéries que lui prête Beaumarchais, elles les soulignent. Elles font, autant qu'elles peuvent, de la Rosine de Beaumarchais, une gredine en herbe, cette petite peste de la Dachellery dans *Numa Roumestan*. Mais Mˡˡᵉ Cerny, qui est délicieuse dans le drame de Daudet, jouerait Rosine à contresens si elle y transportait ses manèges équivoques.

Rosine est une honnête fille très chaste, très pudique, d'un cœur simple et d'un esprit droit. Elle ne se résout aux petites malices à l'aide desquelles elle trompe son tuteur que pressée par une nécessité fâcheuse. Elle le dit elle-même : Mon excuse est dans mon malheur ; et ailleurs : Je suis loin d'avoir cet usage du monde qui, à ce que prétend mon tuteur, assure le maintien des femmes en toute occasion ;

mais un homme injuste parviendrait à faire une rusée de l'innocence même.

L'innocence même ! c'est cela ; voilà la caractéristique du rôle. Lorsque Rosine aperçoit tout à coup le comte déguisé en maître à chanter et qu'elle jette un cri, ce n'est pas elle qui, avec l'aplomb de l'Angélique de Molière, trouve tout de suite un mensonge plausible pour expliquer son émoi ; c'est son amant qui le lui fournit ; elle s'est tourné le pied, elle a reçu un coup, et elle ajoute gentiment :

— Oui, le coup m'a été au cœur.

Cette chasteté, cette bonne grâce, cette ingéniosité railleuse et douce, Mme Baretta les a rendues sans effort ; car ce sont là les qualités aimables dont se compose son talent. Étudiez-la dans ce rôle ; il n'y a pas un geste, pas un mouvement de physionomie, une inflexion qui ne soient de la plus parfaite justesse, qui ne nous révèlent dans cette jolie Rosine une des créatures les plus charmantes de notre théâtre, une âme tendre, pudique, réservée jusqu'en ses malices, s'ouvrant avec joie à l'amour, mais pénétrée de sentiments d'honneur, une Française exquise ! Un rôle interprété de la sorte, cela est divin. Quel dommage que la Comédie-Française ne puisse donner ce sujet d'étude aux amateurs que le mardi et le jeudi, où il n'y a que des abonnés !

Febvre — adressons-lui en passant nos compliments pour sa croix d'honneur, — Febvre n'essaye pas, et il a cent fois raison, de porter dans le rôle du comte la gaminerie jeune et spirituelle qu'y déployait Bressant, le plus gai, le plus pétillant Almaviva que connaîtra jamais le théâtre. Il est plus grand seigneur et plus profondément tendre ?

Je parlais naguère de mise en scène ; voulez-vous un exemple curieux de son importance au théâtre.

Vous savez qu'au troisième acte du *Barbier* le comte, sous le costume d'un jeune bachelier, donne une leçon à chanter à Rosine. Bartholo a tenu à assister à la leçon, ce qui gêne fort les deux amants. Il s'assied sur son fauteuil, et tous deux commencent.

Autrefois, la scène était ainsi arrangée : Bartholo au milieu, assis; à gauche, le comte, son papier de musique à la main; à droite, Rosine chantant. Beaumarchais a écrit un air combiné de sorte que, vers le milieu, la mesure se ralentisse et les voix baissent. Bartholo s'assoupit; les deux amants se rapprochent insensiblement, passent devant le dormeur; Rosine tend sa main, le comte la baise; l'interruption de la musique éveille Bartholo, qui se redresse, et l'air reprend avec plus de vivacité.

Le jeu de scène est très joli; mais il faut bien l'avouer, tout de convention. Les deux amants auraient dû se tendre la main derrière et non devant le fauteuil du dormeur; car le baiser déposé sur la main risquait bien plus d'être surpris s'il se donnait sous les yeux même de l'argus endormi.

J'en avais fait l'observation à Gailhard.

— C'est la tradition, me dit-il. Il faut que tout le jeu de scène, pour avoir son effet, soit aisément saisi du spectateur; et s'il se passe derrière le fauteuil, on le devinera sans doute, on n'en aura pas la sensation présente.

A cette raison, je n'avais rien à dire, car j'admets de parti pris au théâtre toutes les conventions qu'a consacrées le public.

Febvre a changé heureusement cette mise en scène.

Il est excellent musicien, Febvre, et joue du piano avec infiniment de goût. Il a demandé que l'on plaçât sur la scène, au fond du théâtre, un clavecin. On a même eu quelque peine à dénicher un clavecin qui fût du temps, qui eût les notes cristallines qu'en tiraient nos aïeules.

Quand il s'agit de donner la leçon, Bartholo s'installe sur son fauteuil, Febvre se met au piano, face au public et

Mme Baretta reste à côté de son tuteur pour chanter la première partie du morceau que Febvre accompagne. Peu à peu le chant s'affaiblit; elle recule vers le clavecin et, toujours chantant à demi-voix, tend la main; Febvre se lève doucement, accompagne en sourdine d'une seule main, baise la main qu'on lui tend; le tuteur s'éveille; Febvre retombe des deux mains sur le clavier, tandis que, d'un bond, Mme Barretta reprend sa place aux côtés de Bartholo et achève l'air avec précipitation.

Le jeu de scène est charmant.

— Comme il est plus vrai ! me disait Febvre.

Assurément; mais voyez comme il faut toujours au théâtre faire sa part à la convention. Supposez que nous fussions dans la vie réelle, il est clair que Bartholo tournerait son fauteuil vers le piano et regarderait les exécutants. Mais, à la scène, la chose n'est pas possible. Car, avec ce système, il ne montrerait que son dos aux spectateurs, qui ont intérêt à le voir fermer les yeux et à s'assoupir. Il faut donc que, contre toute vraisemblance, il tourne le dos aux deux jeunes gens dont il écoute la musique. Et je défie bien qui que ce soit de remédier à cela.

Et que servirait d'y remédier ? La convention, du moment qu'elle est acceptée de tout le monde, fait office de vérité. Que veut-on traduire aux yeux dans cette scène ? la malice de deux amoureux dont l'un baise la main à l'autre sous les yeux d'un vieux barbon dont les précautions sont inutiles. Eh bien ! du moment que cette idée est rendue visible, qu'importent les moyens pris pour arriver au but ? Tenez, dans ce même acte, il y a un jeu de scène qui est de tradition. On l'a gardé, quoiqu'il soit d'un ridicule achevé ; personne n'y prend garde.

Bartholo, que le comte a embobeliné, vient de lui dire :

— Ne serait-il pas à propos que ma pupille vous vît?

Ne lui donneriez-vous pas bien une leçon à chanter ?

Et il est allé chercher Rosine qui, voulant avoir une querelle ouverte avec un tuteur, refuse de venir. On entend les éclats de leur dispute dans la coulisse. Rosine cède enfin, et le comte, resté sur la scène, s'écrie :

— Ah! la voilà, ne nous montrons pas tout d'abord.

Et, pour ne pas se montrer, que fait-il, lui qui ne connaît pas l'appartement, lui qui n'y est jamais venu ? Il ouvre une porte latérale qui donne sur l'escalier de service. C'est absurde de tout point, car le premier mouvement de Bartholo, en rentrant avec sa pupille, doit être de la chercher des yeux et, s'il ne la trouve pas, de se dire, lui qui est très soupçonneux :

— Ah ça! où diable s'est-il caché ? Il furette dans la maison ! il en connaît donc les êtres ?

Il est clair que le comte devrait remonter la scène et se dissimuler derrière le clavecin, où on ne le verrait pas, puisque Bartholo et Rosine arrivent en se disputant jusqu'à la rampe et ne se présenter qu'au moment opportun.

Qui fait attention à cela ? On est emporté par le mouvement de la scène. On voit sortir et rentrer le comte, sans même se demander où il va. On est tout occupé de la pièce. On ne songe point à chicaner ces vétilles.

28 mars 1887.

LE « MARIAGE DE FIGARO »

J'ai assisté avec un goût curieux à la reprise du *Mariage de Figaro*. Reprise, le mot est bien ambitieux. Le *Mariage de Figaro* n'a jamais cessé d'être au répertoire courant. C'était une des pièces qui, au temps de M. Thierry, étaient le plus assurées de faire recette. On la jouait plus généralement le dimanche. Elle plaisait singulièrement au public de ce jour-là.

J'étais bien aise de voir si l'effet du *Mariage de Figaro* serait le même sur un public qui vient d'échapper aux horreurs de la Commune, qu'il était jadis sur la bourgeoisie frondeuse des dernières années de l'empire. Bien que le temps ait émoussé nombre de ses traits, le *Mariage de Figaro* n'en est pas moins resté une pièce révolutionnaire. Geoffroy, l'ancien critique des *Débats*, remarquait déjà de son temps que le succès en était plus ou moins vif, selon que les circonstances ôtaient ou rendaient au dialogue de son actualité.

J'ai pu vérifier moi-même la justesse de cette observation. Les mots à l'emporte-pièce de Figaro sont tombés cette fois comme ces flèches dont parle Virgile, qui sont désarmées de leurs pointes et ne portent point coup. La phrase même, la phrase célèbre et toujours acclamée de 1858 à 1870, sur les petits hommes qui ont peur des petits écrits, n'a été saluée au passage que par les traditionnels bravos d'une maigre claque. On a comme un instinct vague que le moment n'est plus de rire des Figaros. Ce sont eux qui ont fait la Commune, par haine de toutes les supériorités sociales. Ils n'ont plus la gaieté ni l'esprit toujours alerte de leur patron. Ils ont gardé son goût d'égalité et sa rage de tout mettre en discussion. Il n'y en a pas un qui ne s'écrierait comme lui : « Qu'ont-ils fait, ces bourgeois ? Ils se sont donné la peine de naître, tandis que moi, morbleu !... »

Ah ! s'il lui était permis de voir ses successeurs ! il n'aurait plus tant de cœur à rire ! Et c'est pour cela, peut-être, qu'on ne riait plus trop dans la salle ! La représentation, dans son ensemble, a été morne, malgré la verve de Coquelin, malgré la grâce vive et aimable de M#lle# Croizette. C'est le malheur des drames qui touchent à la politique de subir ainsi les flux et les reflux de l'opinion. Une révolution qui arrive, et voilà une pièce qui allait aux nues la veille, démodée pour cinquante ans. Molière, lui, est toujours actuel, car il n'a raillé que les travers éternels de l'esprit humain.

Il faut bien pourtant qu'il y ait dans le *Mariage de Figaro* un autre mérite que celui d'être une machine de guerre contre l'état social, puisque, en dépit de tout, elle amuse encore son monde et se voit, d'un bout à l'autre, avec intérêt.

La comédie moderne est tout entière sortie du *Mariage de Figaro*. On a souvent montré par quels liens le théâtre de Scribe et celui de Sardou se rattachaient à l'œuvre du maître. C'est chez lui qu'ils ont pris ce merveilleux art d'intrigue, et ce goût des petits moyens : un billet remis par erreur, une lettre tombée de la poche, une fleur écrasée, qui piquent la curiosité et renouvellent l'action.

Mais sur un autre point encore, Beaumarchais a également servi de modèle. On va toujours répétant que c'est

Dumas fils qui a inventé et mis à la mode ces tirades brillantes dont il a parsemé ses pièces, et dont quelques-unes sont dans toutes les mémoires ; que c'est lui qui le premier a inauguré un dialogue où les personnages font de l'esprit pour le seul plaisir de se prouver qu'ils en ont et se renvoient la balle sans autre idée que de montrer leur adresse au public.

C'est justement le procédé de Beaumarchais.

Un procédé fâcheux si on ne le juge que d'après les règles du grand goût. Il est clair que chercher l'esprit pour l'esprit, que lui sacrifier la vérité des situations ou des caractères, c'est une faute où ne tombent jamais les Molière. Mais il faut bien ajouter que c'est un défaut qui est fait pour nous plaire, à nous autres Français, et qui flatte nos plus secrètes inclinations.

Les Italiens aiment la mélodie pour elle-même ; ils ne s'informent pas si l'air qu'on leur chante est en harmonie avec la situation ou le caractère du personnage. Que cet air soit agréable, qu'il charme l'oreille, qu'il chatouille l'âme par la grâce du rythme et de la cadence ; ils se tiennent quitte du reste ; ils l'applaudissent avec transport. Nous sommes de même pour l'esprit. C'est un goût national. Nous l'aimons pour lui-même en dehors de toute autre considération. De quelque façon et en quelque endroit qu'il se manifeste, nous sommes éblouis et touchés ; nous jouissons d'une belle tirade bien frappée, ou d'un mot spirituellement dit, comme les Italiens d'un air de bravoure.

Jamais je n'ai entendu Figaro débiter le morceau fameux où il explique que *goddam* est le fond de la langue anglaise, sans que tout le parterre éclatât de rire. Remarquez bien que la scène est inutile ; il y a mieux, elle est fausse, et l'on pourrait même dire absurde.

Figaro a tout intérêt à ce que le comte ne se doute point

qu'il est instruit de ses projets sur Suzanne; car si le comte soupçonne un instant qu'il est le jouet d'une intrigue, que Figaro et sa fiancée se sont entendus pour le berner, il rompra le mariage en faisant perdre son procès à Figaro. La conversation entre les deux hommes est donc très importante, et Figaro doit bien prendre garde à tout ce qu'il va dire : « Jouons serré, se dit-il à lui-même, en forme de conseil. »

Mais le goût de l'esprit l'emporte. Il se découvre sans cesse, lui qui se croit si habile intrigant. Après ses variations brillantes sur le mot *goddam*, il n'aurait qu'à s'arrêter ; car il n'a encore rien révélé au comte de ce que celui-ci doit savoir. Mais il ne peut pas se tenir, ou plutôt c'est l'auteur qui se laisse aller à l'entraînement du dialogue. Il a un autre morceau de bravoure à placer : la définition de la politique : « Feindre d'ignorer ce que l'on sait, et de savoir tout ce qu'on ignore, etc., etc. »

Après cette tirade, le comte est si bien fixé, qu'il s'écrie à part :

— Je vois qu'on lui a tout dit ; il épousera la duègne.

Ce qu'il y a de plus singulier, c'est que Figaro, repassant en lui-même la scène où il vient d'être si maladroit acteur, s'applaudit de son habileté :

« Il a joué au plus fin avec moi ; qu'a-t-il appris ? »

— Ce qu'il a appris, mon ami ? mais tout ce qu'il voulait savoir, et tout ce que tu prétendais lui cacher. Et la preuve, c'est qu'il sort bien décidé à mettre des bâtons dans les roues de ton mariage.

Il est incompréhensible, ce personnage de Figaro, si l'on cherche en lui autre chose qu'un premier ténor de l'esprit ! Il a l'air de s'agiter sans cesse ; il parle toujours de trois ou quatre intrigues qu'il conduit de front ; il se démène, il s'essouffle, et rien de ce qu'il a proposé n'arrive ; c'est le hasard qui se charge toujours de dénouer; sans lui, toutes les complications autour desquelles il s'empresse, comme la mouche du coche.

Une des grandes difficultés de ce rôle, ne disait un des acteurs qui l'ont joué le mieux, c'est que Figaro a l'air de tout mener et de tout faire, tandis qu'en réalité, il ne fait rien. Le public le croit sur parole et se laisse prendre à ces faux semblants d'activité incessante. Et comme, au fond, ce mouvement qui est tout en paroles n'aboutit à rien, il y a chez le spectateur comme un obscur sentiment de désillusion, dont il fait porter la peine à l'artiste chargé du personnage. Nous ne nous rendons pas compte que c'est, en effet, Figaro qui n'agit point; il est si pétulant de discours et de promesses, il bourdonne si fort à travers l'action, comme un hanneton qui se heurte à tous les obstacles, que nous exigeons de l'acteur une extrême vivacité d'allures; nous serions très étonnés qu'il ne se remuât pas beaucoup, et nous lui en voulons de ne pas faire plus de besogne. Ce n'est pourtant pas sa faute! Mais étudiez le rôle! vous verrez avec quelque surprise qu'il est tout en tirades et en mots, et que Figaro n'est, à le bien prendre, qu'un raisonneur de l'ancienne comédie, mais un raisonneur révolutionnaire.

Plus j'étudie cette pièce bizarre, moins je puis m'expliquer certaines scènes, autrement que par l'envie de préparer à Figaro des prétextes à discours et à plaisanteries.

Celle du procès est parfaitement absurde.

Figaro a signé une promesse de mariage à Marceline, la duègne, qui en réclame l'exécution. Il y a dédit, moyennant deux mille piastres. Et d'abord, rien ne serait plus facile que d'éviter le procès, puisque la comtesse pourrait faire une heure plus tôt ce qu'elle fait une heure plus tard, donner les deux mille piastres à Suzanne pour qu'elle paye la rançon de son Figaro. Mais passons.

Voici Figaro et l'avocat qui se mettent à plaider leur affaire; l'un et l'autre se disputent sur un point qui n'est pas en question. Qu'il y ait la disjonctive ET ou la copulative OU dans la promesse de mariage, cela ne fait rien du tout à l'affaire. Mais la discussion est plaisante; elle permet à Figaro de lancer trait sur trait contre la justice et le barreau ; c'est tout ce que voulait Beaumarchais.

Quand le comte a prononcé son jugement, Figaro tombe sur son banc désolé en s'écriant : J'ai perdu! Mais pas le moins du monde; il devrait dire : J'ai gagné! car on lui a accordé ses conclusions. Il n'a fait tout le temps que soutenir qu'il n'était pas obligé de payer s'il se mariait, et que mariage était quittance. Eh bien! c'est précisément en ce sens qu'ont jugé le comte et Brid'oison. Son désespoir est incompréhensible, comme la plupart des scènes où il se mêle.

La seule explication qui soit un peu plausible de toute cette action si étrangement conduite, est celle que nous donne Beaumarchais lui-même par la bouche de Suzanne : — Aucune des choses que tu avais disposées, dit-elle à Figaro, aucune de celles que nous attendions n'est pourtant arrivée!

Et Figaro lui répond :

— Le hasard a mieux fait que nous tous, ma petite. Ainsi va le monde; on travaille, on arrange d'un côté, et la fortune accomplit de l'autre.

Ainsi va le monde, soit! mais le théâtre! Le hasard peut-il, doit-il avoir un rôle dans l'action d'un drame? Cela semble contraire à l'essence même de l'art dramatique, cet art consiste à prendre soit une situation, soit un caractère, une force morale quelle qu'elle soit ; à en étudier le jeu et à en marquer l'influence sur les événements. Il est clair que le poëte comique doit, par abstraction, écarter tous les accidents qui, dans la vie ordinaire, se jettent à la traverse des plans les mieux arrêtés.

Oreste, au sortir de son entrevue avec Hermione, s'élance pour aller tuer Pyrrhus; en chemin, il lui tombe une tuile sur la tête; il s'évanouit, et Pyrrhus achève avec Andromaque le mariage commencé. Voilà un dénouement.

Pourquoi ne satisferait-il point les esprits? C'est que le hasard l'a conclu, et qu'il ne jaillit point logiquement des passions mises en jeu dans le drame. C'est qu'il n'était pas nécessaire que cette tuile tombât sur la tête d'Oreste, tandis qu'étant donné l'homme et sa faiblesse d'esprit, il devait commettre l'assassinat pour plaire à sa maîtresse, et perdre ensuite la raison, quand Hermione l'aurait puni de son crime en le lui reprochant.

L'accident, le hasard jouent un rôle considérable dans ce mariage de Figaro, qui passe pour si fortement intrigué.

Voilà Figaro condamné à épouser Marceline : la pièce est finie si, par un retour incroyable des événements, il ne découvre pas qu'il est son fils. Ainsi, tout le mal qu'il s'est donné jusque-là est en pure perte. Tant d'inventions accumulées l'une par-dessus l'autre ont été vaines et n'aboutissent plus. Il a, pour me servir de ses propres paroles, travaillé, arrangé d'un côté, tandis que la fortune accomplissait de l'autre.

C'est qu'à vrai dire, Beaumarchais a tout subordonné dans sa pièce au plaisir du dialogue spirituel et de la tirade étincelante. C'est que Figaro n'est point un intrigant, mais un phraseur; ce n'est pas un caractère, mais une machine à mots.

Et ce n'est pas ce seul personnage dont l'allure reste aussi incertaine et l'allure peu nette. Prenez les tous l'un après l'autre, il vous sera impossible de dire ce qu'ils sont au juste et ce qu'ils veulent; pourquoi, dans telle ou telle situation, ils parlent, agissent d'une façon plutôt que d'une autre. Ainsi, Bazile, par exemple! Je mets au défi d'expliquer comment Figaro, qui le sait agent secret du comte, l'emploie à porter un billet, qui doit faire tomber ce même comte dans un traquenard abominable; comment ce Bazile, avec qui il a des intérêts communs, est raillé sans cesse par lui, et s'expose sans nécessité à la colère de son maître.

J'ai bien souvent vu jouer le *Mariage de Figaro*; je l'ai lu plus souvent encore; il y a une quantité de scènes que je ne comprends pas, où chacun des personnages parle au rebours de ce qu'il devrait dire. Je me suis adressé aux acteurs qui, ayant étudié la pièce de plus près, pour mieux la rendre, ont dû en pénétrer plus profondément les intentions. J'ai interrogé dans le temps Samson et M. Régnier : l'un et l'autre m'ont répondu : Je ne sais pas!

L'habitude du respect et de l'admiration nous ferme les yeux sur ces invraisemblances et ces absurdités. Ou plutôt, il y a dans cette surabondance d'esprit une irrésistible séduction à laquelle nous cédons sans presque nous en apercevoir. Nous écoutons ces conversations étincelantes où la riposte est toujours si vive, où les mots tombent dru comme grêle, sans nous demander ce qu'elles signifient et où elles ont la prétention de nous mener.

Elles tournent le dos au but vers lequel tend la pièce; qu'importe, puisqu'elles nous amusent? Elles sont en contradiction avec les scènes qui ont précédé, avec le caractère de celui qui les tient; nous ne nous en soucions guère, nous n'avons pas le loisir de songer à ces détails. C'est une courte ivresse; nous sommes gris de la gaieté et de l'esprit de Beaumarchais.

Il y aurait bien à dire là-dessus. Mais en art, il est une règle qui ne souffre point d'exception : toute supériorité, quelle qu'elle soit, fût-ce dans un genre éminemment faux, si elle est arrivée à ce point de perfection où elle est acceptée, reconnue, indiscutable, s'est mise par cela même au-dessus de la critique. Il nous est sans doute permis de faire remarquer que ce n'est point là du grand art, qu'il n'y en a pas en dehors de la vérité, que Molière n'écrit point ainsi ; mais être original, mais être le premier dans son genre, c'est là un si rare et si précieux avantage qu'il emporte toute contestation.

C'est un monstre, que le *Mariage de Figaro*.

Je me suis amusé à relire cette semaine ce qu'en ont dit et La Harpe et Geoffroy, qui tous deux n'aimaient pas l'auteur, ce dernier surtout, qui a pour lui une sorte d'horreur. Ils en ont fait des critiques de détail assez justes, quoique très passionnées, et sans toucher, à mon avis, au fond même des choses. Mais les défauts de la pièce, fussent-ils encore plus grands qu'ils ne l'ont dit, ce n'en est pas moins une œuvre hors ligne, puisqu'il s'y trouve une qualité qui a été poussée à son dernier degré de mérite.

Et cette qualité est de goût absolument français. Tant qu'il y aura des Parisiens au monde, les visages s'illumineront quand Figaro dira d'un air capable : « Je sais, *goddam!* » La tirade n'est pas en situation, elle est fausse en soi, puisqu'il est bien connu maintenant que les Anglais ne se servent jamais du mot *goddam*, mais elle est légère, mais elle est gaie, mais elle porte dans l'usage de l'esprit ce tour d'imagination qui lui donne tant de piquant ; on attend Figaro à ce passage, comme un cantatrice à une morceau de bravoure, dans *Sémiramis*.

Vous êtes-vous jamais aperçu, dans le *Pré-aux-Clercs*, que le trio syllabique qui suit la sortie de la chapelle, n'est rien autre chose qu'un délicieux contresens ? Non ! n'est-ce pas, le rythme est spirituel, l'arrangement plein de grâce, vous jouissez de cette musique sans vous inquiéter de savoir si elle est en situation. Ainsi de la tirade sur *goddam* et de tant d'autres.

Le fameux monologue du cinquième acte n'a pas d'autre raison d'être. Et c'est pour cela qu'il est si difficile à dire ! On demande à l'acteur, dans le débit de ce long morceau, une unité de composition que l'auteur n'y a pas mise. Beaumarchais a versé là dedans, pêle-mêle, des réflexions satiriques sur les mœurs de son temps, des souvenirs personnels, des railleries sur la politique, des traits à l'adresse de ses ennemis, sans oublier par-ci par-là quelques mots qui sont empruntés à la situation particulière où se trouve Figaro. C'est un mélange, un pot-pourri de phrases disparates.

Aussi ne saurait-on guère discuter avec l'acteur sur la façon dont il l'interprète. Veut-il le dire sur un ton irrité et triste ? il lui est loisible. Préfère-t-il être brillant et gai ? c'est son affaire. Croit-il mieux réussir en variant ses intonations et en lançant la tirade en plein visage au public ? Voilà qui va bien encore ! Beaumarchais n'a visé que le succès ; l'acteur a raison, s'il l'atteint après lui. Nous n'avons pas le droit de le chicaner.

Si Got n'a pas trop réussi à nous rendre Figaro, c'est qu'il est un acteur *de composition*. Il cherche à imprimer un cachet à ses rôles ; il leur donne une physionomie spéciale. Figaro n'en a pas. Figaro n'est que le porte-paroles de Beaumarchais ; il fronde à tort et à travers, ne s'occupant ni des situations où il se trouve, ni même de son caractère propre. Figaro, c'est le révolutionnaire quand même. Pas beaucoup de sens, une tête de linotte, mais des instincts égalitaires, et de l'esprit à faire peur ! de l'esprit en dehors, de l'esprit à jet continu !

Aussi Coquelin, qui n'y met pas tant de malice, est-il excellent dans ce rôle ! Il dit bonnement, naïvement les choses comme elles sont écrites ! Il jette des tirades à pleine volée ; elles tombent où et comme elles peuvent, il ne s'en préoccupe pas autrement. C'est la vraie manière de traduire Beaumarchais.

S'il a fait moins d'effet mercredi dernier, ce n'est pas sa faute. Il a joué avec la même verve, et le texte était toujours aussi plaisant. Les circonstances seules ont changé ; mais c'est un grave inconvénient, quand l'auteur n'a cherché qu'un esprit et des succès de circonstance.

Je ne veux point établir de comparaison ; et néanmoins, le sort des tirades du *Mariage de Figaro* n'est-il pas un présage pour celles de Dumas fils, de Barrière, et de tous ceux qui se sont fait une réputation en ce genre?

Déjà, l'on n'écoute plus qu'avec une sorte d'impatience mêlée d'ennui le grand morceau des *Pêches à quinze sous*. Que sera-ce dans dix ans? Il ne reprendra son actualité, et partant son intérêt, que si une révolution des mœurs ramène le triomphe des courtisanes.

Parmi les traits de Figaro, il y en a qui seront toujours applaudis : « Sans la liberté de blâmer, dit-il, il n'est point d'éloge flatteur. » Voilà qui est d'une vérité éternelle, et qui sera juste dans tous les temps. Mais quand il ajoute que les sottises imprimées n'ont d'importance qu'aux lieux où on en gêne le cours, c'est là une de ces vérités bien sujettes à discussion.

Vous réfléchissez, vous discutez ; c'est une affaire faite ; vous n'avez plus envie de rire. Je vois des temps sombres pour le *Mariage de Figaro* qui, depuis vingt ans, brille d'un si vif éclat à la Comédie-Française.

Beaumarchais n'en restera pas moins un des poëtes comiques les plus remarquables de la France : il a ouvert à la comédie moderne la double voie où elle s'est engagée ; Scribe l'a surpassé pour l'arrangement ingénieux des pièces ; mais il est resté le premier par la grâce pétillante du dialogue, par ces qualités, qui sont toutes françaises : l'esprit des mots, et le goût des tirades brillantes.

Entre nous, vous savez, le rire puissant et la haute raison de Molière sont bien supérieurs.

Mais Molière est Molière, et, après lui, il y a encore de belles places.

9 octobre 1871.

LESAGE, PIRON,

GRESSET, FAVART, SEDAINE

LESAGE

« TURCARET »

Turcaret est moins une pièce de théâtre qu'un pamphlet dialogué. Sauf au dernier acte, où il y a vraiment une situation dramatique, étincelante de gaieté et qui fait toujours éclater le fou rire dans la salle, toute l'œuvre n'est qu'une satire extrêmement spirituelle et mordante, dirigée contre les traitants ; une suite de conversations où sont flagellés tour à tour les ridicules et les vices de Turcaret.

On goûte cet esprit à la lecture ; on s'amuse de tous ces traits qui tombent si drus et si perçants sur ce gros financier imbécile ; on veut autre chose au théâtre : de l'action, des caractères, une progession continue de faits ou de sentiments qui vous emporte d'un point à un autre.

Quand la pièce de Lesage fut jouée pour la première fois, on ne s'aperçut point de ce défaut ; ou plutôt (car il fut signalé par les critiques), on le sentit beaucoup moins. C'est que le plaisir de voir frapper à coups redoublés sur des gens que l'on détestait était si vif alors, qu'il tenait lieu de toute autre qualité.

A nous autres, le mot de Partisan ou de Traitant ne nous rappelle plus rien ; nombre de gens même ignorent le sens de ces deux mots. Il faut se reporter au temps où parut

Turcaret pour comprendre avec quelle joie de vengeance satisfaite dut être accueillie cette violente satire. Aucune institution ne peut, dans nos mœurs actuelles, nous donner une idée de la haine qu'excitaient à cette époque ceux qu'on appelait les partisans.

Vous vous rappelez l'envie mêlée de fureur que soulevèrent, il y a quelques années, les manœuvres de certains spéculateurs hardis, qui gagnèrent rapidement des millions dans des affaires qui furent moins bonnes pour les actionnaires que pour eux. Il est bien entendu que je ne me fais point juge de leur conduite : je ne parle que des sentiments répandus dans le public. Ils sont trop présents à toutes les mémoires pour que j'insiste sur ce point.

Eh bien ! cette colère des hommes de notre génération contre les boursiers du second empire n'est rien, mais rien du tout, en comparaison des rages qui s'éveillaient dans le cœur de nos arrière-grand-pères, à ce seul nom de traitants et de partisans. Ce n'étaient pas seulement, ces êtres détestés, des financiers qui étalaient un luxe insolent et triomphaient de la misère publique, c'étaient encore des collecteurs d'impôts et d'impôts horriblement abusifs, absurdes, qu'ils aggravaient à leur gré et réclamaient avec une rigueur inouïe.

Vous savez si dans nos campagnes on aime le percepteur ; et pourtant nos paysans savent bien que ce n'est pas pour lui qu'il demande l'argent des contribuables ; ils peuvent se consoler de l'impôt qu'ils paient en songeant que la même charge incombe à tous, et qu'ils ne sont pas plus maltraités que leur voisin le richard. Imaginez ce que pouvait être la haine et la fureur d'un Français d'autrefois contre un homme qui doublait à tort et à travers la somme de ses impositions, qui les mettait ouvertement dans sa poche et les dépensait avec un faste insupportable.

Songez que cet homme avait sous ses ordres une armée d'employés qui l'aidaient dans son horrible besogne, et dont chacun devait être bien plus méprisé, bien plus abhorré encore que ne peuvent l'être les *gabelous*, qui sont après tout d'honorables fonctionnaires de l'État. Songez que les huissiers marchaient sur son ordre. Les huissiers ! rappelez-vous, vous qui avez vécu dans les petites villes, rappelez-vous la force des préventions qui existent, encore aujourd'hui, contre ces officiers ministériels. C'était bien autre chose en ce temps-là, où l'on ne leur épargnait ni les coups de pied, ni les coups de bâtons, ni même les coups de couteaux.

Les partisans réunissaient sur leur tête toutes ces fureurs d'un peuple poussé à bout. On les détestait à la fois comme le percepteur, comme l'huissier, comme le financier riche, et bien plus encore : car il se joignait à cette noire envie et à cette colère enragée un profond sentiment de justice distributive violée. Et ces passions étaient encore fouettées par les pamphlets et les déclamations du temps. Il semblait qu'en ce seul mot de *partisans* ou de *traitants* se résumassent tous les maux et toutes les iniquités dont souffrent les nations.

Il n'y avait donc pas besoin, pour un auteur dramatique, s'il en mettait jamais un à la scène, d'expliquer au public ce qui devait le rendre parfaitement odieux. C'était un sous-entendu entre l'écrivain et le public. Il n'avait qu'à prononcer ce nom de partisans, et aussitôt s'éveillait dans l'âme de chacun des spectateurs tout un monde d'images de douleur, de haine et de colère.

Aussi, Lesage ne s'était pas mis en peine de nous montrer par où son Turcaret était haïssable. A quoi bon ? C'était un partisan ! Il n'y a guère dans toute la pièce qu'une scène où l'écrivain dramatique nous ait rendus témoins des vols et des vilenies de son héros, c'est celle de M. Rafle ;

elle est fort courte, et d'ailleurs peu intelligible au public d'aujourd'hui, qui n'est plus au courant de ces détails de perception.

Dans tout le reste du drame, Turcaret est bafoué, vilipendé, foulé aux pieds, et ce qu'il y a de pire pour l'effet, par les plus malhonnêtes gens du monde. Il ressemble à un énorme sac d'écus, que tous ceux qui passent crèveraient à coups de pieds, où ils plongeraient leurs mains les retirant pleines d'écus, et gouaillant sur cette bonne aventure.

Je ne sais à quel endroit du drame, un des personnages de la pièce, parlant de M. Turcaret, finit par dire : « Savez-vous que j'en arrive à le plaindre, ce pauvre homme ; il est trop aisément dupe, et nous nous moquons trop de lui. » C'est, je crois, la baronne qui parle ainsi.

Cette baronne-là exprime le sentiment du public. Oui, on finit par se sentir pris de compassion pour ce Turcaret, qu'un tas de gredins sans foi ni loi dépouillent avec cette impudeur. Qu'a-t-il fait, après tout, ce pauvre homme, pour mériter tant d'insultes ? Il est riche et un peu vantard, c'est là son seul tort dans la comédie.

Il en avait bien d'autres pour ses contemporains, et qui tous se résument en seul. Il était partisan. Mais pour nous, qui ne savons plus ce que c'est qu'un partisan, chez qui ce mot prononcé retombe vide et sans écho ; pour nous qui demandons au poëte, s'il veut que nous haïssions un personnage, de nous le rendre haïssable, Turcaret est infiniment plus honnête que ceux qui le volent ; il est mal élevé, si l'on veut ; mais la grossièreté de son langage est moins dégoûtante que l'horrible cynisme des coquins qui l'entourent.

Quand le marquis, vous savez bien, le marquis toujours ivre, pilier de cabaret, grec au jeu, et qui vit des femmes tout comme son ami le chevalier, quand le marquis prend à partie M. Turcaret et le raille avec un si outrageant mépris, il est fort probable que tout le public de 1709 éclatait de rire. C'est qu'à cette époque, outre que Turcaret était la bête noire, par cela seul qu'il faisait le métier de traitant, on était entêté de la qualité.

Un marquis pouvait faire tout ce qui lui plaisait, il n'en était pas moins M. le marquis. Il faisait trop d'honneur aux femmes de les déshonorer; aux hommes de les persifler ou de les voler. Il y avait entre un Turcaret et un marquis un abîme si infranchissable, que l'on riait à toutes les nasardes données par l'homme de cour sur le partisan.

On voit ce que la scène a perdu avec nos idées d'égalité moderne. J'ai beau faire, j'ai beau remonter par l'imagination le cours des siècles, non, cela est plus fort que moi, c'est le sémillant marquis que je trouve ignoble, et je ne puis m'empêcher de plaindre Turcaret. C'est juste le contraire de ce qu'a voulu l'auteur. Mais ce n'est pas ma faute.

C'est la sienne. Il fallait qu'il ne laissât pas dans l'ombre tout un côté de son personnage, et le côté le plus important. Il s'en est fié sur la complicité du public de son époque, sans songer que la postérité n'entrerait pas de plain-pied dans ces sentiments de haine, dont il a besoin pour que son drame soit intéressant.

Le Turcaret, de Lesage, n'indigne plus; il étonne ou il fait pitié. On se dit que ces monstruosités ne sont pas possibles, à moins qu'on ne pleure sur ce pauvre Holopherne, si méchamment mis à mort par Judith.

Une autre faute de l'auteur, c'est de ne l'avoir entouré que de gredins de bas étage. Lesage s'en excuse, dans son épilogue, en objectant qu'il a peint le train de la vie ordinaire. Cette justification n'est que spécieuse. Il n'y a guère de siècle au contraire où la bonne vieille bourgeoisie ait eu des mœurs plus sévères et une éducation plus solide.

Qu'on lise, si l'on veut se rendre compte de ce qu'était une famille bourgeoise en ce temps-là, qu'on lise dans l'histoire de Beaumarchais, par M. de Loménie, le tableau qu'il donne de la famille d'un simple horloger, qui ne valait ni mieux ni pis que la plupart de ses voisins. Il est difficile de trouver des gens plus instruits, plus laborieux, d'une vie plus digne, qui soient plus foncièrement honnêtes et plus capables même de vaillants sacrifices.

Une nation où il n'y aurait plus que des nobles comme le chevalier et le marquis, des femmes comme la baronne, des riches comme Turcaret, où Frontin et Lisette seraient la graine de la bourgeoisie future, cette nation-là serait dans un bien triste état; et l'on ne comprendrait pas qu'un quart de siècle plus tard elle déployât dans les assemblées qui devaient réformer la France, tant de raison, d'éloquence et de patriotisme.

Cette absence de tout sentiment délicat, de toute vertu un peu noble, est déjà fatigante dans *Gil Blas*, dans un roman que l'on lit, à soi seul, au coin de son feu. Combien est-elle plus fâcheuse au théâtre, où les hommes réunis sentent bien plus vivement le besoin de s'élargir l'âme et de se l'emplir de pensées généreuses !

— J'admire le train de la vie humaine, dit Frontin au premier acte. Nous plumons une coquette, la coquette mange un homme d'affaires, l'homme d'affaires en pille d'autres : cela fait un ricochet de fourberies le plus plaisant du monde.

Pas si plaisant que le veut bien dire Lesage — horriblement triste au contraire? C'est une loi dramatique à laquelle je ne sais point d'exception : il faut absolument que dans un drame, on s'intéresse à quelqu'un ou à quelque chose. La contemplation de mœurs mauvaises ne suffit point à réjouir les yeux ni l'esprit au théâtre. Ce plaisir désintéressé, ce plaisir scientifique et âpre convient au moraliste. La comédie veut davantage, elle exige que le cœur soit touché, et qu'il prenne parti...

Tous les raisonnements du monde ne prévaudront point contre cette nécessité qui s'impose. Lesage plaide fort bien sa cause dans l'épilogue, où il répond aux critiques qui lui étaient déjà adressées de son temps. Mais qu'importe que l'on sorte convaincu par ses arguments, si l'on se retire ennuyé de sa pièce.

Turcaret vous renvoie triste, mécontent des autres et de soi-même. On s'en retourne chez soi avec une courbature à l'esprit.

Le style est d'une simplicité merveilleuse. Oserai-je dire que sur ce point encore la lecture est plus favorable à cette pièce que la représentation? Les plaisanteries n'ont pas toutes le relief qu'exige l'optique de la scène. Elles sont fines, aiguës, pénétrantes. Mais ce sont des aiguilles et non des flèches. Elles s'enfoncent sans bruit dans la blessure. On ne les voit pas venir de loin, armées de plumes qui flambaient. Il faut une minute de réflexion pour les deviner et les comprendre; on ne rit qu'après, à la réflexion.

Ajouterai-je encore que, parmi ces railleries, quelques-unes sentent bien plus le pamphlet que le théâtre. Ce sont celles que les personnages disent pour se moquer d'eux-mêmes, et sachant bien ce qu'ils font. C'est la manière ordinaire de Voltaire dans la diatribe du docteur Akakia; mais elle ne lui a jamais réussi, quand il l'a transporté à la scène, où la naïveté est toujours plus drôle.

Un exemple entre vingt : la baronne a besoin d'une femme de chambre, et Frontin veut lui en donner une de sa main. Notez qu'il a le plus vif intérêt à ce que sa protégée entre dans cette maison, et voici comme il la recommande.

— Pourquoi, lui demanda la baronne, est-elle sortie de chez ses maîtres ?

— C'est, répond Frontin, qu'elle servait des personnes qui mènent une vie retirée, qui ne reçoivent que des visites sérieuses, un mari et une femme qui s'aiment ; des gens extraordinaires. Enfin, c'était une maison triste, et ma pupille s'y est ennuyée.

— Où est-elle donc à l'heure qu'il est ?

— Elle est logée chez une vieille prude de ma connaissance, qui, par charité, retire des femmes de chambre hors de condition, pour savoir ce qui se passe dans la famille.

Tout ce dialogue est charmant ; mais qui ne voit que Frontin se pince ici pour se faire rire ; qu'il dit justement tout ce qui peut dégoûter la baronne de la fille qu'il lui propose ; qu'elle ne devrait pas être assez sotte, elle qui est si sujette à caution, pour s'en aller prendre une femme de chambre qui connaît des prudes de cette espèce.

Remarquez de plus que cet esprit n'est pas pétillant, qu'il ne jaillit pas en traits de feu ; il est comme enveloppé, il se dissimule sous une apparence de simplicité extrême. Quelques hommes délicats le saisissent au vol et le goûtent en courant ; mais il ne s'en va pas frapper la foule en pleine poitrine.

Voilà bien des raisons pour expliquer la réserve du public en face de cette œuvre remarquable. Elles sont du fait de l'auteur. Il en est d'autres qui tiennent à la façon dont la comédie est montée.

Je ne parle point du rôle même de Turcaret. J'ai entendu faire, le premier soir, bien des critiques de la façon dont il a été rendu par Barré. Je ne les crois pas très justes. Il faut faire attention que pour jouer Turcaret, il n'y a plus ni modèles, ni traditions. Je suis aussi ignorant que le comédien de la tournure, des allures, du ton et des gestes d'un partisan en 1709.

Un des grands éléments de rire dans la pièce, c'est la différence qu'il y a entre les manières de Turcaret et la désinvolture du marquis. Comment veut-on que cette différence ne soit rendue sensible au théâtre, quand elle n'existe plus depuis longtemps dans le monde. Est-ce qu'entre un financier de nos jours et un Montmorency (s'il en existe encore) vous pourriez distinguer autre chose que des nuances presque imperceptibles ? C'est le même habit, le même chapeau, la même façon de saluer, le même langage. L'égalité démocratique a passé le niveau sur toutes les conditions sociales.

Comment le comédien nous donnera-t-il aujourd'hui la sensation de cet abîme creusé entre un Turcaret et un marquis, à moins de faire une énorme caricature ? Il y a là un problème que je défie au plus habile de résoudre. C'est que la difficulté n'est pas dans le rôle en lui-même, mais dans les préjugés du public, sur lesquels on n'a aucune action. Je trouve, pour ma part, que Barré s'en est tiré à son honneur. Il a donné à son personnage une sottise ample qui est fort réjouissante, et il a marqué la grossièreté des manières sans tomber dans la charge criante. Il est suffisamment étoffé : il a la figure large, rougeaude, importante et bête ; les gestes abondants et assurés, des façons de s'asseoir sur les fauteuils comme s'il s'y roulait ; il est violent et rude sous une épaisse carapace de bonhomie. Je ne dis pas que ce soit l'idéal, mais je ne vois pas trop par où l'on pourrait beaucoup mieux faire que lui. Je ne l'ai trouvé faible que dans les scènes de fureur, quand il casse les porcelaines de la baronne. Il me rappelle, en cet endroit, les colères de Géronte dans les *Fourberies de Scapin*. Mais diantre ! c'est ici plus sérieux.

En somme, ce qui manque à *Turcaret*, c'est l'intérêt et la gaieté; et l'on peut reprocher aux acteurs d'avoir forcé encore la teinte sombre de l'œuvre.

4 mars 1872.

PIRON

LA « MÉTROMANIE »

La Comédie-Française a repris cette semaine la *Métromanie* de Piron. Il y avait près de trente ans qu'on ne l'avait jouée, car la dernière reprise qui en a été faite par M. Edouard Thierry date de 1865. Il avait fallu à cette époque la reprendre à nouveau ; les traditions en étaient perdues. C'est pour Delaunay qu'on l'avait remontée. Je ne crois pas qu'elle ait jamais été jouée couramment ; elle n'a reparu sur l'affiche qu'à de longs intervalles et pour peu de temps. Je me souviens qu'à la reprise de 1865 les vieux amateurs — il y en avait encore beaucoup à l'orchestre, en ces temps préhistoriques, — me disaient que Mlle Mars s'était plu à jouer le rôle de Lucile. Ils ne m'ont pas dit ce qu'elle en tirait, et je ne pense pas qu'elle en ait pu tirer grand'chose. Le rôle n'est pas des meilleurs.

J'ai sous les yeux le feuilleton qu'écrivait un de nos ancêtres, Geoffroy, le critique attitré du *Journal des Débats*, au lendemain d'une reprise qui eut lieu, en 1806. Son article se termine par ces lignes mélancoliques : « Le *Méchant* et la *Métromanie* ont cette triste conformité qu'on les loue beaucoup et que l'on n'y va guère. Ce sont des pièces qui apportent plus d'honneur à leurs auteurs que de profit aux comédiens. Les succès d'estime sont froids, les vrais trésors d'un théâtre sont les pièces peu vantées et fort courues ; elles ont le sort des jolies femmes galantes, que personne n'estime et que tout le monde veut avoir. »

On inférerait malaisément de cet éloge que la *Métromanie*, en 1806, fit courir tout Paris. Il ne semble pas même, aux louanges données par l'abbé Geoffroy à l'ouvrage, qu'il en ait été vraiment charmé lui-même. Son article est moitié figue et moitié raisin. Il s'y trouve un assez joli portrait du Damis de Piron :

« Avant Piron, l'usage immémorial était de présenter les poètes, au théâtre, sous les couleurs les plus ignobles, avec les attributs de la plus honteuse misère : un mauvais habit noir, quelquefois déchiré, une méchante perruque très mal peignée et mise de travers, un maintien grotesque, une figure basse et hideuse. C'était sous ces dehors brillants qu'on avait coutume de livrer les poètes à la risée publique. Leurs sentiments et leur langage étaient encore plus burlesques que leur costume. Piron réforma tout cela, et, pour son honneur, il nous montra un poète comme il n'y en avait point, un poète magnifiquement vêtu, brave, généreux, désintéressé, aussi leste et aussi galant qu'un amoureux ; mais amoureux, comme Don Quichotte, d'une Dulcinée en l'air, non du Toboso, mais de Quimper-Corentin, uniquement entêté d'une chimère qui le rend ridicule, mais non pas méprisable... »

Et le terrible abbé — car il n'était pas tendre notre illustre prédécesseur ; il était même assez mal appris et quelque peu cuistre — Geoffroy part de là pour exécuter une charge à fond de train contre les poètes de son temps, qui ne sont pas taillés sur le modèle de Damis. La boutade est assez amusante.

« Les poètes d'aujourd'hui ne ressemblent pas tout à fait

à ce portrait. Ils sont élégants à la vérité, vêtus à la dernière mode et presque aussi frivoles dans leur costume que dans leurs vers ; ce sont de petits maîtres. La plupart sont, je crois, très capables d'accepter ou de donner un rendez-vous au bois de Boulogne, pourvu que le rendez-vous se termine par un déjeuner. Quant à la générosité et au désintéressement, il ne paraît pas qu'ils s'en piquent autant que le Damis de la *Métromanie*. Les journaux retentissent de leurs querelles peu généreuses, sur des sujets et des plans qu'ils prétendent qu'on leur a volés, sur les intrigues qu'ils emploient pour se supplanter mutuellement. Beaucoup n'aiment la gloire que pour la fortune qu'elle procure ; et Sapho elle-même reviendrait en personne, qu'ils ne la préféreraient jamais à une héritière de cent mille écus... »

M. Jules Claretie savait parfaitement, quand on s'avisa de tirer la pièce de Piron d'une poussière de trente années, qu'elle n'aurait pas plus de succès d'argent en 1892 qu'elle n'en avait eu en 1865 et en 1806. Mais c'est l'honneur de la Comédie-Française de remettre de temps à autre sous les yeux du public des ouvrages qui ont longtemps passé pour chef-d'œuvre, lorsqu'il s'y trouve, en effet, comme dans la *Métromanie*, des parties de chef-d'œuvre. Qui pourrait en vouloir à la Comédie si elle nous rendait quelque jour ou *Nicomède*, ou *Sertorius*, ou *Bérénice* ou même cette *Mérope*, qui est un drame aussi bien fait et aussi pathétique qu'il est mal écrit ? Il faut lui savoir gré, au contraire, et la remercier de l'effort qu'elle fait et du désintéressement dont elle donne la preuve.

Vous imaginez-vous par hasard que l'administrateur qui a décidé cette reprise, et les artistes qu'il a choisis pour exécuter ce travail, se soient abusés un instant sur le résultat final. Ils savaient fort bien qu'ils ne pourraient donner de la pièce que trois ou quatre représentations pendant l'été ;

que, dans la saison d'hiver, ils la serviraient une seule fois aux abonnés du mardi et du jeudi, et enfin qu'ils offriraient peut-être encore ce spectacle une ou deux fois au plus au public du dimanche, et que ce serait tout; que l'ouvrage serait ensuite remisé avec tous les égards dus à un pseudo-chef-d'œuvre, sans jamais avoir fait un sou. Ils savaient tout cela, et ils ne s'en sont pas moins mis de grand cœur à la besogne. Ce n'est pas une petite affaire de monter la *Métromanie*. Il y faut un bon mois de répétition; tous les rôles sont difficiles et quelques-uns très longs et très durs.

Les artistes qu'on a chargés les ont tous acceptés avec empressement et reconnaissance, ravis de ce nouveau champ d'études qui leur était ouvert.

Si j'insiste sur ce point, c'est que j'y vois la meilleure réponse à faire aux déclamations dont on nous rebat les oreilles contre la Comédie-Française. Trouvez-moi un théâtre au monde où l'on se donne avec allégresse tout ce mal, pour l'unique plaisir d'offrir une curiosité intéressante à trois mille amateurs qui ne prendront peut-être pas même la peine de témoigner un peu de satisfaction, qui s'en iront, en disant d'un air ennuyé : « Ce n'est que cela ? je croyais que c'était mieux ! »

C'est une maigre récompense pour tant de travail. Mais nos jeunes acteurs en ont, par bonheur, une autre qui ne saurait leur manquer. C'est la joie d'avoir pénétré profondément dans l'intimité d'une œuvre, incomplète sans doute, mais où éclatent des beautés de premier ordre; c'est le sentiment qu'ils ont du profit qu'ils tirent de ce travail pour eux-mêmes. Je ne cesserai de le répéter : on ne devient un bon et vrai comédien qu'en jouant le vieux répertoire. C'est une sorte de palestre où la diction et le geste s'élargissent. On en revient plus fort et mieux trempé pour les œuvres modernes.

J'ai plus d'une fois causé de cette *Métromanie* avec quelques-uns de ceux qui l'étudiaient. J'étais vraiment touché de leur dévouement, émerveillé de leur ardeur. Ils avaient la foi, et ce qu'il y a d'admirable, c'est que, tout en me parlant avec feu des découvertes qu'ils faisaient dans ce texte ils se rendaient parfaitement compte que ce texte resterait lettres closes pour les trois quarts du public.

Ils ne se sont pas trompés ; la représentation a été froide, plus froide même qu'il y a trente ans. En 1865, les deux premiers actes furent écoutés dans un silence morne. Il faut dire aussi que ces deux premiers actes sont mortels : des préparations sans fin, des incidents sans liaison, des entrées et des sorties sans motif, un va-et-vient d'histoires et de personnages où l'on ne s'intéresse point ; de beaux vers par-ci par-là et quelques-uns fort plaisants ; mais la trame du style trop serrée, tout cela manquant d'aisance et de jour ; nous avalions notre langue.

Mais au troisième... Oh ! j'ai gardé un souvenir très exact de cette soirée... Ce fut comme un éveil subit du public intéressé et charmé. La grande scène où Damis défend contre son bourgeois d'oncle les droits de la poésie l'enleva et, à partir de ce moment, il écouta, il applaudit, il acclama même ; Delaunay doit se rappeler encore l'enthousiasme qu'excitèrent quelques scènes, et dont il eut sa bonne part.

Cette fois, nous n'avons rien vu de pareil. La salle ne s'est pas dégelée un instant. Elle a paru ne rien comprendre à la pièce. Il est vrai que, si vous n'en prenez que la contexture, elle est tout ensemble peu claire et enfantine. Il n'y eut jamais intrigue si embrouillée, si difficile à suivre et qui valut si peu la peine d'être démêlée. Mais il ne faut jamais, dans les œuvres consacrées, s'attacher aux défauts qui ont été cent fois constatés et qui sont dès lors comme non avenus. Mieux vaut ne tenir compte que des grandes qualités qui ont fait sa réputation.

Ce qu'il y a de charmant dans la pièce, et qui n'a malheureusement pas été assez mis en dehors et pas assez senti dans cette représentation, c'est que le démon des vers planes sur toute la comédie; c'est que tous les personnages en font ou font semblant d'en faire, ou affectent de ne rien tant goûter que les vers, depuis le riche Francaleu, prêt à donner sa fille, la riche Lucile, à un pauvre diable habile dans l'escrime de la rime, jusqu'à Lucile elle-même, qui aime Dorante pour les élégies qu'elle croit qu'il compose. Ceux mêmes qui représentent la vile prose, Lisette et l'oncle Baliveau, sont, comme les autres, emportés dans ce tourbillon.

Piron nous a conté dans sa préface qu'il s'était peint lui-même dans sa *Métromanie*. Rien n'est plus vrai ; il a mis quelque chose de son âme dans ce Damis si honnête homme et si fou de poésie. On ne connaît guère dans le public que le Piron de la légende, débraillé, cynique, éternuant (c'était son mot) les vers orduriers, chassé des maisons honnêtes pour son gros rire rabelaisien, le héros d'une foule d'histoires scandaleuses. Ce Piron-là n'est pas le vrai. La légende s'est formée et s'est transmise, on ne sait trop comment; personne n'a réclamé et, à la longue, il y a eu prescription. Une ode fameuse, et dont tout le monde a entendu parler, bien que peu de gens l'aient lue, l'*Ode à Priape;* quelques plaisanteries sur les ânes de Beaune, qu'il a lui-même contées fort gaiement dans un morceau resté célèbre; cinq ou six anecdotes, apocryphes peut-être, qui se sont répétées de génération en génération, voilà sur quoi on a jugé l'auteur de la *Métromanie.*

J.-J. Weiss est l'un des premiers qui aient essayé de remonter ce courant. Il a, dans une conférence qui n'a pas été, je crois, recueillie en volume, montré quel brave homme et quel poète c'était que ce Piron si calomnié.

Il a vu en Piron une des plus éclatantes fleurs de la race bourguignonne, un fils de Dijon, formé à l'image de la ville. Cette ville, J.-J. Weiss qui l'avait habitée deux ans, en a fait, pour expliquer le génie d'un de ses plus illustres enfants, une description qui est une merveille d'ingéniosité et de pittoresque.

« Regardez-la du dehors, dit-il, avec ses toits de tuile bariolée, ses clochers et ses clochetons, sa flèche bizarre, hardie et tortue, sa tour cathédrale surmontée de la famille Jacquemart : on dirait un volumineux et fantasque château de pâtisserie qui émerge sur le vert de la plaine. Entrez ensuite dans la ville.

» Considérez l'architecture de ces maisons : celles du peuple s'arrondissent à la base, comme s'enfle le ventre de ces gourmands, qui servent d'enseigne à un marchand de comestibles ; celles où résidaient la magistrature et la noblesse lettrées du dix-huitième siècle, un Bouhier, un de Brosses, un Buffon, coquettes d'ailleurs et bien proportionnées en leurs diverses parties, sont coiffées d'un toit immense, presque aussi vaste à lui seul que le reste de l'édifice ; il semble qu'on ait voulu tout mettre en greniers pour réserver la place à d'abondantes provisions. Larges panses d'une part et, de l'autre, têtes énormes.

» Considérez les produits du pays : le chambertin nourricier et capiteux, l'âpre moutarde, le pain d'épices chargé de substances de haut goût, la plus succulente charcuterie qu'il y ait au monde.

» Examinez, après tout cela, la population elle-même. Voyez ces femmes aux formes riches, que la nature a créées pour être d'incomparables nourrices ; voyez dans les faubourgs ces puissantes faces d'hommes, ces trognes bourgeonnées, contentes, rubicondes, épanouies; ces plantureuses et triomphantes bedaines. Maisons, produits, hommes, le trait qui domine tout, c'est la force un peu épaisse, l'exubérance, la redondance; de là résulte un insatiable besoin d'expansion. Dès avant Clovis, les Gaulois et les Romains des bords de la Saône observaient que, de tous les barbares, les Burgondes étaient les meilleurs vivants, les plus faciles à se communiquer, ceux qui avaient le plus besoin de se rencontrer et de présenter eux-mêmes bon visage d'hôtes. Encore aujourd'hui, les gens du bourg, le quartier populeux de Dijon, définissent leur ville une ville bien *affâble*, en s'arrêtant longtemps sur l'*â*; car les spondées plaisent aux oreilles dijonnaises. »

Cette force, cette redondance que Weiss donne comme le trait principal de l'esprit dijonnais, exclut dans une certaine mesure au moins la finesse d'esprit; on en tire deux qualités qui semblent contraires à première vue, mais qui, au fond, ont de communes attaches; la jovialité épaisse et même un peu grossière d'une part; de l'autre, les dons sonores et sculpturaux, l'art oratoire, l'éloquence toujours vigoureuse et parfois brutale.

Piron est de cette race. Il a sans doute le côté de la grivoiserie plantureuse. Il ne l'a que trop montré pour son malheur. Il a aussi le jet ample et ferme d'éloquence poétique. Son ode, cette trop fameuse ode, n'est pas un de ces petits écrits libertins et émoustillants, qui chatouillent un bel esprit blasé. C'est un torrent de strophes grossières, qui roulent d'un flot énorme des rimes retentissantes, d'amples et abondantes images.

La *Métromanie* abonde en vers superbes qu'un maître ouvrier a forgés sur son enclume dans un métal solide, brillant et sonore. Oui, sans doute, il y en a beaucoup d'obscurs, d'entortillés et même de plats; ainsi il dira :

> La moitié de mon bien remise en ton pouvoir
> Parmi nos sénateurs s'offre à te faire asseoir.

Comprenez si vous pouvez! une moitié de bien qui s'offre à faire asseoir quelqu'un au Sénat! Il dira aussi :

> La fraude impunément dans le siècle où nous sommes
> Foule aux pieds l'équité si précieuse aux hommes.

C'est rimer avec deux chevilles, et quelles chevilles! je vous en citerai par douzaines qui ne valent pas mieux.

Piron travaillait difficilement, et quand un détail ne valait pas la peine qu'il eut prise à l'exprimer également, il y renonçait ou n'y arrivait pas. Mais toutes les fois que la pensée le soutient, il jaillit de son lourd marteau des vers d'une vigueur de sens et d'une plénitude de son admirable, des vers tout d'une venue, comme ceux de Malherbe, aussi solides et aussi magnifiques. Il a des tirades que ne désavouerait pas Corneille, des tirades qui ne sont pas seulement des lieux communs parés d'une rhétorique brillante; mais où les vérités générales s'échauffent d'un sentiment personnel et se fixent dans un alexandrin qui reluit et qui sonne.

Les comédiens priaient un jour Piron de changer je ne sais quel passage qui leur déplaisait, et comme il s'en défendait, on lui allégua l'exemple de Voltaire, qui témoignait de plus de complaisance : « M. de Voltaire, répondit-il, travaille en marqueterie; moi je jette en bronze. » On s'amusa beaucoup de cette saillie qu'on prit pour la rodomontade d'un vaniteux écrivain, et les critiques en rient encore.

Piron avait pourtant raison : Voltaire n'a été poète que dans la poésie légère. Ses tragédies sont devenues illisibles, ainsi que ses poèmes; et sauf quelques endroits qui sont tout de satire, ses épîtres morales ne sont guère, quoi qu'en ait dit notre ami Émile Faguet, dignes d'être relues.

Son style, ce style qu'on admirait tant au dix-huitième siècle, tombent de toutes parts en ruines; le vernis s'en est écaillé; l'œuvre s'est en quelque sorte effritée et dissoute.

Nous écoutions l'an dernier à l'Odéon le *Mahomet* du maître. C'était évidemment l'œuvre d'un homme qui avait l'instinct dramatique et savait manier une situation théâtrale. Mais quelle déplorable langue! Des vers sans allure, d'une nauséabonde pauvreté de rimes, et dont le clinquant paraît aujourd'hui horriblement faux et passé. Le vers de Piron a la sonorité du bronze; il en a la durée; ampleur, solidité, retentissement, tout y est, et avec un feu d'éloquence, où l'on sent le cœur d'un poëte.

C'est qu'il était poëte avant tout, poëte dans toute la force du terme, avec toute l'honnêteté de vie, toute la générosité de sentiments que comporte ce beau titre. Il n'avait point de tenue et ce défaut lui a fait tort dans l'opinion de ses contemporains, qui étaient pourtant, avec les gens d'esprit, assez coulants sur l'article. Mais la tenue est si facile à la sottise! Il est plus aisé d'arborer une cravate blanche et un maintien grave qu'un cœur noble et un esprit généreux. Que de gens de lettres ont joui de l'estime publique, qui n'avaient ni sa large bonhomie, ni la fierté raide de son caractère!

Il ne demanda jamais rien à personne, en un siècle où tendre la main n'était pas un déshonneur pour un écrivain de talent. Il ne connut jamais ni les bassesses de l'intrigue des cours, ni les manèges des coulisses. On l'appelait *le grand benêt, le grand nigaud,* et plus familièrement *bimbin.*

— Vous n'êtes pourtant pas riche, mon pauvre Piron, lui disait un jour Voltaire avec une menace de compassion cavalière et hautaine.

— C'est vrai, répondait gaiement Piron ; mais je m'en... moque, c'est comme si je l'étais.

Marié à une femme qui devint folle furieuse en ses dernières années, il ne voulut jamais se séparer d'elle. Il la soignait, se laissait battre et la pleura de tout son cœur, lorsqu'elle mourut, comme s'il eût fait une perte irréparable.

Il n'eut qu'une passion dans sa vie, et la plus noble qui ait jamais tourmenté le cœur d'un homme, la passion des vers. Il adorait la poésie comme une maîtresse et il estimait le poëte à l'égal d'un dieu. Vous vous rappelez l'anecdote fameuse :

Piron, en compagnie d'un financier et d'un duc et pair, arrive au seuil de l'hôtel où le traitant habite. Le duc, avec la courtoisie des grands seigneurs d'autrefois, s'efface et s'adressant à Piron :

— Veuillez passer, monsieur Piron, lui dit-il.

Le financier croit faire sa cour, et avec un haut le cœur :

— Oh ! monsieur le duc, dit-il, un poëte !

— Les qualités sont connues, dit fièrement Piron ; je passe.

C'est cette passion généreuse qui a échauffé la *Métromanie*, qui en a fait une œuvre, demeurée très belle, malgré ses défaillances. Il y a des morceaux excellents dans les tragédies et les drames qu'il écrivit auparavant et depuis. Les *Fils ingrats*, notamment, étincellent de vers superbes. Mais cette force d'éloquence, cette ampleur de développements, cette vibration de l'alexandrin ému, Piron ne les eut jamais qu'en se mettant lui-même sur la scène, qu'en faisant parler le poëte.

> On tenait table encore, on se serre pour nous ;
> La joie en circulant me gagne ainsi qu'eux tous ;
> Je le sens, j'entre en verve et le feu prend aux poudres ;
> Il part de moi des traits, des éclairs et des foudres,

dit Damis dans la *Métromanie*, et c'est vraiment Piron qui parle alors! Oui, oui, il se sentait possédé d'un démon, qui, cédant à l'énergie d'un appel puissant et réitéré, lui soufflait ses vers, des vers si nourris de pensée, si pleins d'inspiration et d'une sonorité si drue, pas assez souples sans doute et qui manquent parfois d'agrément facile et d'aisance; mais on y sent la forte et âpre moutarde du Dijonnais. Je ne sais rien dans notre langue qui rappelle de plus près, par le jet ample et sonore de la poésie, Malherbe et Corneille, que la scène entre Baliveau et son neveu.

Je me souviens encore des acclamations que souleva Delaunay, il y a trente ans, quand répondant à son oncle qui l'accablait sous ce vers magnifique :

> Va des auteurs sans nom grossir la foule obscure,

il lui jeta cette tirade enflammée, dont je ne puis citer que les derniers vers.

> Que la fortune donc me soit mère ou marâtre;
> C'en est fait : pour barreau je choisis le théâtre;
> Pour client, la vertu; pour loi, la vérité;
> Et pour juges, mon siècle et la postérité.

Ah! que Delaunay était charmant dans ce rôle! Il lui donna une désinvolture pleine de noblesse et de grâce. Il le joua en homme du meilleur monde, fier et gai, un peu fou, mais généreux, mais galant et détaché de toute vanité sotte. On sentait que ce personnage ne tient pas à la terre, qu'il glisse un peu au-dessus, dans les régions sacrées et charmantes de la poésie, dans des régions où, l'homme enivré de beaux vers, s'écrie :

> Muses, tenez-moi lieu de fortune et d'amour!

Il n'avait point, comme le poète romantique de 1860, le

front coiffé d'orages ; il ne lançait pas ses vers, comme Moïse du haut du Sinaï. Non, il était aimable, comme le siècle de Piron, il avait laissé à Damis, avec la chaleur de sa flamme, une bonne humeur spirituelle et fière. Et quelle diction animée et savante ! C'était un charme de l'écouter quand il disait :

> Que peut contre le roc une vague animée ?
> Hercule a-t-il péri sous l'effort du pygmée ?
> L'Olympe voit en paix fumer le mont Etna ;
> Zoïle contre Homère en vain se déchaîna,
> Et le palais du Cid malgré la même audace
> Croît et s'élève encore au sommet du Parnasse.

Delaunay ne faisait de ces vers qu'une sorte de longue phrase musicale, dont tout l'effort portait sur le dernier hémistiche, et cependant il marquait chaque détail d'un accent particulier, passant de l'un à l'autre par des transitions si habilement ménagées qu'elles étaient pour ainsi dire insensibles.

25 juillet 1892.

GRESSET

LE « MÉCHANT »

Ce titre du *Méchant* trompe, à mon avis, sur le vrai sujet de la comédie. Cléon n'est ni un *méchant*, au noir sens du mot, ni un *médisant*, comme Laharpe voulait qu'on le nommât plutôt.. C'est... mais ici je demande permission à mes lecteurs d'user d'un mot qui n'est pas encore admis dans la langue de la bonne compagnie, mais à qui je ne sais aucun équivalent en français... c'est le représentant de la blague parisienne, dans un milieu provincial.

La *Contagion* d'Emile Augier a transporté un brave et excellent provincial dans l'atmosphère de la blague parisienne et elle examine l'influence qu'exerce ce dissolvant sur une âme prudhomesque, notant une à une toutes les dégradations, tous les effritements de cette vertu, attaquée comme le rocher d'Annibal par un feu qu'on arrose de vinaigre. Le *Méchant* de Gresset, par un procédé contraire, prend la blague parisienne, et la déporte dans un milieu honnête et bourgeois, où elle essaie de répandre son venin corrosif.

Ceux sur lesquels elle a prise sont ou des femmes frivoles ou des jeunes gens heureusement nés, mais séduits par un air de fatuité avantageuse, et tâchent par suite d'imiter son jargon. Mais les autres, les gens sérieux, comme Ariste, les bons bourgeois, un peu naïfs, mais honnêtes et sensés, comme Oronte ; mais les jeunes filles sagement élevées et d'un bon naturel, comme cette délicieuse Chloé, une pudique fleur de province, sont réfractaires à l'inoculation de ce virus, et finissent par l'expulser de l'économie domestique.

L'originalité de Gresset, c'est précisément d'avoir été lui-même un provincial dans cette étude de la province, qui devait aboutir au triomphe de l'esprit provincial. Gresset n'a fait que traverser Paris. Il en a connu assez pour en sentir l'agrément ; mais il s'en est vite dégoûté, s'en exagérant les défauts qu'il transformait en vices, et il est retourné dans son pays natal, à Amiens, où il a tout bonnement planté ses choux, abdiquant sa gloire.

Il faut bien se rendre compte de ce qu'était en ce temps-là la joie d'être célèbre et les plaisirs aristocratiques qui couraient au-devant d'un poète en vogue pour apprécier la singularité de cette résolution. Il semblait que l'homme qui avait écrit *Vert-Vert* à vingt-quatre ans, et que la bonne compagnie s'arrachait de toutes parts, ne pût vivre ailleurs qu'au milieu de cette société aimable, spirituelle, qui ouvrait tant de salons au mérite à la mode.

Mais Gresset était resté profondément provincial. La plaisanterie parisienne lui inspirait une sorte de dégoût mêlé d'horreur. Si l'on eût su alors ce que c'était que la mélancolie, il y eût assurément tourné. Il s'éloigna de cette atmosphère où il étouffait. Il n'est pas étonnant qu'il ait point de couleurs vives ce milieu, où il s'était plu un moment, parce qu'il était un homme d'esprit, mais qu'il avait très vite pris en aversion, parce qu'il possédait un fond de principes solides, mais sans ouverture ni variété d'imagination.

Étudiez le rôle de Cléon à ce point de vue ; en lisant ces vers si corrects, si bien frappés de Gresset, essayez, ce qui n'est pas fort difficile, de les traduire en prose moderne, vous retrouverez dans les discours de ce personnage tout le bagage de paradoxes qui constitue la blague contemporaine.

Florine lui dit qu'elle trouve son frère un peu niais, et qu'elle sent quelque honte à l'avouer pour un homme de sa famille, et voilà qu'aussitôt Cléon part :

> La parenté m'excède, et ces liens, ces chaînes
> De gens dont on partage ou les torts et les peines,
> Tout cela préjugés, misères du vieux temps.
> C'est pour le peuple enfin que sont faits les parents.

> Vous avez de l'esprit, et votre fille est sotte ;
> Vous avez pour surcroît un frère qui radote ;
> Eh bien ! c'est leur affaire après tout ; selon moi,
> Tous ces noms ne sont rien, et chacun est pour soi.

Pour bien comprendre le sel de la scène transportez-la, par la pensée, en 1874, dans un atelier, entre jeunes gens qui devisent en fumant un cigare. La conversation tombe sur les parents. En voici un qui prend parole ; que dit-il ? justement ce qui est le fond du discours de Cléon : « C'est pour le peuple enfin que sont faits les parents. » Oh ! il ne le dira pas de même. Où l'un avait mis de l'esprit, un tour de concision propre aux maximes, l'autre se répandra en images vives, en métaphores outrées, en expressions pittoresques, en alliances de mots bizarres, en accouplements de pensées inattendues ; il aura de l'imagination dans le langage, c'est la manière actuelle. Au fond tous deux exprimeront la même idée.

Ça ne les empêchera ni l'un ni l'autre d'adorer leur mère, de se battre pour leur sœur, de passer la nuit au chevet d'une vieille tante qui se meurt. La blague a cela de particulier qu'elle n'empêche point les sentiments, quoique après tout il ne faille pas s'y fier. A force de débiter des paradoxes, on finit par y plier le train de sa vie. Et c'est le cas de Cléon, que Gresset, le provincial renforcé, n'a pas manqué d'exagérer et de noircir.

S'il eût montré Cléon, qui se croit si supérieur aux affections communes, qui méprise avec une si hautaine insouciante les lois de la morale ordinaire, y conformant sa conduite dans une circonstance donnée, et démentant ses parole par ses actes, il eût été plus vrai, mais moins parfaitement provincial et peut-être moins dramatique. Car le théâtre ne veut que des caractères tranchés. C'est ce qui fait que jamais, à ma connaissance, la blague parisienne n'a réussi à la scène. Elle n'est que la mousse d'un esprit paradoxal, qui feint de se jouer de tout ce que la foule révère, mais qui ne veut pas qu'on le prenne au sérieux, et ne se prend pas au sérieux lui-même. Il n'y a rien de plus antipathique à l'art de la scène.

Le rôle de Chloé est vraiment délicieux. C'est peut-être la seule jeune fille de ce genre qui ait été mise sur notre théâtre, et peinte au naturel. Il est impossible d'être plus chaste, plus naïve, plus aimante, que cette jeune fleur, éclose aux environs d'Amiens, et qui exhale un doux parfum de province. Il est bien fâcheux que l'auteur n'ait pas osé ou su lui donner une place plus considérable dans son œuvre. Il a esquivé une ou deux scènes qui étaient nécessaires, et que Molière n'eût pas manqué de faire.

Valère, ébloui de son Cléon qu'il a pris pour modèle, commence par avoir une peur horrible du mariage que sa mère lui a ménagé avec une petite pécore provinciale. Au débotté donc, il rencontre le père, et, pour s'en faire mal venir, il lui dit mille impertinences. Peu après on le voit revenir en scène tout rêveur; il a rencontré Chloé dans l'intervalle, Chloé avec qui il avait joué enfant, Chloé qui lui a paru charmante, et il s'écrie :

> Je ne sais où j'en suis, ni ce que je résous ;
> Ah! qu'un premier amour a d'empire sur nous !
> J'allais braver Chloé par mon étourderie ;
> La braver... j'aurais fait le malheur de sa vie.
> Ses regards ont changé mon âme en un moment ;
> Je n'ai pu lui parler qu'avec saisissement.
> Que j'étais pénétré ! Que je la trouvais belle !

Oui, mais nous aurions bien voulu être témoin de cette entrevue, dont les résultats ont été si décisifs. La scène valait la peine d'être écrite. Gresset n'avait pas le droit de l'escamoter. Elle eût mis en tout son jour la fraîcheur candide de cette Chloé, dont les chastes attraits ont raison si vite et de la fatuité et du goût de paradoxe qui constituent la blague parisienne.

11 mai 1874.

FAVART

LES « TROIS SULTANES »

Nous ne connaissions les *Trois Sultanes* que pour les avoir lues. La pièce avait été, au dix-huitième siècle, donnée avec un succès énorme sur la scène des Italiens. Depuis, elle avait été reprise en 1802 à la Comédie-Française, et j'ai sous les yeux le feuilleton que notre ancêtre Geoffroy écrivit à ce sujet. Il y a beaucoup de réflexions qui ne nous paraîtraient être aujourd'hui que du fatras prud'homesque. Les critiques n'échappent pas à la loi générale : ils vieillissent et se fanent. Mais laissez-moi détacher de cet article un paragraphe qui semble avoir été écrit au lendemain de la représentation à laquelle nous venons d'assister :

« Roxelane réunit la raison avec la folie, le sentiment avec la gaieté, la grandeur d'âme avec la frivolité, un courage héroïque avec toutes les grâces et toutes les minauderies de son sexe ; c'est ce mélange extraordinaire qui donne à son caractère beaucoup d'éclat et d'intérêt. Ce rôle est difficile à bien jouer : une jolie fille fait aisément la folle et l'impertinente ; elle est alors dans son élément ; mais il faut être grande actrice pour saisir les nuances d'une pareille physionomie et passer adroitement *du grave au doux*, *du plaisant au sévère.* Quoique l'auteur nous présente souvent Roxelane comme beaucoup trop leste dans sa conduite et dans ses manières, l'actrice doit mettre une sorte de décence et de dignité jusque dans ses extravagances ; il y a un ton qui ennoblit l'impertinence même ; le rôle de Roxelane est manqué s'il est joué en grisette. »

Nous ne dirions pas mieux à cette heure, nous ne dirions pas autrement : « le rôle de Roxelane est manqué s'il est joué en grisette ». Favart, qui adorait sa femme, l'avait écrit exprès pour elle, en amoureux, mais en amoureux qui est homme de théâtre jusqu'au bout des ongles. Je ne me représente pas nettement, après tous les portraits qu'on a tracés d'elle, ce qu'a pu être Mme Favart. Il est certain qu'elle n'était pas régulièrement jolie : elle était pire, comme dit l'autre. Elle était capable tout ensemble et des transport d'un amour honnête et désintéressé, comme fut celui qu'elle porta à son mari, et des folies qu'inspire un caprice, et même d'un certain dégingandage d'idées, de sentiments et de conduite qu'autorisait la morale accommodante du dix-huitième siècle.

Je viens de relire, dans le volume de M. Gustave Desnoiresterres qui a pour titre *Epicuriens et Lettrés*, le chapitre où l'auteur nous parle en grands détails de Favart et de son ami l'abbé de Voisenon. Il entre en des détails infinis sur la liaison de Mme Favart avec le maréchal de Saxe, apporte à l'appui de ses dires une foule de lettres authentiques. C'est la bouteille à l'encre, et il est impossible de s'y reconnaître. Ce que j'y vois de plus clair, c'est que les chevaliers de Mme Favart qui se sont portés fort de sa vertu, sont de purs nigauds. C'est aussi que l'illustre maréchal a joué dans toute cette affaire de cœur un bien vilain rôle, d'un pandour retors et hypocrite. Elle a été sa maîtresse, cela ne fait nul doute. Mais l'a-t-elle aimé ou l'a-t-elle simplement irrité et, comme nous dirions aujourd'hui, énervé par ses fantaisies de jolie femme, passant d'un coup de folie qui la jetait aux bras de son amant à des retours de tendresse légale et tout aussi furieuse qui la ramenaient à son mari ? Cette complexité de sentiments est assez difficile à démêler quand on lit le récit de Desnoiresterres.

Au reste, je n'en parlerais pas (car, à cette date, que nous importe que Mme Favart ait plus ou moins aimé le maréchal de Saxe, qu'elle ait été plus ou moins fidèle à son mari ?) non, certes, je n'en parlerais pas si nous ne retrouvions dans Roxelane un crayon assez exact, bien qu'embelli, de cette figure si composite, si mobile, passant avec aisance et d'un seul bond de la gaminerie spirituelle du gavroche parisien à des allures d'honnête femme ou plutôt de princesse digne de tous les respects.

Cette figure, on voit que Favart l'a caressée avec amour. Il n'y a pas dans notre théâtre de rôle où il faille passer par plus de sentiments divers, par plus de changements d'allures ; tour à tour impertinente et gaie, hautaine et sérieuse ; un aimable enjouement, qui est le fond même du caractère, surnageant toujours. De la gaminerie, il en faut sans doute pour ce personnage, mais plus encore de la grâce, une grâce qui s'insinue dans tous les détails du rôle, spirituelle et même libertine à de certains endroits, plus sévère et presque majestueuse en d'autres, mais toujours voluptueuse et enchanteresse. C'est pour Roxelane que semble avoir été écrit ce vers du poëte :

Et la grâce plus belle encor que la beauté.

Mlle Ludwig n'a très bien rendu qu'un des côtés de ce rôle multiple. Tout ce qui est de gaminerie gouailleuse, de spirituelle impertinence, elle l'a mis en plein vent, et elle a, très justement, à diverses reprises, enlevé la salle. Les saillies impétueuses de Roxelane, bousculant à sa fantaisie la gravité du sultan, tiraient un nouveau prix de cette physionomie agaçante et drôlette.

M°¹ᵉ Ludwig n'a pas paru se douter du changement qui s'opère au troisième acte dans le rôle. Il y a dans cette gamine une vraie femme, dont Favart s'est plu à montrer la dignité et la grandeur. Ainsi, tenez, mademoiselle, au troisième acte, Roxelane vient de piquer le sultan par ses badinages ordinaires : il l'a chassée. Il la rappelle : elle revient :

> En vérité, mon aimable sultan,
>   Vous avez la tête tournée.
> De ces misères-là je suis fort étonnée.
>   Où donc est le grand Soliman
> Qui fait trembler l'Europe, et l'Afrique, et l'Asie ?
>   Une petite fantaisie
> Trouble l'esprit du monarque ottoman.
> A quoi s'occupe ici le plus brave des princes ?
> L'Arabe révolté menace tes provinces :
> Cours le punir, laisse gémir l'amour,
> Donne-lui, si tu veux, des soins à ton retour.

Eh bien ! ma chère enfant, si vous dites ce couplet de la même voix aigrelette et railleuse qui vous a servi aux premiers actes, si votre geste et votre diction ne l'élargissent pas, vous trahissez l'auteur, vous ne marquez pas d'un trait assez appuyé le revirement qu'a ménagé le poète.

Voulez-vous un autre exemple ? Et, si j'insiste sur cette critique, c'est que je vous crois très capable de vous corriger. Il y a, vers la fin du troisième acte, une tirade qui est restée célèbre, que Geoffroy précisément cite comme un morceau achevé : c'est celui où Roxelane, à peu près sûre de devenir la femme légitime du sultan, lui expose ce que doit être, à son avis, l'épouse d'un grand monarque.

> Epouse d'un sultan, une femme estimable,
> Qui fait asseoir la tendre humanité
>   A côté de la majesté,
> Qui tend à l'infortune une main secourable,
>   Adoucit la rigueur des lois,
> Protège l'innocence et lui prête sa voix,
> Aux yeux de ses sujets la rend-elle coupable?
>
>   Sans cesse avec activité
>   Elle étudie, elle remarque
> Ce qui nuit, ce qui sert à votre autorité,
>   Vous présente la vérité,
>   Le premier besoin d'un monarque;
>   En la montrant dans tout son jour
> Elle sait l'embellir des roses de l'amour... etc.

Toute cette tirade est charmante, encore que la langue en soit molle et fluide. Vous nous l'avez déblayée d'un train rapide, comme si vous aviez hâte d'en être délivrée, comme si vous craigniez d'ennuyer le public. Mais non, ce n'est pas cela. Il fallait nous la détailler au contraire et y appliquer tous les artifices d'une diction savante. C'est ainsi que vous l'auriez rendue courte. Songez que le morceau est la justification des roueries et des ambitions de Roxelane. Elle ne mérite de monter sur le trône que parce qu'elle sera cette épouse éclairée et sage, la digne associée et compagne du grand Soliman.

Si le rôle est conçu de cette façon, la pièce en prend plus d'intérêt et de piquant. Vous avez eu beaucoup, mais beaucoup de succès, et un succès très mérité; c'est parce que je voudrais vous voir parfaite dans ce rôle, qui est si joli, si à effet, que je vous ai présenté ces observations.

Je crains, hélas! qu'il ne soit de ces critiques comme de toutes celles que je hasarde. On me traite d'empêcheur de danser en rond, et l'on passe. Mais, comme disait ce bon Dacier, ma remarque subsiste.

Tous les rôles ont été sacrifiés à celui-là. Je n'en sais guère de plus ingrat que celui de Soliman, ce niais solennel, qui joue tout le temps le rôle d'un sot, offrant son visage aux nasardes qu'y applique Roxelane, sursautant, se fâchant, revenant, comme un sot qu'il est, pour mieux faire valoir les gentillesses de sa partenaire.

Il faut remercier Albert Lambert de l'avoir composé avec tant de soin. On trouvait autour de moi qu'il était peut-être un peu trop majestueux pour ce rôle, d'une majesté odéonienne et maubanesque. Je voudrais bien vous y voir. Si vous ne gardez pas une certaine dignité, la pièce tourne tout de suite à l'opérette. On pourrait en effet la pousser à la charge : rien ne serait plus facile. Mais ce serait méconnaître et la pensée de l'auteur et les traditions du lieu. Les *Trois Sultanes*, c'est une comédie de genre, qui doit garder comme un parfum du siècle où elle est née : le parfum des élégances discrètes. La convertir en parade, ce serait en dénaturer le caractère : la grâce fragile qui en est le premier charme y périrait.

A côté du rôle de Roxelane, Favart, en bon mari qu'il était, a placé deux rôles de femme qui lui servent de repoussoirs. L'un est celui d'une Circassienne qui n'a guère, tout le long de la pièce, qu'à montrer sa beauté de Circassienne, avec des arrondissements de bras ; c'est à peine s'il lui a donné quelques mots à dire ; il est vrai qu'elle chante deux romances pour charmer le sultan. Mlle Bertiny, qui a la voix très juste et très pure, a fort agréablement modulé ces deux morceaux, qui sont charmants ; elle y a emporté un gentil succès. Le public, en France, est toujours ravi de voir une actrice faire ce qui ne concerne pas son état. Notre spirituelle Réjane, qui est si excellente comédienne, n'a jamais été plus applaudie que le jour où elle a esquissé son pas de cancan. On a donc grandement fêté les couplets de Mlle Bertiny.

C'est M. Léon, le chef d'orchestre du théâtre, qui les a ou retrouvés ou composés, je ne sais pas au juste. En tout cas, c'est à lui que l'arrangement en est dû. Ils ont la couleur du temps et ils ont fait le plus vif plaisir.

L'autre rôle est celui de la troisième sultane, Elmire, dont Favart a fait une Espagnole hautaine et fière. Je disais tout à l'heure que le rôle du sultan est ingrat; celui-là l'est bien davantage encore, car il faut qu'Elmire feigne un amour qu'elle ne sent point, et Soliman, qui ne l'aime pas, ne revient à elle de temps à autre que pour faire enrager Roxelane; il la plante là à tout instant, en sorte qu'elle est obligée tantôt de se pâmer sur un fauteuil : « Ah! j'expire! » tantôt de se relever, comme lancée par un ressort : « Ah! je renais! » Ce serait assez drôle, poussé à l'outrance de l'opérette moderne. Mais, dans cette demi-teinte de raillerie aimable, il ne faudrait qu'un geste faux ou un mot brusque pour que le personnage, qui est presque toujours en scène, accrochât et fît rire. Mlle Nancy Martel lui a prêté l'élégance svelte de sa taille, que relevait un fort beau costume bien porté, son joli visage et son bien-dire. Elle a, et ce n'était pas commode, contribué pour sa part à la supériorité de l'ensemble.

J'ai gardé pour le dernier un rôle qui a été la joie de cette soirée : c'est celui de l'eunuque Osmin, joué par le jeune Berr. Je croyais connaître ce rôle, ayant lu bien souvent la pièce. Berr me l'a révélé. Je ne crois pas qu'il soit possible d'être plus plaisant en observant une mesure plus juste et plus spirituelle, dans un personnage où la grosse charge est si aisée. Berr a une variété et un imprévu d'intonations vraiment admirables. Et quelle diction! quelle merveilleuse diction! Il n'y a pas un mot de valeur qui ne se détache dans ce débit, si savant tout ensemble et si naturel, et chaque mot porte. Berr a touché au parfait dans l'exquis.

Il faut dire que la pièce n'a été, d'un bout à l'autre, qu'un long succès. Je n'étais pas, lorsqu'on parla de la monter, sans inquiétude sur le résultat final. Je commence par déclarer que ce résultat, n'eût-il pas été tel que nous le souhaitons, comme il est arrivé pour la *Métromanie*, n'aurait fourni matière à aucune récrimination contre la Comédie-Française. Son devoir, et, j'ose le dire, son honneur, est de remettre de temps à autre sous les yeux du public d'aujourd'hui, non pas seulement les chefs-d'œuvre authentiques des siècles passés, mais encore les œuvres moindres qui, pour des raisons diverses, ont tourné la tête des contemporains.

Parmi les raisons qui ont fait jadis le succès des *Trois Sultanes*, il y avait, outre le mérite de l'œuvre, qui est jolie et écrite avec une aimable fluidité de style en vers libres, outre le talent de l'actrice, qui était la coqueluche de la cour et de la ville, une circonstance assez particulière : c'était la première fois que l'on mettait à la scène, dans la comédie, un sérail, des Turcs, et des Turcs blagués par une Parisienne : le spectacle était nouveau. Mais, depuis, le vaudeville et l'opérette avaient fait un terrible abus des pachas imbéciles, des eunuques ridicules, et des costumes, et des chants et des danses du harem. Il y avait à craindre qu'au Théâtre-Français toute cette friperie ne parût vieux-jeu.

Il n'en a rien été : ce mélange de spectacle, de chants et de danse a paru charmer le public l'autre soir. Toute cette figuration, manœuvrée par Donato, a fait merveille, et même Gravollet, dans un rôle de muet, a obtenu un succès de fou rire. Les danses, réglées par Mlle Fanta, nous ont enchantés. Entre nous, pourtant, il faudra changer les costumes du corps de ballet : ils sont lourds et disgracieux. A chaque instant, l'orchestre se récriait et battait des mains, et moi, tandis que la pièce s'en allait ainsi aux nues, je ne pouvais m'empêcher de songer à mon pauvre ami J.-J. Weiss. Il en aurait été si heureux, si heureux ! il aimait tant et Regnard, et Piron, et Gresset, et Parny, et Favart !

Il a fait dans le temps, en 1865, à l'Athénée, une conférence sur Favart dont j'ai encore, après tant d'années, le souvenir présent à la mémoire : c'est qu'elle fut toute pétillante d'aperçus ingénieux et étincelante d'esprit. Elle n'a malheureusement jamais été écrite ; il n'en reste qu'une assez froide analyse dans la *Revue des cours littéraires*, devenue plus tard *Revue bleue*. On a envie, disait Weiss, de chanter les vers de Favart au lieu de les dire. Ce qui lui a manqué, c'est un musicien qui bordât sur ses vers une partition digne d'eux. Et il citait en exemple une des plus jolies poésies du vaudevilliste.

> Il était une fille,
> Une fille d'honneur
> Qui plaisait fort à son seigneur.
> En son chemin rencontre
> Ce seigneur déloyal
> Monté sur son cheval.
>
> Mettant le pied à terre,
> Entre ses bras la prend :
> « Embrasse-moi, la belle enfant. »
> « — Hélas ! lui dit-elle,
> Le cœur transi de peur,
> Volontiers, monseigneur.
>
> Mon frère est dans ses vignes.
> Vraiment, s'il voyait ça,
> Il l'irait dire à mon papa.
> Montez sur cette roche ;
> Jetez les yeux là-bas...
> Ne le voyez-vous pas ? »
>
> Tandis qu'il regarde,
> La fillette aussitôt
> Sur le cheval ne fait qu'un saut.

> « Adieu ! mon gentilhomme. »
> Et zeste ! elle s'en va ;
> Monseigneur reste là.
>
> Cela vous apprend comme
> On attrape un méchant.
> Quand on le veut, on se défend.
> Mais on ne voit plus guère
> De ces filles d'honneur
> Refuser un seigneur.

Et Weiss continuait :

« Tout est à sa place en cette chanson légère ; elle enlève. On n'a plus le droit de dire, après l'avoir lue, que les Anglais et les Allemands ont inventé la ballade. Les Allemands et les Anglais ont une ballade à eux, rien de plus, et nous en avons une autre à nous, rien de moins. »

Notre ami Jules Lemaître vient, dans les *Débats*, de consacrer trois feuilletons à expliquer comment il se pouvait faire que son illustre prédécesseur aimât cette sorte de littérature. Ces feuilletons sont bien spirituels et bien amusants. Jules Lemaître y trouve, à ce goût de Weiss, toutes sortes de raisons, les unes tirées de son éducation, les autres du milieu où il a vécu. Il n'y en a qu'une qu'il oublie, la meilleure : c'est que peut-être toute cette poésie, qui coule d'une veine si française, est en effet très fraîche et très agréable. Weiss l'aimait, comme j'ai vu qu'à Vienne les Viennois aiment leur eau de source, qu'ils boivent avec délices et qu'ils préfèrent à toutes les boissons du monde. Gresset, Parny, Favart et autres, c'est de l'eau de source. Les palais blasés peuvent n'y trouver aucune saveur ; pour Weiss, c'était, comme il le disait lui-même, un délice. Pour moi aussi d'ailleurs, et sans doute encore pour un certain nombre d'honnêtes gens que l'exotisme met en défiance, quand il ne les horripile pas.

22 août 1892.

SEDAINE

LE « PHILOSOPHE SANS LE SAVOIR »

I

La Comédie-Française va reprendre cette semaine le *Philosophe sans le savoir*, de Sedaine, et elle a résolu, par une innovation heureuse, de revenir au texte original de l'auteur. Elle l'a retrouvé dans ses cartons et va nous le rendre : c'est une petite histoire curieuse et qui vaut la peine d'être contée.

Je ne sais si vous vous êtes jamais aperçu, en écoutant le *Philosophe sans le savoir*, que la scène capitale, celle qui est le point culminant de la pièce, est manquée et tourne court. Pour moi, je ne pouvais l'écouter sans un vif déplaisir. Ce défaut, chez un si habile homme de théâtre, dérangeait mes théories, et j'étais réduit à y voir une exception tout à fait inexplicable.

Vous vous rappelez la situation : le fils Vanderck a eu, la veille, une altercation avec un officier, dans un café, et il a pris jour pour se battre. Ce jour est précisément celui où se marie sa sœur. Il prévoit que s'il attend l'heure où tout le monde sera sur pied, il sera retenu par tous les embarras de la noce ; il se lève donc de grand matin, et tâche de se dérober. Mais son père a été plus matinal que lui, l'arrête au passage, et lui demande pourquoi il sort de si bonne heure.

Le jeune homme cherche des faux-fuyants ; puis, poussé à bout, il finit par lui conter l'histoire de sa querelle, le rendez-vous pris, et la nécessité pour lui de s'y trouver au moment convenu. Ce récit touche sensiblement M. Vanderck, et il est d'autant plus désolé de l'aventure que son fils a tort. Le jeune Vanderck a été le provocateur et le provocateur gratuit.

Que doit-il faire ? Le voilà en face de son fils qui a un duel sur les bras. Il peut ou le retenir ou l'embrasser en lui disant : Va te battre ! Ou l'envoyer se battre en refusant de l'embrasser. Mais il n'y a évidemment que ces trois partis-là, et il faut qu'il choisisse, qu'il en prenne nettement, hautement, résolument un des trois. C'est la logique invincible du théâtre.

Vous me présentez un honnête homme d'un certain caractère, que vous m'avez soigneusement décrit ; vous me le montrez aux prises avec une situation arrangée exprès pour mettre ce caractère en jeu ; vous n'avez pas le droit de vous dérober par une porte de derrière, avec lui, et d'esquiver une curiosité provoquée par vous-même. Non, vous n'avez pas ce droit-là.

Il peut arriver en effet dans la vie ordinaire qu'un père, dans un débat de cette sorte, feigne de ne pas voir ou soit trompé par une supercherie du fils qui s'échappe sur la pointe du pied. Car la vie ne se pique point de logique. Mais la logique est l'âme du théâtre. Quand vous m'avez amené deux personnages sous les yeux, et que vous les avez mis tous deux en face d'une situation qu'ils doivent trancher, vous êtes forcé d'aller jusqu'au bout. Si vos personnages me plantent là, au beau milieu de la scène, sans m'avoir appris ce que je tenais à savoir, c'est à vous, auteur, que je m'en prend : car vous témoignez par là ne pas savoir votre métier.

Eh bien, dans la pièce, telle qu'on la joue au Théâtre-Français, telle qu'on l'y a toujours jouée, la scène, cette scène climatérique, ne se terminait pas.

— Faites rentrer vos chevaux, disait le père à son fils, et remontez chez vous. Je vais réfléchir aux moyens qui vous peuvent sauver l'honneur et la vie.

— Me sauver l'honneur ! s'écriait le fils.

Et comme M. Vanderck réitérait l'ordre donné, le jeune homme faisait semblant d'ouvrir la porte qui menait à sa chambre ; puis, observant son père, plongé dans une profonde douleur, il profitait de cette distraction pour traverser le théâtre sur la pointe du pied, ouvrir sans bruit la porte qui ouvrait sur la cour, sauter à cheval et disparaître.

Sentez-vous qu'ici la scène se dérobe au lieu d'aller franchement à son but ?

— Je vais réfléchir, dit M. Vanderck père, aux moyens qui vous peuvent sauver à la fois l'honneur et la vie.

Ces moyens, quels sont-ils ? L'auteur ne les dit pas ; il ne les dira jamais, parce qu'en effet, il n'y en a point. Cette phrase, qui n'a pas de sens, n'est qu'un prétexte à suspendre la situation, pour donner le temps au jeune homme de s'enfuir. Mais est-ce là ce que nous avait promis Sedaine ? Il manque à tous ses engagements. Il n'y a guère de faute plus grave en art dramatique, et jamais un écrivain, né pour le théâtre, n'y tombe. Il peut se tromper assurément de bien des façons, jamais de celle-là. Il voit la scène à faire et il la fait.

Comment Sedaine avait-il pu gâter ainsi une pièce qui est un chef-d'œuvre ? Nous savions vaguement que Sedaine, au moment de la faire jouer, avait eu des démêlés avec les censeurs du temps, qui ne la voulaient point laisser passer. Grimm, en sa correspondance (novembre 1765), nous avait mis au courant de ces querelles :

« Je ne connais pas M. Sedaine, dit-il avec son esprit ordinaire ; il est maître maçon et je ne lui donnerais pas ma maison à bâtir, de peur qu'il ne songeât au plan d'une jolie pièce, lorsqu'il faudrait songer au plan de mon appartement. Je ne connais pas sa comédie du *Philosophe sans le savoir*; mais je sais que cette pièce au moment d'être jouée a été arrêtée par ordre de la police ; et l'auteur n'ayant pu s'arranger avec la censure, il est fort douteux aujourd'hui qu'elle paraisse jamais sur le théâtre. Un duel conseillé par un père a mis toute la police en alarmes... »

Un duel conseillé par un père, ces seuls mots indiquent suffisamment que, dans le texte primitif, la faute que nous avons signalée n'existait pas. Le père prenait parti, et comme il était naturel de le penser, il disait à son fils : « Va te battre, » et il s'occupait du soin d'assurer sa fuite après le combat. Car on sait qu'à cette époque les lois sur le duel étaient fort sévères, et c'était chose grave que de les enfreindre.

Mais ce texte, nous ne le connaissions pas. Toutes les éditions qui m'ont passé entre les mains ne nous donnaient que la pièce telle qu'elle fut jouée, après les retranchements demandés par la censure et consentis par l'auteur. M. Perrin a eu la chance de retrouver dans les archives de la Comédie-Française le manuscrit sur lequel on a répété ; toutes les corrections s'y trouvent, et l'autorité de ce manuscrit se trouve confirmée par la première édition du *Philosophe sans le savoir* où Sedaine, après avoir donné le texte approuvé par la censure, n'avait pu se tenir d'ajouter quelques-uns des passages dont la suppression lui avait été le plus sensible.

Parmi ces variantes, quelques-unes sont peu importantes ; celle de la scène dont j'ai parlé est capitale. Vanderck, au lieu de cette phrase énigmatique que la censure lui a mise dans la bouche, disait à son fils de remonter à son appartement, d'attendre qu'il eût écrit les lettres de recommandation pour l'Angleterre, et qu'il eût pris ses précautions pour des relais en cas de fuite.

— Vous aurez des relais, lui disait-il, et puissiez-vous en avoir besoin ?

Il lui recommandait d'entrer dans la chambre de sa mère et de l'embrasser une dernière fois avant de partir. Puis il se ravisait, trouvait qu'il valait mieux ne pas la jeter par avance dans quelque inquiétude. Le fils revenait, et son père lui remettant ses lettres, lui disait :

— Vous n'avez rendez-vous qu'à trois heures. Ne pouvez-vous rester jusque-là ?

— Ah ! mon père, imaginez...

— Vous avez raison, mon fils, adieu.

Et c'est alors que le jeune homme s'avançait vers son père et le suppliait de l'embrasser. Mais le père, voulant punir son fils de la faute qu'il avait commise, faisait effort sur lui-même et le repoussait de ses bras.

Voilà la scène telle qu'elle avait été primitivement écrite par l'auteur ; elle est ainsi plus simple et plus grande ; mais ce n'est pas cela encore le point important : elle est logique. Chacun des personnages y dit ce qu'il doit dire, et la situation est poussée jusqu'à son dernier terme. La scène est achevée ; elle demeurait en suspens dans le texte imposé par la censure.

Il est bien probable que Sedaine n'a cédé qu'à contre-cœur et après bien des discussions. Un auteur se résigne encore assez aisément à se voir enlever un trait d'esprit, une répartie heureuse, une scène épisodique vivement enlevée ; mais les trois ou quatre phrases qui sont en quelque sorte le pivot sur lequel tourne la comédie, en vue desquelles elle a été faite, vous pouvez penser quelle douleur ce doit être pour lui de les retrancher, de donner aux connaisseurs son œuvre mutilée et dès lors inintelligible.

Sedaine le sentait si bien que, dans l'édition princeps, il a eu soin de mettre en tête des variantes une préface, que je copie tout entière ; car l'édition est rarissime, et il serait sans doute impossible à aucun de mes lecteurs de se la procurer. J'imagine qu'ils liront avec plaisir cette curiosité :

« De tous les défauts de ma pièce, celui qui n'échappe pas à la plus légère attention, est qu'elle ne remplit pas son titre ; j'ai été le premier à le dire après les changements. Mon *Philosophe sans le savoir* était un homme d'honneur, qui voit toute la cruauté d'un préjugé terrible et qui y cède en gémissant. C'était sous un autre aspect, Brutus, qui pénétré de ce qu'il doit à sa patrie, étouffe la voix de la raison, le cri de la nature et envoie ses fils à la mort.

« Les considérations les plus sages m'ont forcé de changer la situation et d'affaiblir mon caractère principal ; j'avoue que le titre de philosophe paraissait proposer Vanderck comme un modèle de conduite, et ce prétendu modèle, malheureusement trop près de nos mœurs, était trop loin de nos lois ; mais si cet ouvrage a le bonheur d'être représenté dans les pays étrangers, les considérations nationales n'y subsistant plus, puisque le lieu de la scène n'est plus le même pour eux, je crois que le caractère de mon philosophe, tel qu'il était, aura plus de ressort, et le personnage plus de jeu ; les passages de la fermeté à la tendresse seront marqués avec plus de force et les situations deviendront plus théâtrales.

« C'est cette raison qui m'a fait ajouter à la pièce, telle qu'on la joue, les scènes telles qu'elles étaient avant d'être changées, et j'ai remis même ce que le public m'a forcé de supprimer, l'or donné après la reconnaissance, l'arrivée des musiciens, etc. Ce n'est pas que le public n'ait bien ou si bien décidé. J'avais diminué la force, le nerf, la vigueur de mon athlète, et je lui laissais le même fardeau à porter ; les proportions étaient ôtées ; je désire que la représentation, en quelque lieu qu'elle se fasse, assure la justesse de ma réflexion. »

Tout ce morceau est écrit, hélas ! d'un style pitoyable, et par un maître maçon ; mais n'importe ! vous voyez par la dernière phrase que Sedaine prévoyait et désirait le jour où l'on restituerait à la représentation son véritable drame. Il est étrange que personne n'y ait pensé, et cette insouciance ne s'explique que par des raisons de routine. Le *Philosophe sans le savoir* était resté au répertoire courant : je l'ai, pour moi, vu jouer plus d'une fois par Geffroy, qui était excellent dans le rôle principal. On ne s'occupait donc point de remonter à nouveau une comédie, qui n'avait pas besoin d'être rapprise par les acteurs, et qui pouvait, du jour au lendemain, mise sur les affiches, se jouer au pied levé.

C'est ainsi que l'on a, pendant près d'un siècle et demi, représenté le *Don Juan* de Molière, en se servant de la traduction en vers exécutée par Thomas Corneille. Comme ce texte était familier aux oreilles, personne n'en sentait plus le ridicule ; il fallut qu'on méditât, après une assez longue interruption, une reprise éclatante de l'œuvre, pour qu'on eût l'idée de revenir au texte du maître. C'est ainsi que M. Perrin, faisant du *Philosophe sans le savoir* une distribution toute nouvelle, s'avise de recourir au manuscrit original de Sedaine.

Nous aurons donc bientôt une représentation qui sera le pendant de celle que Grimm conte si plaisamment dans sa *Correspondance*. La censure de nos jours n'est pas beaucoup plus tolérante que celle du temps passé ; mais ce sont les idées sur le duel qui ont beaucoup changé depuis lors, et l'exemple donné par le père du jeune Vanderck ne tire plus à conséquence. Il fallut bien des démarches pour attendrir la police du dix-huitième siècle ; le souvenir de la dernière qui fut faite nous a été conservé par Grimm ; il parle d'une commission qui avait été nommée pour écouter la répétition générale du *Philosophe sans le savoir*, et en donner son avis :

« Cette commission, dit-il, était composée de M. de Sartines, lieutenant général de police ; de M. du Lys, lieutenant criminel, et de M. le procureur du roi au Châtelet. Le poëte, très sagement, avait prié ces magistrats de vouloir bien mettre leurs femmes de la commission... — Mais elles n'entendent rien à la partie de la législation, a dit M. de Sartines... — N'importe, a dit M. Sedaine, elles jugeront le reste. M. Sedaine a de l'esprit. Sans cette précaution, nous n'aurions peut-être jamais eu la satisfaction de voir sa pièce. Mme de Sartines est fort aimable ; Mme la lieutenante criminelle a de fort beaux yeux, sans compter un naturel charmant.

« Les beaux yeux de ces dames ont fondu en larmes pendant toute la répétition. La sévérité des magistrats n'a pu tenir contre de beaux yeux en larmes. D'un autre côté, on a obligé le poëte à quelques sacrifices désavoués à la vérité par le bon sens et par la raison, mais convenables à l'esprit de pédanterie qui souffle depuis quelque temps... »

L'esprit de pédanterie ! vous voyez qu'on n'était déjà pas bien tendre pour la censure en ce temps-là ! Pauvres censeurs ! toujours pris entre l'enclume et le marteau : ou destitués, s'ils laissent passer un mot dangereux, ou bafoués par le public, s'ils le retranchent.

23 août 1875.

II

La Comédie-Française vient de reprendre le *Philosophe sans le savoir*, de Sedaine. J'ai conté il y a trois ou quatre semaines, ici même, comment M. Perrin se proposait de restituer le premier texte de Sedaine, celui qui avait été mutilé par la censure. La chose a été faite; mais il est inutile de revenir sur ce point, que je crois avoir suffisamment éclairci.

On ne saurait se dissimuler que la représentation d'hier soir a été froide. Bien des gens ont mis sur le compte de la chaleur, qui était intolérable, cet affaissement du public.

Je suis convaincu que le résultat n'eût pas sensiblement changé, alors même que la température n'eût pas accablé les esprits.

Une longue expérience m'a appris que, depuis longtemps déjà, le *Philosophe sans le savoir* ne faisait plus d'effet au théâtre. Je l'ai vu assez souvent jouer, depuis une quinzaine d'années que je m'occupe de critique théâtrale : la pièce était au répertoire courant, sous l'administration de M. Thierry. Elle était fort bien montée en ce temps-là, et le rôle de Vanderck père, le principal rôle, était tenu par Geffroy, qui s'y montrait tout à fait supérieur. La pièce était écoutée avec une sympathie respectueuse ; mais il était visible qu'elle ne touchait pas, qu'à aucun endroit le public n'était pris par les entrailles. Peut-être même quelques-uns s'y ennuyaient-ils tout bas.

J'ai interrogé les personnes qui ont pratiqué le théâtre avant moi ; elles m'ont toutes répondu que l'impression faite par la pièce de Sedaine avait toujours été médiocre, et la chose leur avait paru d'autant plus singulière qu'il n'y a guère de drame plus touchant à la lecture, que la composition en est merveilleuse, et que jadis, nous le savons par le témoignage des contemporains, il a fait couler des torrents de larmes.

Il y a là une énigme dont je n'ai pas encore le mot. Le fait en lui-même n'est pas contestable. A la représentation, le *Philosophe* n'intéresse plus guère et la lecture en est très émouvante. Or, il faut bien reconnaître que ce même *Philosophe* est une œuvre dramatique excellente, écrite par un homme qui avait l'instinct du théâtre à un degré prodigieux; que toutes les qualités en sont plutôt scéniques que littéraires, car ce n'est pas par le style que brille Sedaine.

Toutes les raisons que je me suis données (car voilà longtemps que ce petit problème me tracasse) ne sont pas suffisantes à m'expliquer ce mécompte.

Je vois bien que tout l'intérêt du drame est fondé sur un danger qui ne nous paraît plus trop réel aujourd'hui. Nous trouvons tout naturel, à cette heure, qu'un jeune homme, qui est militaire et qui a pris querelle dans un café, se batte en duel, et nous jugeons qu'il n'y a pas tant là de quoi s'effaroucher. Il nous est difficile de nous reporter au temps où le duel étant sévèrement puni, tout combat singulier était sérieux et avait des conséquences fort graves, puisque l'un des deux adversaires était blessé grièvement ou peut-être tué, tandis que l'autre était condamné à un exil qui pouvait être fort long.

Je vois bien encore que nombre de scènes qui ont dû plaire énormément au public du dix-huitième siècle ont perdu pour nous toute leur saveur. Ainsi, l'éloge du commerce, dans la bouche de M. Vanderck père, les grands airs de la marquise, les maximes sur l'égalité que la vertu met entre les hommes; mais ce sont là des détails qui ne peuvent peser d'un poids bien considérable sur la fortune de l'ensemble.

Non, je soupçonne là quelque motif plus général. Diderot prétendait dans sa poétique, qui était nouvelle en ce temps-là, que les infortunes d'un simple bourgeois nous touchent aussi sensiblement que celles d'un personnage héroïque ; que le style le plus simple, le plus naturel est le plus propre à émouvoir, puisqu'il traduit les douleurs et les joies humaines de la façon dont elles s'expriment dans la vie ordinaire. Sentir comme tout le monde sent, parler comme tout le monde parle, c'était le fond de sa théorie, qu'il a voulu mettre lui-même en pratique. Mais il n'était pas homme de théâtre ; il n'avait pas le don ; et son *Père de famille* est illisible.

Eh bien ! il s'est trouvé un écrivain qui, sans le savoir, sans aucun parti pris, poussé par son seul instinct et peut-être aussi sous l'influence de cette atmosphère d'idées ambiantes dont les hommes de génie sont enveloppés comme les autres, a travaillé sur ces données. Il a composé le chef-d'œuvre du genre ; un vrai, un immortel chef-d'œuvre. Les douleurs les plus vives et les sentiments les plus nobles y sont exposés tout du long de la pièce, et cette pièce est une merveille de construction dramatique.

Tout cela est très touchant, et nous ne sommes qu'à demi touchés ! N'est-ce pas qu'en dépit de Diderot, l'héroïsme aurait besoin d'être relevé par la grandeur des personnages et par la sublimité de l'expression ? N'est-ce pas qu'au théâtre ce ne serait pas assez pour la vérité d'être vraie, simplement, bourgeoisement vraie ? Ne faudrait-il pas encore qu'elle fût éclatante et noble ?

— Je me suis, dit M. Vanderck, couché hier le plus tranquille, le plus heureux des hommes, et me voilà !...

C'est un mot délicieux. A la lecture, les larmes montent aux yeux. La phrase au théâtre passe inaperçue. Que lui manque-t-il ? Il lui manque le panache. Imaginez tous les sentiments qui se résument dans ce mot si simple : *Et me voilà!* développé dans une langue sonore et superbe...

Vous m'interrompez là-dessus : « C'est un négociant, un brave négociant. Il ne saurait parler la langue que vous dites. »

— A la bonne heure! mais pourquoi se mêle-t-il, lui, simple négociant, d'avoir, au théâtre, des douleurs de héros?

Il faudra que nous revenions ensemble un jour sur cette question.

INDEX ALPHABÉTIQUE

A

Ackerman, 7.
Affaire Clémenceau (l'), 141.
Alborghetti, 273.
Alembert (d'), 285.
Allan (Mᵐᵉ), 301.
Amaury, 236, 238, 239, 244.
Amphitryon, 3, 11, 18, 107, 108, 111, 113 à 120, 240.
Anaïs (Mˡˡᵉ), 300, 301.
Andromaque, 248.
Aristophane, 38.
Arlequin poli par l'amour, 274.
Arnould-Plessy (Mᵐᵉ), 152, 154, 155, 274, 275, 282, 288, 299, 303, 304, 305.
Attendez-moi sous l'orme, 230.
Atellanes (les), 56.
Augier (Émile), 82, 85, 192, 293, 365.
Avare (l'), 7, 8, 79, 89, 128 à 130, 131, 135, 218, 247.

B

Baillet, 226.
Baletti, 273.
Ballande, 229.
Balzac, 129.

Banville (Théodore de), 114.
Barbier de Séville (le), 317 à 326.
Baretta-Worms (Mᵐᵉ), 99, 200, 201, 219, 220, 322, 323, 325.
Baron, 133.
Barré, 31, 156, 190, 191, 193, 194, 348, 349.
Barrière (Théodore), 357.
Bartet (Mˡˡᵉ), 283, 292.
Bazin, 17.
Beaumarchais, 24, 25, 95, 159, 264, 265, 309 à 339.
Beauvallet, 116.
Becque (Henri), 78.
Benoît, 271, 272.
Bensérade, 176.
Bérénice, 353.
Berr (Georges), 377.
Bertiny (Mˡˡᵉ), 376.
Boileau, 28, 230.
Bossuet, 20.
Boucher, 64, 65, 66.
Bouilher, 357.
Bouquetière des Innocents (la), 241, 242.
Bourdaloue, 15, 16, 18, 19, 20, 22, 310.
Bourde, 41.

Bourgeois gentilhomme (le), 8, 11, 167 à 175, 245, 247.
Bressant, 101, 244, 323.
Britannicus, 40, 248.
Brosses (de), 357.
Brohan (les), 118, 119, 120, 156, 166, 171, 172, 215, 217, 218, 219, 304, 305.
Broisat (Mlle), 275.
Bruck (Rosa), 119, 120.
Brunetière, 283.
Buffon, 357.

C

Cailhava, 9.
Candide, 320.
Caprice (le), 258.
Caprices de Marianne (les), 258.
Castil-Blaze, 109.
Célimare le Bien-Aimé, 125, 126.
Cerny (Mlle), 322.
Chamfort, 309, 310.
Charpentier, 55.
Chassang, 35.
Chateaubriand, 76, 77.
Claretie (Jules), 163, 353.
Clerh, 165, 205.
Cohen, 177.
Comme il vous plaira, 258.
Congrèves, 5.
Conservatoire, 25, 133, 136, 207, 290, 294.
Contagion (la), 85, 365.
Contat (Mlle), 256, 272, 274, 299.
Coquelin (les), 3, 12, 45, 47, 48, 52, 55, 65, 66, 67, 104, 159, 161, 166, 173, 185, 186, 187, 196, 205, 206, 207, 208, 209, 210, 211, 246, 274, 275, 279, 312, 328, 336.
Corneille (Pierre), 24, 58, 176, 183, 359, 362.
Corneille (Thomas), 387.
Colin (l'abbé), 198, 199.
Croizette (Mlle), 53, 328.
Crosnier (Mme), 196, 234, 236.

D

Dacier, 375.
Dailly, 244.
Daudet (Alphonse), 322.
Daumier, 127.
Davrigny, 282.
Dazincourt, 57.
Deffant (Mme du), 318.
Delaunay, 45, 48, 50, 52, 64, 173, 183, 201, 202, 204, 226, 244, 282, 290, 351, 355, 362, 363.
Demi-Monde (le), 49.
Démocrite, 230, 248.
Dépit Amoureux (le), 3, 12, 169, 172.
Desnoiresterres (Gustave), 372, 373.
Despois, 17.
Devoyod (Mlle), 177, 178.
Diamants de la Couronne (les), 131.
Diderot, 257, 313, 391.
Dinah Félix (Mlle), 214, 215, 216.
Distrait (le), 230, 251.
Domino noir (le), 131.
Donato, 378.
Don Juan, 82 à 91, 387.
Double Inconstance (la), 273.
Du Belloy, 58.
Dubois (Mlle), 180.
Dugazon, 57.
Dumas (Alexandre) père et fils, 49, 82, 141, 142, 143, 151, 241, 329, 337.
Dupont-Vernon, 135, 153.
Dupuis, 298, 299.
Duquesnel, 294.
Duruy, 10.
Duvert, 30, 242.

E

Eckermann, 9.
Eckhof, 6.
École des Femmes (l'), 5, 36, 42, 68 à 81, 295, 302.

INDEX

Ecole des Mères (l'), 294 à 297.
Ecole du scandale (l'), 5.
Effrontés (les), 175, 192.
Enchantements de Prudence (les), 76.
Epicuriens et lettrés, 372.
Etincelle (l'), 172.
Etourdi (l'), 5, 45 à 53, 166, 247, 248.

F

Fabre d'Eglantine, 102.
Fâcheux (les), 62 à 67, 166.
Faguet (Emile), 359.
Famille Benoîton (la), 30.
Fanny, 115.
Fanta (Mlle), 378.
Fatté, 174.
Fausses Confidences (les), 261, 262, 264, 266, 269, 272, 273, 298 à 305.
Favart, 131, 371 à 380.
Favart (Mlle), 179, 180, 181, 182.
Febvre, 135, 323, 324, 325.
Femmes savantes (les), 29, 31, 33, 61, 70, 113, 130, 135, 188 à 204, 248.
Fénelon, 129.
Féraudy (de), 117, 164.
Feuillet (Octave), 262.
Fielding, 5.
Fiévée, 318.
Fils ingrats (les), 361.
Fix (Mlle), 182, 183.
Fleury, 259.
Folies amoureuses (les), 124, 229, 230, 231.
Fourberies de Scapin (les), 70, 183 à 187, 319.
Fournier (Edouard), 156, 295.

G

Gailhard, 324.
Gaussin (Mlle), 274.

Gautier (Théophile), 168, 257, 260, 283, 292, 301, 302.
Geffroy, 135, 387, 389.
Geoffroy, 114, 115, 193, 255, 256, 299, 327, 335, 351, 352, 371, 374.
George Dandin, 121 à 127.
Geneviève de Brabant, 132.
Gérard, 179.
Gessner, 338.
Gherardi, 273.
Gil Blas, 346.
Gœthe, 7, 9.
Goldoni, 7, 8.
Gondinet, 3.
Gossot, 259.
Got, 12, 36, 118, 125, 197, 198, 199, 202, 226, 274, 275.
Gottsched, 6.
Gozzi, 7.
Grandval (Mlle), 274.
Granger (Mme Pauline), 118, 119, 171.
Gravollet, 163, 378.
Gressel, 365 à 369, 379, 380.
Grimm, 319, 320, 387.
Gudin, 321.
Guellain, 174.
Guillaume Tell, 204.

H

Hachette, 271.
Halévy, 38, 185.
Hamlet, 287.
Heilly (Georges d'), 318.
Holberg, 8.
Horace, 133.
Hugo (Victor), 257.

I

Ibsen, 188.
Iffland, 7.
Il don Pilone, 7.
Ile des Esclaves (l'), 265, 273.
Il ne faut jurer de rien, 69, 258.

J

Jacquemart, 357.
Jalabert, 174.
Janin (Jules), 268, 283, 300.
Jeu de l'amour et du hasard (le), 131, 255, 257, 258, 262, 264, 269, 270 à 293, 300, 302, 303.
Jodelet, 56.
Joliet, 118.
Jouassain (Mlle), 171, 172, 196, 197.
Jouaust, 309.
Joueur (le), 225 à 228, 229, 230, 249, 251.
Judic (Mme), 33.
Judith (Mme), 287, 302, 303.

K

Karr (Alphonse), 107.
Katia, 73, 74.
Krueger, 6.

L

Labiche, 125, 126, 127, 225.
La Bruyère, 24, 138, 143, 285, 310.
Lady Tartuffe, 180.
La Fontaine, 68, 108, 113, 114.
Laforet, 159.
La Harpe, 319, 334.
Lambert (Albert), 376.
Lancret, 257.
Laplace, 295.
Lapommeraye, 17, 20, 21, 23.
Laroche, 117, 118.
La Rochefoucauld, 21, 22, 283.
Larroumet (Gustave), 29, 34, 35, 54, 56, 57, 271, 275, 276, 278, 279, 280, 281, 283.
Laugier, 124.
Laurent (Marie), 241, 242.
Lauzanne, 30, 242.
Lavoix (Henri), 32.
Lax, 9.
Lecouvreur (Mlle), 274.

Légataire universel (le), 117, 229, 245 à 251.
Legouvé (Ernest), 186.
Legrelle, 5, 8, 9.
Legs (le), 259, 269, 276.
Lemaitre (Frédérick), 228.
Lemaitre (Jules), 11, 283, 380.
Léon, 377.
Leroux, 135, 226.
Lesage, 341 à 350.
Lescure (de), 309.
Leslie, 10.
Lessing, 6.
Lesueur, 193.
Lionnet (les frères), 239.
Livet (Charles), 29, 192.
Lloyd (Mlle), 135.
Loiseleur, 17.
Loménie (de), 346.
Lucrèce, 58.
Ludwig (Mlle), 373, 374.
Lulli, 55, 170.
Lynnès (Mlle), 235.

M

Mademoiselle de Belle-Isle, 240.
Mahomet, 360.
Malade imaginaire (le), 79, 124, 130, 168, 170, 205 à 222, 246, 247.
Malherbe, 359, 362.
Mante (Mlle), 135.
Maréchal, 192.
Marescot, 318.
Mariage de Figaro (le), 312, 313, 316, 327 à 339.
Marivaux, 11, 24, 29, 116, 131, 255 à 303.
Mars (Mlle), 10, 256, 257, 274, 282, 292, 298, 299, 300, 301, 302, 303, 305, 351.
Mas (Emile), 153.
Maubant, 100, 101, 181.
Méchant (le), 351, 365 à 369.
Médecin malgré lui (le), 7, 70.

Meilhac (Henri), 38, 185, 293.
Ménechmes (les), 229 à 244, 251.
Menjaud, 46.
Mère confidente (la), 260.
Mérope, 320, 353.
Métromanie (la), 351 à 363.
Mirecourt, 104.
Misanthrope (le), 5, 6, 8, 16, 33, 58, 70, 79, 92 à 105, 113, 130, 135, 248, 284.
Molière, de 3 à 222, 226, 227, 245, 246, 247, 248, 249, 257, 266, 267, 270, 279, 285, 295, 296, 323, 329, 329, 338, 387.
Molière Musicien, 109.
Monde où l'on s'ennuie (le), 61.
Monrose, 46, 47, 187.
Monsieur de Pourceaugnac, 162 à 166.
Monsigny, 55.
Montaiglon (Anatole de), 106, 107, 108, 109, 110, 111, 112.
Montaigne, 174.
Montespan (Mᵐᵉ de), 20.
Montesquieu, 68, 257, 313.
Monval (Georges), 57.
Moratin, 8.
Mounet-Sully, 115, 116, 120.
Motterazzi, 273.
Motteville (Mᵐᵉ de), 310.
Mozart, 338.
Musset (Alfred de), 46, 113, 258, 287.

N

Nancy-Martel (Mᵐᵉ), 377.
Newcastle (le duc de), 5.
Nicole, 310.
Nicomède, 353.
Nisard, 199.
Numa Roumestan, 322.

O

Ollivet (l'abbé d'), 199.
On ne badine pas avec l'amour, 258.

P

Pablot, 319.
Pailleron (Edouard), 61.
Parny, 379, 380.
Père de famille (le), 391.
Pergolèse, 178.
Perrin, 36, 42, 48, 66, 71, 167, 168, 170, 226, 229, 251, 270, 272, 278, 282, 298, 384, 387, 389.
Philosophe sans le savoir (le), 381 à 392.
Piron, 351 à 363, 379.
Plaideurs (les), 248.
Plain dealer, 5.
Plaute, 247.
Ponsin (Mᵐᵉ), 179.
Pour et le contre (le), 5.
Pré aux Clercs (le), 335.
Précieuses ridicules (les), 7, 29, 34, 35, 36, 54 à 61, 248.
Préjugé vaincu (le), 276.
Préville, 186.
Prévost (l'abbé), 5.
Prince d'Aurec (le), 285.
Prosper et Vincent, 242.
Proudhon, 96, 311.
Provost, 25, 34, 156, 192, 193, 194, 205, 212.
Psyché, 176 à 184.

Q

Quinault-Dufresne, 274.

R

Rabelais, 41, 58, 287.
Racine, 10.
Rameau, 236, 238, 239, 244.
Regnard, 124, 197, 225 à 251, 267, 379.
Regnier, 55, 153, 186, 187, 279, 334.
Reichemberg (Mᵐᵉ), 173.
Reinach (Théodore), 245, 249, 251, 259.

Réjane, 376.
Retour imprévu (le). 230.
Riccoboni, 273.
Riquier (Mlle), 226, 240.
Robinet, 208.
Roi Lear (le), 84, 86, 88.
Ronsard, 58.
Rousseau (J.-J.), 102, 249, 257, 263, 303.
Ruska (Marguaritta), 273.
Ruzzani, 273.

S

Sabran (Mme de), 76.
Sainte-Beuve, 159, 259, 263, 264, 267, 283.
Saint-Léon, 156, 205, 209, 210.
Saint-Saëns (C.), 38.
Saint-Simon, 164, 310.
Saint-Victor (Paul de), 92, 249.
Samary (Mlle), 117, 172, 173, 246.
Samary (Henry), 165.
Samson, 25, 186, 226, 278, 334.
Sanchez, 295.
Sarah-Bernhardt, 119, 240.
Sardou, 328.
Sartines (M. de), 388.
Scherer (Edmond), 24, 25, 28.
Schlegel (Elias), 6, 9.
Schrœder, 7.
Scribe, 328, 337.
Sedaine, 321, 381 à 392.
Sémiramis, 335.
Sénèque, 174.
Sévigné (Mme de), 170, 284.
Serments indiscrets (les), 274.
Sertorius, 353.
Shakespeare, 4, 10, 11, 96, 257, 258, 286, 287, 302.
Sheridan, 5.
Sicilien (le), 106 à 112.
Siècle de Louis XIV (le), 320.
Silvestre (Armand), 63.
Silvia, 273.

Sir Martin Marplot, 5.
Songe d'une nuit d'été (le), 258.
Souza (Manoel de), 7.
Sourd ou l'auberge pleine (le), 270.
Stendhal, 27.
Surprise de l'amour (la), 274.
Sylvestre, 185.

T

Tabarin, 209, 210.
Talbot, 156, 203.
Talma, 298.
Tartuffe, 5, 6, 7, 9, 16, 25, 70, 79, 84, 97, 113, 130, 131 à 161, 172, 196, 248.
Taschereau, 10.
Térence, 247.
Testar, 107, 111.
Thierry, 48, 119, 176, 181, 184, 231, 259, 327, 354, 389.
Thiron, 117, 171.
Thordeus (Mlle), 179.
Tillet (J. du), 123, 125,
Tolstoï, 73.
Tomes Jones, 5.
Torgau, 5.
Trois Sultanes (les), 131, 371 à 382.
Truc d'Arthur (le), 56.
Truffier, 171, 275, 279.
Tryden, 5.
Turcaret, 341 a 350.

V

Vallière (Mlle de la), 20.
Vaugelas, 193.
Vert-Vert, 366.
Veuber (la), 6.
Veuillot (Louis), 15, 16, 17, 18, 19, 20, 21, 23.
Villars (Émile), 58.
Villemain, 313.

Virgile, 271, 327.
Vision de Babouc (la), 314.
Vicentini, 273.
Voisenon (l'abbé de), 372.
Voltaire, 4, 248, 257, 313, 314, 320, 347, 359, 360.

W

Walter Scott, 10.
Walpole (Horace), 318.
Wanbrugh, 5.
Watteau, 257, 261, 262, 280.

Weckerlin, 170.
Weiss (J.-J.), 131, 132, 133, 134, 136, 249, 251, 356, 357, 358, 379, 380.
Wickerby, 5.

Y

Yahne (Mlle), 235.

Z

Zaïre, 320.

TABLE DES MATIÈRES

Pages.

I. — MOLIÈRE.

ÉTUDES GÉNÉRALES : Influence de Molière sur le monde civilisé. 3

Molière cherche-t-il à moraliser ? (à propos d'un livre de Louis Veuillot).................................... 15

Le style de Molière (Réponse à M. Edmond Schérer). 24

Molière et le langage précieux........................ 29

Le mot propre et le mot cru.......................... 36

LES PIÈCES DE MOLIÈRE : L'Étourdi..................... 45

Les Précieuses ridicules............................ 54

Les Fâcheux....................................... 62

L'École des Femmes................................ 68

Don Juan.. 82

Le Misanthrope.................................... 92

Le Sicilien.. 106

Amphitryon....................................... 113

George Dandin.................................... 121

L'Avare... 128

Tartuffe... 131

Monsieur de Pourceaugnac........................ 162

Le Bourgeois gentilhomme........................ 167

Psyché... 176

Les Fourberies de Scapin......................... 185

Les Femmes savantes............................. 188

Le Malade imaginaire............................ 205

II. — REGNARD.

Le Joueur	225
Les Ménechmes	229
Le Légataire universel	245

III. — MARIVAUX.

Le théâtre de Marivaux	255
Le Jeu de l'amour et du hasard	270
L'École des Mères	294
Les Fausses Confidences	298

IV. — BEAUMARCHAIS.

Le Dialogue de Beaumarchais	309
Le Barbier de Séville	317
Le Mariage de Figaro	327

V. — LESAGE, PIRON, GRESSET, FAVART, SEDAINE.

Turcaret	341
La Métromanie	351
Le Méchant	365
Les Trois Sultanes	371
Le Philosophe sans le savoir	381

TYPOGRAPHIE FIRMIN-DIDOT ET Cⁱᵉ. — MESNIL (EURE).

www.ingramcontent.com/pod-product-compliance
Lightning Source LLC
Chambersburg PA
CBHW071852230426
43671CB00010B/1315